叢書・ウニベルシタス　977

弱い思考

ジャンニ・ヴァッティモ
ピエル・アルド・ロヴァッティ　編

上村忠男／山田忠彰／金山 準／土肥秀行 訳

法政大学出版局

Gianni Vattimo e Pier Aldo Rovatti (ed.)
Il pensiero debole

Prima edizione in "Idee" novembre 1983

弱い思考◎目次

まえおき

ピエル・アルド・ロヴァッティ
ジャンニ・ヴァッティモ

1

哲学にかんする論争は、今日少なくとも一点において、意見の一致を見ている。哲学は単一の最終的な規範的根拠をあたえることをみずからの任務とは考えていないというのが、それである。

一九六〇年代には、従来のものとは異なった別の根拠をあたえることが模索されていた。知の意味がいまではもう固定してしまったようにみえたなかにあって、哲学はまさしくこの「危機」に立ち向かうことこそがみずからの任務であると心得ていた。そして、場面の変換を図り、諸学科、とりわけ人文科学的な知を、新しい横糸、すなわち、構造主義か現象学によって織りなおそうとくわだてていた。選択肢を図式化してみると、つぎのようであった。すなわち、中心や目的をもたない、ひと言でいえば主体のない構造に訴えるか、それとも、流動的でたえず生成の途上にある非実体的な主観性の場を踏査するか、のいずれかであったのだ。

マルクス主義の根拠をめぐる議論はその好例であった。一方では、「哲学者」マルクスの再発見がなされ、政治経済的カテゴリー自体を実存哲学的な意味で再考することがめざされた。人間は構成途上にある主体であり、実現へと向かうべく目的論的に定められているとする観念から出発してはじめて、それらのカテゴリーは了解可能なものとなると考えられたのだった（サルトルを見られたい）。他方、構造主義的反人間主義のほうでは、科学主義的な単純化を拒否して、相対的に自立した多くの中心と多くの時間層をもち、非直線的な因果関係を具備した、多次元的な「構造」という観念を価値づけることがめざされた。そして、こちらの見方のほうが支配的になりつつあった。結局のところ、主観と客観はともに還元的な実体化、意識主義的な主観主義と科学主義的な客観主義に陥るのを避けようとしていたのであり、それぞれが独自の仕方で、しかしまた両者ともに図式的な形而上学とは距離を置いて、再定義をくわだてていたのだった。

これにひきかえ、続く七〇年代には、楽観主義の度合いがはるかに小さくなってしまったようにおもわれる。知の場面には、救済の望みを失った「否定的」思考の敬虔なまなざしが向けられるようになる。しかしまた、そこにはなおも多くの形而上学的な残滓を陰に陽に見いだすことができる。構造主義理論と新しい主観性の哲学の双方に試薬をかけるとたちまち色を帯びて、ともに全体化的な主張にとらわれていることを露呈する。なおも「一への還元」の法則が狡猾にも機能していることを露呈するのである。

ここにいたってもろもろの根拠の「危機」は、もはや新しい真理で置き換え可能な悪しき真理というようにあつかうわけにはいかなくなる。危機はじつのところ、真理という観念自体の内部に転位させられるのだ。論争はトーンを変える。そこには否応もなく悲劇的な要素がなだれ込んでくる。いまやすべての立場は、意識しているか否かにかかわらず、究極的には、長年にわたる習性によって目が曇ってしまった言語が「非合理的」と呼んできたこの悲劇的要素を洗練させるか、それとも遠ざけておくか、そのいずれかを表現したものでしかない。

提起された問いはつぎのとおりである。真理を放棄せざるをえないのか、それとも、従来のような気取りを捨てた「新しい理性」を召喚して、理論がその権限を失うことがないような仕方で欠陥を埋め合わせることができるのか。

フランスでは、一例をあげるなら、フーコーが彼自身それまでとっていた構造主義を乗りこえようとして、知を多数の合理的戦略、ローカルな水平的装置に解体し、「だれが」（いかなる主体が）と「なぜ」（いかなるテロスにしたがって）を自問するのをのっけから放棄してしまうことをくわだてた。主体と歴史の意味を二次的で欺瞞的な産物として追放してしまおうとしたのだった。

これにたいして、イタリアでは、「理性の危機」をめぐって議論が闘わされた。そして、危機を作動させるよりは、なおも十分には祓い清められていなかった非合理主義の亡霊から理性を「救済」することがくわだてられた。このイタリアの場合は典型的である。ニーチェ、ベンヤミン、ハイデガー、はてはウィトゲンシュタインまでもが、最初はこっそりと、あとではあからさまに、論戦に参加させられ、あらゆる種類の混合物を生みだした。それらの混合物はたしかに時代の徴候をみごとに表現したものではあった。しかし、おそらくは「政治的」と呼びうる理論的態度、すなわち、権力としての理論、統制・包含・全体化の能力としての理論の抵抗を乗りこえることはほとんど一度としてなかった。あらゆる形而上学的根拠づけを断固として放棄しようとする試みは、つねに、総合の能力、理性の有する一般化の能力をともあれ救済しようとする試みによって釣り合いをとらされていたのである。

2

本書に収めた論文は著者の出自もさまざまであり、理論的方針もまちまちであるため、ひとつの学派に統合することはできないかもしれない。しかし、それらの論考は、理性の危機にかんするイタリアの論者たちのさまざまな言説も、フランスのポスト構造主義の多くのヴァージョンも（ドゥルーズのリゾームからフーコーのミクロ物理学にいたるまで）、なおもあまりにも形而上学へのノスタルジーに囚われており、とりわけハイデガーとニーチェがわたしたちの文化に告知してきた存在の忘却あるいは「神の死」の経験をほんとうに徹底させることをしていないという考え方（感覚、印象、前提）を共有している。なかでも、「理性の危機」を云々しているイタリアの論者たちについていうなら、彼らは古典的理性のもつ強制力そのものを——個々の「ゲーム」ないしは分野の内部においてであれ——復興しようとしている。あるいはまた、グローバルな理性を再建しようというノスタルジックな意図に囚われている。「革命された」新しい社会の建設要求は古典的理性が排除してきただけになおさら正当性をもつと考えているのだ。

「弱い思考」というタイトルには、こういった最近の思想動向のはらむ問題点についての批判的見解のすべてが込められている。すなわち、基本的に、つぎのような考え方がそのタイトルには込められているのである。（一）形而上学的明証性（したがって根拠のもつ強制力）と、主体の内と外において作動している支配とのあいだには結びつきがあるという、ニーチェの、そしておそらくはマルクスの発見を、真剣に受けとめなければならないということ、（二）だからといって、この発見をただちに――仮面を剝ぎ取り、脱神話化することをつうじて――解放の哲学へと語形変化させるのではなく、現象と言説手続きと「象徴形式」とを存在の可能的な経験の場とみて、これらのものからなる世界に、新しい、より友好的な――というのも、そこでは形而上学にあまり苦しめられず、伸び伸びとくつろぐことができるからであるが――まなざしを向けること、（三）しかしまた、その真意は「シミュラークルを称揚すること」（ドゥルーズ）にあるのではなく――そのようなことをしてみても、とどのつまり、シミュラークルに形而上学的な「オントース・オン（存在者の存在）」の重荷を背負わせることになってしまうだけだろう――、（ハイデガーの使っている「リヒトゥング（Lichtung）」という語のありうる意味のひとつに従うなら）おぼろげな光のなかで分節化されうる（それゆえ「推論されうる」）思考をめざすことにあること、（四）解釈学がハイデガーから採用した存在と言語の――きわめて問題の多い――同一化を、形而上学が科学主義的で技術主義的な成果をあげるなかで置き忘れてしまった、根源的な真実の存在を再発見するための方法としてではなく、痕跡や記憶としての存在、あるいは使い古され弱体化してしまった（そしてこのためにのみ注目に値する）存在に新たに出会うための方途として理解すること。

以上が本書に収めた論文の著者たちの多くが言及している理論的項目である。もっとも、それらの項目にはかならずしも全員が関与しているわけではない。また、関与していると自認している者たちにとっても、それらの項目のすべてが等しく同じ仕方で妥当するわけではない。しかし、ここで問題になっている思考の「弱さ」が誤って文化史的なタイプの権利放棄をおこない、歴史の向かう先が哲学的省察からほど遠いところにいるエージェントたちに委ねられているようにみえる現存秩序を間接的に弁明するものであるかのようにみなされるのは、なんとしても避ける必要がある。そのためには、このように、まったく包括的ではなく、むしろ断片的なかたちで、それらの項目を列挙しておくのも有益ではないかとおもわれる。世界に直面して、ひいてはまた社会に直面して、思考が弱さを露呈しているのは、おそらく、思考が形而上学的冒険のすえに逢着するにいたった隘路の一面でしかない。いま重要なことは、この冒険の意味をふたたび思考しなおし、隘路を乗りこえて進む道を探査することである。それもほかでもない、思考の形而上学的な特徴を否定することをつうじてである。なかでも、思考はこれまでつねに、形而上学には根拠としての存在への特権的なアクセス権の名において「強さ」が付与されるべきであると信じてきた。この「強さ」を——社会的関係のレヴェルにおいてではなく、思考すること自体の内容と様態のレヴェルにおいて——否定することが必要とされるのである。

だが、これでもなお、弱い思考の「肯定的・積極的」特徴づけのためには多くを語ったことにならない。「弱い思考」という表現は、なによりも第一には、こう言ってよければ「弱いかたちで」、境界によって画されることを欲しない多価的なスローガン、しかしまたひとつの示唆を提供するスローガンとして機能する。理性は、みずからの内部にあって、勢力の減退を経験しなければならず、退却しなければならず、影の地帯と想定されるものに向かって後退していくことを怖れてはならず、単一的で安定した、デカルト的な、光り輝く参照基準を失ったからといって麻痺したままではいけない。このことを示唆するスローガンとして機能するのである。

そのときには「弱い思考」というのはたしかにひとつの隠喩であり、ある意味では逆説である。いずれにしても、なにか新しい哲学の省略記号に転化することはありえないだろう。「弱い思考」というのは、あくまでも暫定的で、おそらくは自己矛盾した言い回しである。しかし、それはみずからがあるひとつの道を経過しているという合図であり、その経過の意味するところを示唆している。それは、支配的な理性との関係でいえば、あくまで、そこから分岐したひとつの道であるにすぎない。そして、どれほど翻訳しなおされカムフラージュされていようとも、そこから最終的に袂を分かつことはできない。「弱い思考」はいつまでも分岐した道のままでありつづけなければならないのだ。

「弱い思考」はおそらく喪失とともに、あるいはこう言ったほうがよければ権利放棄とともに始まるだろう。だが、すでに始まった瞬間から、それは思考を強制的義務から解放し、障害を除去しようとするものでもあることが見いだされる。あるいは、より正しくは、あるひとつの態度をとること、すなわち、弱さの論理に入りこもうとすることを意味している。しかも、その弱さの論理というのは、けっして簡単に身につくものではなく、身につけるために支払わねばならない代価はきわめて高い。そして安心をあたえることがほとんどないと言ってよい。弱さの論理とは、深みに吸いこまれるようにして否定的なものを観照することと、あらゆる起源を抹消し、いっさいを実践、「ゲーム」、ローカルな有効性しかもたないテクニックに翻訳しなおしてしまうこととの、危うい均衡からなっているものなのだ。

第二に、それはひとつの実験である。分析の大筋を構想して、戦場を動いていこうとする試みである。

まずは過去に向かって。――「弱い思考」が過去に接近することができるのは、「ピエタース＝敬虔」と呼びうる理論的フィルターをとおしてである。伝統が送り届ける莫大な量のメッセージは、わたしたちが敬虔な態度で耳を傾けてはじめて、新たに聴き取られるものとなるのである。

ついで現在において。――この点にかんしては、全体化的なまなざしがどれほど多くの分野と対象を排除しうるものか、いやむしろ排除せざるをえないかを見てみれば十分である。強い理性は、見て語ることのできる対象の驚くべき制限を代価として支払わないことには成立しえないのだ。

最後には、一見したところ「弱い思考」が向かうことを阻止されているようにみえる未来に向かっても。――じっさいにも、強い思考を自制すれば規範的・法則定立的な分野（通常はこの分野でわたしたちのすべての「協定」は締結されている）とは異なった分野での出会いがもたらされるかもしれないと想定していけないわけがどうしてあろうか。

しかし、あまりにも先走ってしまった。さしあたっては、少しばかり小さな動き、荷を軽くする動きを探るべきである。既知のものとの論戦のほうがはるかにたやすい。そして、わたしたちの周りには見分ける必要のある偽金がすでに出回っているのだ……

弁証法、差異、弱い思考

ジャンニ・ヴァッティモ

この論考において特徴が探求される弱い思考が弁証法および差異の思想とのあいだに取り結んでいる関係は、主としてあるいはたんに「超克」の関係ではなくて、むしろハイデガーの「屈曲」(Verwindung)〔Verwindung は日本のハイデガー研究者のあいだでは通常「耐え抜き」と訳されている。ただ、ヴァッティモは「ねじること」「置き戻すこと」の意味にとっているので(後出二三頁参照)、ここでは「屈曲」という訳語をあてる〕という用語によって定義されるような関係である。そして、この用語自体は、思考するとはなにを意味するかということについての「弱い」見方のなかでのみ理解されうる。ともあれ、これら三つの用語の関係を、ひとつの道程、〜から〜への移行というように読むことはできない。弱い思考は弁証法や差異の思想を単純に自分の背後に置き去りにはしなかった。それどころか、弁証法と差異の思想は、弱い思考にとってハイデガーの言う「すでに存在したもの」(Gewesenes)という意味においての過去を構成している。そして、「すでに存在したもの」という語は、送付や運命という語と多くの関係をもっている。

だが、これはまた、弁証法や差異の思想から出発するという決断が根本的に正当化されるべき・正当化されうる理論的決断ではないということでもある。これら二つの用語がとりわけわたしたちの当面する状況において意味しているものは、送付という意味での運命の「所与」なのだ。すなわち、わたしたちがいまここで思考に取りかかろうとするとき、つねに新たに出会うことになる二つの参照基準にほかならないのである。ゲームをするさいに最初の「一手」を打つ機会が逃げてしまうのを恐れなければならないのは、おそらく、とりわけ「強い」思考、推理を演繹的に進めていかざるをえない思考のほうであろう。しかし、じつをいえば、思考についての弱い見方をとった場合でも、その問題はすっ飛ばすわけにはいかないのである。それどころか、思考についての弱い見方が構成されるのは、始まりの問題を厳格に形而上学的なかたちで措定して存在の第一原理から出発したり、ヘーゲル流に歴史主義的なかたちで形而上学的措定をおこなったりすることによってではない（ヘーゲルにとっては、存在は第一原理をもたないで、神の摂理にもとづいて遂行される過程をもつ。すなわち、思考するとはそれまで経由してきたもろもろの時代の高みにまで登りつめることを意味している）。そうではなくて、まさしく、「経験論的な」タイプの第三の道が――しかしながら、あるなんらかの純粋経験、あるいはあらゆる歴史文化的制約から純化された経験から出発すると主張するようなことはなしに――あたえられる可能性を想定することによってなのだ。

わたしたちが出発点とすることのできる経験、またわたしたちが忠実でなければならない経験とは、なによりもまず先にあるもの（innanzitutto）の経験であり、概して日常的な経験である。そして、このような経験はつねに歴史的な性質を付与され濃密な文化の累積を支えとする経験でもある。なんらかの還元とかエポケーをつうじて歴史文化的な地平へのわたしたちの同意を中断することによって到達しうるような、経験の可能性の先験的〔超越論的〕条件といったものは存在しない。経験の可能性の条件はつねに歴史的な性質をおびている。あるいは、ハイデガーが言うように、〈現存在〉は被投的な存在、そのつど投げ出された存在である。いいかえれば、わたしたちの言説の根拠、開始点、送付の原理は、解釈学的な根拠（fondazione ermeneutica）でしかありえないのである。[*1]

さらには、言説が進行するさいにたどる論理も——「論理」という言葉を使うのは、そこには論理があり、その展開は恣意的なものではないからであるが——あくまで状況のなかに書きこまれた論理であって、経験の歴史文化的条件があたえられる場合と同じく純粋ではない仕方でそのつどあたえられる統制の手続きからなっている。哲学の場合にも、つねにすでに実際に進行中の思考が準拠しているモデルは、たとえ解釈の仕方こそ異なるとしても、文学的・芸術的な批評の場で用いられているモデルではないのだろうか。もろもろの言説とそれについての批判的評価は、哲学の場合にも、いつも、芸術と趣味の分野で歴史的に構成されてきた規準の総体から出発して展開されているのである。

したがって、わたしたちは経験をこのように純粋ではない仕方で受けとめたところから哲学を始めなければならないわけであるが、そのさい前提となるのは、いまここで——今日、イタリアにおいて、そしてイタリアの哲学的環境が大陸ヨーロッパの哲学となおも優勢な結びつきを保持しているなかにあって——哲学の仕事に取りかかろうとするなら、あるひとつの広く浸透している観念に、それがおびている問題含みの特徴のすべてとともに出会うこととなるということである。弁証法という観念がそれである。この観念との決着をつける仕事をわたしたちは始めなければならないのだ。そのためには、現代思想のなかに弁証法がなおも息づいていることを象徴的に示している著作、サルトルの『弁証法的理性批判』を参照してみるのが有益である（そして解釈学的にも正しい）[*2]（ここでも、選択の規準は事柄自体のなかに、状況のなかにある）。

『弁証法的理性批判』では、弁証法は二つの主要な概念と関連させて特徴づけられている。全体性（totalità）という概念と再領有〔ふたたび自分のものにすること〕（riappropriazione）という概念である。

サルトルはすでにヘーゲルがたどった弁証法の道をもう一度たどっている。すなわち、真理とは全体的なものであり、人間の真正なる形成は全体の観点に身を置くことによって達成されると考えている。だが、「真理とは全体的なものである」とはどういう意味なのかをつかみとるには、ヘーゲルを再構築するよりも、わたしたちにもっと近いところで、今日の思想界に普及しているイデオロギー批判の実践をじっくりと見てみるほうがよいだろう。イデオロギー批判は、しばしばそうと思いこまされているように、（それを「懐疑学派」としての解釈学といった考え方へ接近させつつ）隠蔽されているものの被いを剥ぎ取る仕事として展開されてきたのではなくて、部分的ではない観点、ひいては全体を全体としてつかみとることのできる観点を再構成する努力として展開されてきたのだった。イデオロギーというのは、根底にある真理に（無意識のうちに）仮面を被せてその真理を表出する虚偽の思想であるだけではない。イデオロギーが仮面を被っているのは、それが部分的な思想であるからにほかならないのである。

さらにはまた、全体を再構成するということは、再領有をも意味している。全体の景観をすべて見渡せるようになってはじめて、わたしたちは真にそれを自分の意のままにすることができるというのである。サルトルと二十世紀の弁証法は、マルクスの教え、ヘーゲルの観念論的特徴にたいするマルクスの批判を心に留めている。サルトルと二十世紀の弁証法において中心的な位置を占めているのは、全体性と再領有との関係は問題含みの関係であるという自覚である。『弁証法的理性批判』は、カント的な意味においての批判である。イデオロギー的ではない全体的な観点の構成が可能となるのは具体的にどのような条件においてであるのか、明らかにしようとしているのだ。

サルトルが、最終的な解決とはいえないにせよ、どのようにして問題を解決しようとしたかは、周知のところである。全体的な再領有された知識が実現されるのは、融合した集団、現に行動している革命的集団の意識においてのみである、とサルトルは見る。そのような集団のなかでは、理論と実践とが完全に一体化しており、各個人の展望は他のすべての者の展望と完全に一致しているというのである。

だが、このような解決とその解決のうちにもやはりつねにはらまれている問題（「熱い」革命的な瞬間が過ぎ去って、実践的に不活発な疎外状態へとふたたび落ちこんでしまう傾向）を超えたところで、サルトルの分析で重要なのは、弁証法の問題をめぐる他のもろもろの解決法、なによりもまず、ルカーチのあたえた解決法が神話的性格をおびたものであることをついに明らかにした（とわたしたちにはおもわれる）という事実である。

ルカーチは、マルクスとともに、歴史の意味を全体化的に見てとる能力が、収奪された階級としてのプロレタリアートにはあるとした。そして、つぎにはレーニン主義的に、階級意識をプロレタリアートの前衛——党とその官僚機構——と同一視することによって、この全体化的な見方が信頼しうるものであることを保証しようとしたのだった。

これにたいして、サルトルもまた、わたしたちのおのおのがヘーゲルの絶対精神となりうるにはどうすればよいか、という問題を徹底的に追求した。そして挫折せざるをえなかった、と言うことができるのかもしれない。しかし、サルトル的な弁証法的理性批判の挫折のうちには、思考にとって明確に肯定的な意味をもつひとつの成果を読みとることができる。それはすなわち、全体的な再領有された知識の理想と、その知識がまさしく転覆しなければならない支配の構造との関係の検証である。革命の熱い瞬間が過ぎ去ると、わたしたちは実践的惰性態に立ち戻ってしまう。このことが意味しているのは、全体化する再領有された知識は新しいかたちでの所有としてしか存続しえないということにほかならない（そしてこの所有は、隠喩〔非本来的なもの〕に対抗して本来的なものを領有する、という言語学的意味においての「所有」でもある）。しかも、これは二十世紀に生じたもろもろの革命の歴史的経験をたんに書き写しただけのものではない。この経験は、ことによると、再領有の理想の脆さと内実のなさ――このことはなによりもまず理論のレヴェルで証明できる――の結果として生じたものではなくて、むしろ、それを検証したものであるかもしれないのだ。

弁証法的思考のもうひとつの偉大な見本であるヴァルター・ベンヤミンの、とくに『歴史哲学テーゼ』〔『歴史の概念について』〕を考えてみよう。[*3] この『テーゼ』のなかで、ベンヤミンは、ニーチェの第二の『反時代的考察』〔「生にとっての歴史の利害について」〕にもはっきりと訴えながら、同質的に進展していく歴史的時間というイメージ――進歩への信仰の、しかしまた革命が「必然的に」到来するだろうという期待の根底にもあるイメージ――を批判している。時間が前進的に経過していくという考え、そして究極的には、なにかが歴史としてあたえられるという考えは、支配者たちの文化の表現である。じつのところ、単一の直線としての歴史は、勝者の歴史にすぎない。そうした歴史は、多数の可能性や価値やイメージを、まずは実践において、ついで記憶において排除することと引き換えに構成される。ひいては、あとにやってくる者たちに現在よりも良い運命を保証してやりたいという欲求よりは、このような清算の仕方にたいする憤りこそが、ベンヤミンによれば、人をして革命的決断へと心底から突き動かすのである。それゆえ、革命的決断は、勝者たちによって直線的な歴史のなかで排除され忘れ去られてしまったもののために復讐する、すなわち、そのものに言葉をふたたびあたえるような救済をめざす。この観点からすれば、革命は過去の全体をそっくりそのまま贖わなくてはならなくなるだろう。そして、ここにこそ、革命の正当な権利、支配者たちの文化にたいする優越性はあるようにおもわれるだろう。

しかしながら、ベンヤミンはこの予想にあるひとつの「建設的な」憂慮を対置する。歴史的唯物論は「歴史主義の売春宿で〈昔々〜がありましたとさ〉と語る娼婦に入れ揚げてなにもかも使いはたす」ことなどできない（テーゼ一六）。すべての過去が過去であるかぎりで贖われうるし贖われなければならないというわけではない。贖いがなされるのは、ブルジョワ的歴史主義の展望に取って代わる展望のもとにおいてのみである。「メシアは救済者としてのみ到来するのではなく、反キリストの勝利者としてやって来るのだ」（テーゼ六）。けれども、ここにいたって、革命の正当な権利は、もはや、あらゆる排除されたものを救済する能力をもっているということに基礎を置いたものではなくなる。いまやそれは他のもろもろの排除行為をつうじて行使されるひとつの新しい力の権利にほかならない。

解釈者たちはベンヤミンのこの短い著作を文言に沿いながら読もうとすると困難に出くわす。その困難はたぶん、ベンヤミンのこの著作が弁証法全体にかかわる諸問題をあるひとつの寓意的な語り口をとおして映し出しているからではないかとおもわれる。もっと具体的にいうと、唯物論的な特性をもつ二十世紀の弁証法的思想のすべてに現存している諸問題が、ベンヤミンの『歴史哲学テーゼ』を貫いている正真正銘のミクロ論理的パトスのうちに映し出されているということができるのである。ベンヤミンがテーゼ九で語っているクレーの絵の天使は、歴史がその足もとに積み重ねる廃墟、存在しえたが存在しなかったすべてのもの、あるいはもはや存在しないすべてのもの、つまりはもろもろの歴史的な効果(Wirkung)を生み出さなかったものへの、大いなる憐憫の情にとらわれている。それは、これらの残骸がなんらかの構築の観点から見て貴重なものであることが明らかとなるからではない。そうではなくて、なによりもまず、それらがなにかかつて経験したものの痕跡であるからだとおもわれる。アドルノとともに、全体的なものは虚偽であると言わなければならないのは、生きている者の基本的な権利の観点からである。

アドルノの多くのページにも感じとられるベンヤミンのミクロ論理的パトスは、弁証法的思想の危機の今日における最も意義深くて切迫した現出様態である(だが、すでにキルケゴールも自らの反ヘーゲル主義を単独者の権利要求のうえに基礎づけていたことを忘れないようにしよう)。ベンヤミンやアドルノやブロッホのような思想家たちの重要性と魅力は、ミクロ論理の批判的要請を組み入れることによって弁証法を再建しようとしたことにあるのではない。そうではなくて、弁証法や自分の思想の首尾一貫性と統一性そのものを犠牲にしても、批判的要請を妥当させようとしたことにある。彼らは弁証法の思想家ではなくて、弁証法の解体の思想家なのだ。

サルトルとベンヤミンを「寓意」として参照することをつうじて、きわめて単純な図式がここで提起される。二十世紀の弁証法的思想は、マルクスが観念論を転倒したさいによりどころとした論拠を受けいれたうえで、全体性の思想および再領有の思想として現われ、支配者たちの文化が排除したものの贖いを唯物論として要求することとなる。だが、「呪われた部分」、すなわち、支配者たちの文化から排除されたものは、全体化のなかにそうやすやすと再統合されるところとはならない。排除されたものたちは、全体性という概念そのものが主人的な概念、支配者たちの概念であるという事実を経験してきたのだった。ここから、ヘーゲル的弁証法の唯物論的転倒をめざすなかで、「解体的」と呼びうるある永続的傾向が生じることとなる。この傾向は、その独特な表現を、アドルノの否定の弁証法、ベンヤミンの唯物論と神学の混ぜ合わせ、ブロッホのユートピア思想のうちにもつ。

この解体的傾向とそれが開くもろもろの問いに、差異の思想が挿入される。(挿入されるとはつぎのこと、すなわち、自分の個人的な独自性を否定することなく、自分を「事象そのもの」によって導かせるように努める思想の道程は、まさに弁証法のミクロ論理的・解体的傾向というこの問題との関連のなかで、差異の主題系に出会うということを意味している。)

それはたまたま生じた「挿入」ではない。実際の歴史の次元においても、無数の糸が、ベンヤミン、アドルノ、ブロッホのような批判的マルクス主義者、それに若きルカーチを、サルトルについては言うまでもなく、差異の思想の出所でもある実存主義に結びつけている。そして、実存主義は、最も徹底したかたちではハイデガーのうちに表現を見いだす。提起されるテーゼは、それゆえ、つぎのようなものでなければならない。すなわち、二十世紀の弁証法的思想が発展していくなかで、弁証法的図式がもはや統御できないような解体的傾向が露わとなる。この傾向は、ベンヤミンのミクロ論理、アドルノの「否定的なもの」、そしてブロッホのユートピア思想のうちに見てとることができる。この傾向の意義は、疎外と再領有の問題への弁証法的アプローチが、打倒の対象であるはずの疎外になおも深く加担していることを白日の下にさらけ出したことにある。あらゆる弁証法的思想の礎石である全体性および再領有という概念は、いまもなお批判されないままになっている形而上学的な概念である。

このことをわたしたちにはっきりと自覚させるうえで、ニーチェは、支配というかたちで立ち現われた形而上学的主観性の分析をとおして、また「神は死んだ」と告知することをとおして、決定的な仕方で寄与した。彼の告知によると、形而上学を形づくっている強い構造――アルケー〔始元〕、根拠（Grund）、最初の明証的なものと最後におとずれる運命――は、今日のようにもはや「魔術」による保証がなくても開かれた地平のもとで生きることを技術や社会組織がいまだわたしたちに可能にしていなかった時代において、思想を保証するための形式にすぎなかったのだった。形而上学を支配している諸観念――世界の全体性、歴史の統一的意味、時と場合によってはそれを領有することができる自己中心化された主体というような観念――は、技術が現在もつにいたった処理能力のもとではもはや必要とされない規律づけと保証の手段であることが明らかとなる。しかしまた、もし批判によって――それがニーチェのものであろうとマルクーゼのものであろうと――虚偽であることが露わにされた存在に代えて「真実の」存在なるものをもってくるにとどまるなら、形而上学が余計なものであること（マルクーゼの用語を借りるなら、付け加わった抑圧）の発見もまた、新しい形而上学（たとえば、人間主義的な形而上学、自然主義的な形而上学、生命主義的な形而上学、等々）に解消されてしまう危険にさらされたままであろう。

ユートピア的なものであれ否定的なものであれ、弁証法的思想が最終的に陥らざるをえないこの危険を人が免れることができるのは、不安と支配とに結びついたイデオロギーとしての形而上学の批判に関与する場合のみである。ハイデガーによって始められた存在問題の根本的な再着手のくわだては、このような形而上学批判に由来している。

外見的には、またたんなる外見以上に、いずれにしても最初の近似的相貌においては、ハイデガーが『存在と時間』で提起している問題はイデオロギー批判によって提起された問題と酷似している。わたしたちは「存在者」という概念を自明のものとしてとらえることができない、とハイデガーは言う。なぜなら、その自明性はすでに一連の「定立」、出来事、あるいは歴史文化的な（ハイデガーの用語を借りるなら、運命的な）開示の結果であるからである。そしてこれらの開示こそは、なによりもまず（存在者の客観的な自明性よりも前に）、存在の意味を構成するのである。それゆえ、イデオロギーの批判者たちにとってと同様、ハイデガーにとっても、可能性の諸条件、すなわち、客観的な自明性の背後にあって、それを自明のものとして規定するものの諸条件をふたたび手に入れることこそが問題なのだとおもわれる。

だが、この問題の彫琢は、のっけから、ハイデガーを別のものの発見へと導いていく。それは、カント的な（あるいはフッサール的な）タイプの超越論的構造でもなければ、それによって存在者の意味が決定されるというヘーゲル的・マルクス的な弁証法的全体性でもない。そうではなくて、ずっと昔から形而上学的伝統が存在にあてがってきた特徴の一つ——すなわち、安定性を得て現前しているということ、永遠であるということ、「実体」あるいはウーシアであるということ——が（わたしたちの理論よりも前に「事象そのもの」において）支持しがたいものであるという発見へとハイデガーは導かれていくのである。『存在と時間』以後、存在が安定性を得てわたしたちの前に現在しているように見えるのは、なによりもまず、ある「混同」の結果、ある「忘却」の結果であることが露わとなったのだ。というのも、そのような安定性は存在をもろもろの存在者に準拠して象ろうとした結果得られたものにほかならないからである。あたかもそのように象ることが現前において与えられるすべてのものの最も一般的な性格であるとでもいうかのようにしてである。

存在が存在者とは異なるということ、つまりは存在論的差異と呼ばれるものにかんする言述を開いたことは、ハイデガー自身が期待していたよりもはるかに遠くまで議論を導いていくこととなった。じっさいにも、この差異は、なによりもまず、存在が存在しないということを意味する。存在するということは、もろもろの存在者については言うことができる。が、存在そのものはむしろ生起するのである。もろもろの存在者がそのつど人間に近づきうるものとなり、また人間が自分自身に近づきうるものとなるのは、あくまでも地平のなかにおいてである。わたしたちがほんとうに存在をもろもろの存在者から区別して「存在」と言うことができるのは、そうした地平の歴史文化的な生起、設定、変容を存在として考える場合でしかない。その直接性における感性的所与は、オントース・オン〔存在者の存在〕ではない。しかしまた先験的なものも——ハイデガーがそれとの関係によって自らの位置を測定しようとした哲学において流布していた新カント主義が望んだようには——オントース・オンではない。ハイデガーが分析したところによると、〈現存在〉とは投げいれられたものであり、つねにそのつど情緒的に状況のもとに置かれ性質を付与されるという特徴をもっている。このことの分析は、ハイデガーをして、ア・プリオーリなものを根底から時間化するように導いていく。ここにいたっては、わたしたちが存在について語りうるのは、存在とは伝達（Überlieferung）であり送付（Geschick）であるということだけである。世界が経験されるのは、一連のこだま、言葉の反響、過去からやってくるメッセージ、他人たち（他の諸文化のようにわたしたちの傍らにいる他人たち）からやってくるメッセージによって構成される地平においてである。わたしたちの世界経験を可能にするア・プリオーリは、運命＝送付、あるいは伝達である。真の存在は存在するのではなくて、送付される（〜から出立して〜へと送られる）のであり、伝達されるのである。

　存在と存在者との差異はまた、おそらく主として、存在（ならびにその問題的な同一性そのもの——『同一性と差異』を参照）を特徴づけている差異化の特性でもある。存在と言葉との関係もまた、この差異化でもって織りなされている。この存在と言葉の関係は、ハイデガーにとって、一九三〇年代以後決定的となる関係であって、彼を二十世紀の他の哲学的動向に、しかしここでもまたそれらの哲学的動向よりもいっそう大きな徹底性を貫きつつ、結びつけているものである（それらの哲学的動向について、アーペルは、周知のように、「カント主義の記号論的変容」[*4]という言い方をしている）。ハイデガーにおいてさらに根本的なことは、存在の生起の言語学的性格の発見が存在そのもののとらえ方にはね返って、形而上学的伝統によって存在に付与されてきた強い特徴が剝ぎ取られる結果となっていることである。生起しうる存在は、もはや、形而上学的伝統における存在にただたんに「出来事性」（eventualità）という特徴を付け加えただけのものではない。それは根本的に異なった特徴をもって形づくられていると考えられるのである。

差異の思想の観点からは、弁証法的思想の直面している困難やそれが解体に向かおうとする傾向はどのように見えるのだろうか。差異の思想は、弁証法の解体に向かおうとする傾向を継承し、いっそう徹底させようとするものであるととらえることができる。ここではもはや、弁証法の諸問題を、ベンヤミンが意図したように、「歴史的唯物論に役立てるために神学を採用すること」でもって解決しようとしたり、（道こそ異なるもののブロッホとアドルノが考えるように）全体性との和解をふたたび達成してそれを再領有し再構成する任務をユートピア的未来に託そうとするのは問題とはならない。むしろサルトルの（おそらくはたんに言葉だけの）示唆を文面どおりに発展させることが問題となる。サルトルが示唆しているところによると、歴史の意味（すなわち存在の意味）が万人の共有財産となるのは、それが解体して万人のなかに溶けこむ時であるという。存在を安定して現前しているもの、つまりはウーシアから解き放つことなくしては、再領有は可能とならない。だが、安定したものとしての存在ともはや関わりをもたない再領有とは、なんであるのか。存在（という概念）が弱体化し、その時間的本質が明白になったということ（そしてまたとりわけ、はかなさ、誕生と死、色あせた伝達、古遺物と化したものの累積）は、思考とその「主体」である〈現存在〉のとらえ方に深く影響をおよぼす。弱い思考はこれらの影響の跡を浮き彫りにし、かくては新しい存在論を準備しようと欲するだろう。

この新しい存在論は、差異の言説を発展させるだけでなく、弁証法を想起することでも構築される。弁証法と差異の関係は、一方通行ではない。すなわち、差異の思想にとって、ただ弁証法の幻想を放棄することだけが課題ではない。弱い思考への差異の屈曲（Verwindung）が考えられるのは、弱い思考が弁証法の遺産をも引き受ける場合だけであろう。このことは、なによりもまず、「方法の問題」においてサルトルが示唆したことを文面どおりに受けとることで解明される。サルトルによると、「歴史がもはやただ一つの意味しかもたず、歴史を共同でつくる具体的な人間たちのなかに歴史自体が解体してしまうような瞬間」[*5]が到来するはずであるというのだ。たしかにサルトルはこのテーゼのはらんでいる「解体的な」意味を明示的には強調していない。だが、そうした解体の可能性を排除していないこともたしかである。そして『弁証法的理性批判』以後の彼の思想は、とりわけ倫理的な面において、ここで提起される解釈に道理をあたえるものとなっている。マルクーゼの考えた弁証法の美学化もまた、こうした解体的意義をもっている。そこでは、形而上学の強いカテゴリーの装備一式を継承することによって下僕が主人にならなくとも、再領有は最終的に達成されうるのである。

差異の思想が弱い思考へと屈曲する(verwinden)さいに引き受ける弁証法の遺産は、屈曲(Verwindung)という概念自体のうちに濃縮されている。というのも、知られているように、「屈曲」は、正当なことにも、弁証法の特徴である「超克」(Überwindung)の代わりにハイデガーが採用した用語であるからである。[*6]屈曲——ねじること、および置き戻すこと(〜からの置き戻し、〜への置き戻し、つまりは送付という意味においての置き戻し)——は、形而上学によって伝達されてきた伝統にたいして——それゆえ、なによりもまず、ヘーゲル的＝マルクス的弁証法という最後の偉大な形而上学的テーゼにたいして——超形而上学的な思想を特徴づける態度であるだけではない。まさしくハイデガーに見てとることのできるような屈曲の概念とその「実際の用法」(pratica)のうちには、差異の思想のなかにもまだ生きている弁証法の(ひいては形而上学の)遺産が集約されてもいる。ハイデガーによる形而上学の乗りこえは、一見したところ弁証法的な超克のように見えるけれども、まさに屈曲であるかぎりで弁証法的な超克とは別のものであると考えられている。だが、屈曲であるかぎりで、それはなにか弁証法に固有なものをも受け継いでいるのである。

そのうえ、このような超克と屈曲の関係は、すでに神の死についてのニーチェの告知にも見てとることができる。ニーチェの告知は、神が現存しないという事実を形而上学的に言明したものではない。それは、あるひとつの「出来事」(evento) をありのまま記録に留めようとしている。なぜなら、神の死は、なによりもまず、まさに存在の安定した構造の終焉であり、ひいては、神は存在するとか存在しないとか言明するあらゆる可能性の終焉であるからである。

ではいったい、それはなんであるのか。それは形而上学的ではなくて歴史主義的なテーゼであって、神が死んだということを記録に留めることによって、この出来事に「現実的なものはすべて合理的である」という意味での「論理的な」強制的規定、価値、必然性をおびさせようとしたものなのか。ひとはニヒリズムをも承認すべき真理であると断定しうるのだろうか。屈曲というハイデガーの概念は、同時につねに「いとまごいすること」(presa di congedo) という意味でもある「記録に留めること」(presa d'atto) によって存在を考えようとする最も徹底した努力である。なぜなら、それは存在に安定した構造として出会うのでもなければ、存在をある過程の論理的必然性として記録し受け入れるのでもないからである。屈曲は、伝達と運命=送付というように解された存在の真理を思考するさいの仕方である。この意味において、それは追想 (Andenken) の同義語である。「追想」というのはハイデガーが晩年の著作において超形而上学的思考を指すのにしばしば使っているもうひとつの用語である。超形而上学的思考は存在を記憶にのぼらせる。しかし、それは存在を現前させることはけっしてなく、つねに存在をすでに「行ってしまった」ものとして想起する（「根拠としての存在を行かせたままにしておく」ことが必要である、と講演「時間と存在」は述べている）[*7]。ひとは存在にそれが現前するなかで接近するのではなく、追想のなかでのみ接近する。なぜなら、存在は現に在るものとしてはけっして定義されないのであって、伝達されるものとしてのみ定義されるからである。存在とは宛先人への送付のことなのだ。

だが、このことはつぎのこと、すなわち、超形而上学的思考は、なんらかの仕方で、形而上学の諸概念とともに作業を進めていく以外にないということをも意味している。それらの概念を屈曲させ、ねじまげ、それらから、それらへと自らを置きなおし、それらを自分の共有財産として自分に送付することによってである。一九三〇年代の転回以後のハイデガーの仕事は、形而上学的伝統を再考し、記憶にのぼらせ、屈曲させようとする、とてつもなく巨大な努力以外のなにものでもない。わたしたちは、形而上学によって客体化されたもろもろのカテゴリーを否認し、その権威を失墜させるような、存在への前カテゴリー的あるいは超カテゴリー的接近の手立てをもっていない。このため、わたしたちはこれらのカテゴリーを「適当なカテゴリー」として受けとるほかない。少なくとも、わたしたちはこれらのカテゴリーしかもっていないという意味においてはそうなのだ。ただし、その場合、存在を現に存在するままに表現したもっとふさわしいカテゴリーがほかにもあるのではないか、といったノスタルジーめいた気持ちはいっさい抱いてはならない（存在はもともとまったく存在しないからである）。

しかしまた、屈曲の本来の任務は、これらのカテゴリーからまさにそれらを形而上学的カテゴリーとして構成しているもの、すなわち、それらはオントース・オン〔存在者の存在〕に接近するものであるという主張を取り去ることにある。こうした主張が取り去られると、それらはいまや記念碑としてのみ「妥当する」。そして、その遺産へと、かつて生きていたものの痕跡に起因するピエタース〔敬虔・憐憫の情〕は向けられるのである。「ピエタース」は、おそらく、追想と屈曲とならんで、超形而上学の弱い思考を特徴づけるために採用することのできるもうひとつの用語である。

「ピエタース」は、なによりもまず、死ぬ運命にあること、有限であること、滅びゆくものであることを想い起こさせる用語である。滅びゆくとか死ぬ運命にあるという印のもとで存在を思考するとは、根本的になにを意味するのだろうか。弱い存在論の「綱領」からすれば、存在の基本的な（すなわち、たんにその最も目立つ特徴を描写しただけの）性格についての考え方がこのように変容すれば重要な帰結がもたらされると考えられる。ただ、この点については、思考はようやく留意しはじめたにすぎない。すなわち、神の死の告知に実質をあたえるもろもろの価値の転倒がそれであって、ニーチェによると、それらの価値の転倒はわたしたちの歴史の次の諸世紀を満たす運命にあるのだった。世界のあらゆる経験を可能にする超越論的なものとは、滅びゆくもの（caducità）にほかならないのだ。存在は存在するのではなくて生起する（accadere）のである。しかも、それはおそらく「〜のもとに落ちる（cadere presso）」という意味でもそうなのであって、こういった事態は滅びゆくものであるかぎりでわたしたちのあらゆる表象に随伴する事態なのである。もろもろの対象が対象性を獲得するのは、それらがわたしたちの面前に厳然と立ちはだかる（gegenstehen）ことによってではなくて、生起することによってである。すなわち、――『存在と時間』の実存分析において示されているように――開かれ（apertura）の力によってこそ、それらは存立を得るのである。そして、開かれが開かれとして構成されるのは、ひとえに死を決然と先取りすることによっているのである。生起――ハイデガーがその用語にあてがっている多様な意味におけるエアアイクニス（Ereignis）――は、存在の形而上学的特徴を構成する滅びゆくものであるということと死ぬ運命にあるということを明るみに出す。そして、このことをつうじて、それらの特徴を転倒させつつ存続させておく。存在を想起することはそれが滅びゆくありさまを想起することにほかならない。真理の思想というのは、形而上学がそのカント的な批判的ヴァージョンにおいてもそうと考えられているような「根拠をあたえる」（fondare）思想のことではない。そうではなくて、滅びゆくものであること、死ぬ運命にあることこそが存在をつくりあげていると証明してみせることによって、根拠の剝奪（sfondamento）をなし遂げる思想のことなのだ。

屈曲の思想の内容――形而上学的な存在の諸特徴についての再考と根拠の剝奪――であれ、形式――正当化をくわだてるにあたって、存在の構造に訴えることもしなければ、歴史の論理的法則に訴えることもしないで、あくまで「記録に留める」ことに訴えようとすること、それゆえ、ある意味ではなおも歴史主義的な正当化――であれ、それらはいずれも、弱い思考が弁証法を差異と結びつけることによって弁証法の遺産を引き受け継続していこうとするさいのやり方なのである。

しかしながら、もし事態がこのようなものであるなら、存在をこのようなかたちで思考しようと努めるのは、もうひとつの弱さの面でも弱い思考であるようにおもわれる。というのも、そこには本来的な意味においての投企が欠如しており、すでに思考されてしまったものを実質的に教育的・審美的な意図でもって寄生的にたどり直しているにすぎないからである。それは、過去としての過去をもっぱら一種の骨董趣味として味わおうとする目的でふたたび生きているにすぎないのだ。現今の脱構築の思想には、大方の場合、この非難を浴びても仕方のないところがある。思想の任務が別のところにあるのは言うまでもないことである、と人びとは考えている。思想の任務は構築にある、歴史的に（そして政治的に）機能しうることにある、と考えている。それだけになおさら、その非難には説得力がある。じっさいにも、この歴史的（そして政治的）機能という点では、少なくともとくに哲学にかんするかぎり、人びとが多くの疑いを抱いてもしかるべきところがあるのである。

現実に存在するものを前にしての、思考するとはたんにこれまで伝達されてきた精神の諸形式を趣味的に記録に留めるということでしかないような思考の、このような弱さの根底には、真理概念の不分明化があるようにおもわれる。くわえて、弱い思考が解釈学と結びついていることは、これらの疑いが根拠のあるものであることを証明しているようでもある。もし存在が存在するのではなくて伝達されるものならば、存在についての思考とは、すでに言われたことや考えられたことの再考（ri-pensamento）以外のなにものでもないことになるだろう。このような再考こそは本来的な意味においての思考なのだが（なぜなら、科学による測定や技術による組織化は思考ではないからである）、それを進めるには、検証や論証における厳密さの論理ではなく、直観という、卓越して美学的な古い道具を手立てにする以外にないのである。

しかしまた、直観は弱い思考の発明品ではない。それどころか、それは明証、内的照明の真理開示力、第一原理の把握についての形而上学的なとらえ方と密接に結びついている。ヌースないしは直観的知性の至高の対象こそが、ほかでもない、第一原理なのだ。それでは、ハイデガーを踏襲して、存在を現前するものとしてではなく、つねにただ想起の対象であるにすぎないものとして思考することができるのは、どんな種類の直観崇拝なのだろうか。「真理の本質」にかんするハイデガーの著作をもろもろの「弱い」期待に照らして読み直してみる必要がある。その著作では、真理の二つの意味——命題と事物との一致としての真理と、自由としての真理、すなわち、命題と事物とのあらゆる一致を可能にする地平が開かれることとしての真理——が識別されている。これら二つの意味のうち、後者に特権をあたえることは、たしかに正しい。ただし、その場合でも、それを本源的なものへの接近という形而上学的な意味に受けとってはならない。そして、命題と事物との一致というかたちであたえられていて、そのことが検証可能でもある個々の「真理」についての、あらゆる検証手続きを過小評価するようなことがあってはならない。

また、真理のこれら二つの意味を明るみに出したなら、ついに個々の真理（検証された真理、命題と事物とが一致した真理、等々）を検証手続きの実行の結果というそれらの本質において解放することになると期待するのも、同様に正しい。そしてハイデガーについての近年の解釈はますますそのような方向に向かっている。検証手続きは、存在へのいっそう本源的な接近という名目のもとに過小評価されるどころか、真理の経験のために利用できる唯一の方途であると認められるにいたっているのだ。ハイデガーのその著作が真理の本質として指示している自由は、おそらく文字どおりの意味における自由であろう。すなわち、わたしたちが社会のなかで生きる個人として体験し行使している自由である。その場合、自由への呼びかけは、ここでは、命題と事物との一致の基準の「現実主義的な」要求の単純な置き直し（de-stituzione）として機能している。すなわち、ウィトゲンシュタインの言語ゲームの理論を定式化するもうひとつの仕方として機能している。命題と事物との一致としての真理（個々のゲームの規則によって検証された真理）は、さまざまな個人や集団や時代のあいだで交わされる対話の開かれた地平のなかに位置づけられる。真理の地平、もろもろの命題の検証と反証が可能となる領域を開くのは、伝達であり、運命＝送付である。

だが、このようにして、真理が理性の展開するさまざまな言語活動のなかで達成され確固としたものとなるさいの手続きにたいする尊敬の念、また真理そのものが手続き的な本性をもっていることにたいする尊敬の念が表明されるのは、これらの言語活動になんらかの存在論的根拠があるからではない（プラグマティズムの通俗化されたヴァージョンのように、それがたんにあれこれの手続きが「なくてはならない」という意味での有用性であるにすぎないとしても）。また、（アーペルの「記号論的カント主義」の場合のように）それらの手続きを根源的な規範的構造に還元する可能性があるからでもない。そうではなくて、それはただひとえに、わたしたちが遺産として受けとってきたものにたいするピエタースの力によっている。言語ゲームの規則は、それらの規則が機能することが（たとえそれが他の人々との秩序ある共同生活ないしは敵対する自然から人間を守るための社会的労働の組織という善をわたしたちに保証するという機能にすぎないとしても）論証されたから課せられるのではない。また、理性の「自然的機能」という超越論的なタイプのなんらかのメタ規則にもとづきうるから課せられるのでもない。そうではなくて、伝達されるなかで滅んでいくものであると同時に持続していくものであることをわたしたちに語る記念碑への、あの取り消しようのない尊敬の感情の名においてのみ、課せられるのである。

ところでまた、この感情は「ひとつ」ではない。もろもろの個人や集団や社会や時代がそれのうちに自分を認めることによって（それゆえ、自分を集団として構成することによって）美として認める美がそのつど異なっているように、ピエタースも歴史的に異なっている。そして、そうしたピエタースの感情が他のさまざまな内容や他のさまざまな伝統へと拡大していくことは——真理が生成するのはこのようにしてなのであるのだが——、ただ具体的な説得活動にもとづいてのみ可能とされる。ハイデガーにおいては哲学の同義語となった解釈学がたずさわるのは、この仕事にほかならない。

　真理の概念について弱い存在論がなにを考えているのかを要約したければ、まずもってつぎのように言うことができるだろう。

（一）　真理は、明証というタイプのノエシス的把握の対象ではない。そうではなくて、すでにつねにそのつどあたえられている一定の手続きを尊重しながらなされる検証過程の結果である（〈現存在〉であるかぎりでわたしたちを構成する世界の投企）。いいかえると、それは形而上学的ないしは論理学的なものではなくて修辞学的な性質を有している。

（二）　検証と約定はあるひとつの支配的な地平、ハイデガーの「真理の本質について」が語っているような開かれた地平、つまりは相互人格的な関係、さまざまな文化とさまざまな世代のあいだの関係からなる自由の空間において生じる。この空間では、だれもけっしてゼロから出発するのではなくて、つねにすでに忠誠、所属、きずなから出発する。真理の修辞学的な（あるいは「解釈学的な」と言うこともできる）地平は、カントが『判断力批判』で語っている共通感覚にも似て、自由ではあるが「不純な」仕方で構成されている。きずな、尊敬、所属がピエタースの実質をなす。このことは、「弱い」真理の論理学＝修辞学とならんで、あるひとつの可能な倫理学の基礎をも画定する。この倫理学においては、最高の価値——他のものを見やってではなく、それ自身において善として機能する価値——は、象徴的な形成体、記念碑、生きている者の痕跡である（みずからを提示して解釈をうながすいっさいのもの。「命令」の倫理学である以前に「善」の倫理学）。

（三）真理が解釈の成果であるのは、解釈の過程をつうじて、ひとが真理の直接的把握（たとえば、解釈が謎を解くこと、仮面を剝ぎ取ること、等々というように理解される場所）に到達するからではない。そうではなくて、真理が構成されるのは、なによりもまず、アリストテレス的なヘルメネイア、表現、定式化の意味との関連で理解された解釈の過程においてのみであるからである。

（四）こうしたことのすべてにおいて、真理の「修辞学的な」とらえ方のなかで、存在は（西洋は存在の没する地であるというハイデガーの見方に従って言うなら）その没落の極みを経験するのであり、その弱さをとことんまで生きる。ハイデガーの解釈学的存在論がそうであるように、存在はいまやたんに伝達にすぎないものと化し、手続きの面でも「修辞学」に解消されてしまう。

このようにして存在と真理の特徴を弱いかたちで再考してしまったなら、思考——哲学的思考、存在の思考という意味においての思考——は形而上学が政治や社会的実践と対比して——大方はイデオロギー的欺瞞を弄することによって——思考に付与してきた主権性の立場をもはや要求できなくなることは、疑いがない。なによりもまず、そして主としてはその存在論的内容、存在と真理のとらえ方のゆえに弱いものである弱い思考は、その結果、実践との対比のなかで形而上学的思想が要求してきた主権性を要求するための理由をもはやもたない思考でもあるのだ。だが、このことは、それが現実に存在するものと所与の秩序を受容するという意味においても弱いということ、したがって、理論的な批判の能力も実践的な批判の能力もないということを示しているのではないだろうか。いいかえれば、思考の弱さについて語ることは、思考そのものの投企力の減少を理論化することをも意味しているのではないだろうか。

そうした疑問が現に存在していることは隠さないでおきたいが、重要なことは、なによりもまず、思考と世界の関係を新しい基礎の上に置くことではなくて、存在の意味の問題を提起しなおすことである。存在の意味をそれがわたしたちの概念的文法の平面に立ち現われるすべてのものでもって超形而上学的に再考してみよう。そうすれば、いまのところわたしたちがほとんど知らないでいる哲学と社会の関係の新しい「配置」も生まれてくるだろう。また、芸術においてであれ社会生活においてであれ、ポストモダン的経験のなかにあって、投企性からは形而上学的心性が付与していた強い調子がほとんど失われつつあるようにおもわれる。だが、屈曲の思想はそのような投企性をまったく断念してはいない。形而上学とその世界、したがってまたそれに対応してきた支配と社会的規律の構造を追想的に(andenkend)再考するというのは、それ自体、あるひとつのアンガジュマンに正当化の根拠をあたえうる投企である。デリダに起源をもつ脱構築そのものにしてから、時としてそう見えるようには(そしてそのいくつかの現象形態においては実際にそのとおりなのだが)たんなる審美主義的な趣味の一形態などではまったくないのである。

存在を伝達および記念碑として思考する弱い存在論には、明らかに、もろもろの例外にたいしてカノン〔規範となる正典〕を特権化し、もろもろの預言的照明にたいして構成され伝承されてきた世襲財産を特権化する傾向がある。しかしながら、伝承される世襲財産は、単一の総体ではない。それはむしろ、もろもろの干渉に満ち満ちたひとつのゲームである。新しいものの可能性、クーンの言葉を借りて言うなら、「パラダイム」転換の可能性は、つねに存在しつづける。もっとも、そのような可能性はもはや外部に存在するもの――前カテゴリー的なもの、「自然」、ありのままの事物――との神話的出会いからはやってこないだろう。だが、運命＝送付がもろもろの歴史的効果、すなわち、わたしたちの世界投企を構成するものとして展開され現前しているもろもろの結果を伝達するだけでなく、もろもろの痕跡、世界とならなかった要素をも伝達するものであるかぎり、新しいものの可能性は存在しつづけるのである。クレーの天使の足もとに勝利者たちの歴史が積み重ねてきた廃墟がそれである。これらの廃墟へのピエタースこそは、自然権とか歴史の必然的経過の名において正当化されるあらゆる投企以上に、革命の唯一の真なる動因をなしているのだ。

新しいものを他の文化としての他のものと同一視すること――それが異なる文明ないしは異なる言語ゲームの文化であろうとも、あるいはわたしたちの伝統のなかでついに支配的となることのなかったもろもろの痕跡のうちに含まれている潜在的な世界であろうとも。このことは、存在の差異を経験することと、ただし、それをある異なった場所に、ある本源的な土台に、それゆえなおも実体としてあたえられたものとして経験するのではなく、むしろ、それを干渉として、[8] 声をひそめて、「取るに足らないこと」(gering)[9] として見ることを意味している。存在にそれが没落するまで同道し、このようにしてひとつの超形而上学的な人間性を準備することを意味しているのである。

＊1　この解釈学的根拠という考え方については、G. Vattimo, "Verso un'ontologia del declino," in: Id., *Al di là del soggetto* (Feltrinelli, Milano 1981) を見られたい。

＊2　J.-P. Sartre, *Critica della ragione dialettica* (1960), tra. it. di P. Caruso (Il Saggiatore, Milano 1963)〔平井啓之訳『方法の問題』『弁証法的理性批判1・2・3』(『サルトル全集』第二五―二八巻) 人文書院、一九六二―一九七三年〕.

＊3　『テーゼ』は、W. Benjamin, *Angelus Novus*, a cura di R. Solmi (Einaudi, Torino 1962) においてイタリア語に翻訳されている〔「歴史の概念について」、浅井健二郎編訳『ベンヤミン・コレクション1』ちくま学芸文庫、一九九五年〕。

＊4　K. O. Apel, *Comunità e comunicazione* (1973), tra. it. di G. Carchia (Rosenberg e Sellier, Torino 1977)〔磯江景孜ほか訳『哲学の変換』二玄社、一九八六年〕を参照。アーペルについては、G. Vattimo, "Esiti dell'ermeneutica," in: Id. *Al di là del soggetto* cit. も見られたい。

＊5　*Critica della ragione dialettica*, tra. cit., vol. I, p. 77〔前出『方法の問題』、一〇二―一〇三頁〕を参照。

＊6　M. Heidegger, *Saggi e discorsi* (1954), tra. it. di G. Vattimo (Mursia, Milano 1976), p. 45〔細川亮一・ブッハイム訳『真理の本質について　ハイデッガー全集第34巻』創文社、一九九五年〕を参照。

＊7　M. Heidegger, *Zur Sache des Denkens* (Niemeyer, Tübingen 1969), pp. 5-6〔辻村公一・ブフナー訳『思索の事柄へ』筑摩書房、一九七三年、七頁〕を参照。

＊8　G. Vattimo, "Difference and Interference: on the Reduction of Hermeneutics to Anthropology," *Res* (Harvard), n. 4 (Autumn 1982) を見られたい。

＊9　*Saggi e discorsi*, tra. cit., pp. 121-22〔前出『真理の本質について』〕を参照。

経験の過程でのさまざまな変容

ピエル・アルド・ロヴァッティ

1　ニーチェ、まえおき

人間は中心からxへ向かって転がり出ていく、とかつてニーチェは述べたことがある〔原佑訳『権力への意志　上』ちくま学芸文庫、一九九三年、二一頁〕。本来の確かな場所から不確かな場所、未知の場所へ向かって離れていくというのだ。

この未知の場所をわたしたちは指示し描写し語ることができるのだろうか。しかしまた、おそらく、未知の場所について語るよりは、「転がり出る」とはどういう意味なのかを理解するほうが大切なのだろう。

転がり出る人間というのは、完全に魔法から解き放たれて、否定的なイロニー〔判断留保〕の境地に到達している人間、いまではもうあらゆるものを箱に詰めこんでしまうすべを習得していて、ただ目で合図するだけで、あらゆるニヒリズムをそこに判断を差しはさまずに受けいれる方法を知っている「最後の人間」のことなのだろうか。それとも、それ以上のものがあるのだろうか。

また、この「それ以上のもの」というのは、わたしたちが主体という概念によって思考してきたもののいっさいが散逸してしまったことを指しているのだろうか。指示対象をもたないシミュラークル同士のたんなるゲーム、約束事、組み合わせでしかないということなのだろうか。それとも、人間が自らの中心から離れるとき、その人間にはなにが起こるか、また、新しい「意味」の生産の場としてまずもっては承認する必要のある地盤とはなにか、を同時に描写することのできるような主体の脱中心化の「論理」を仮設してみるということなのだろうか。

他方、中心が失われたということは、「強い」思考がいまや支持しがたいものになってしまったことの言明ないし裁可でなくて、なんであるというのか。じじつ、思考するものと思考されるものとが連携しあっているのが「強い」思考の特徴である。そこでは両者が鏡のように互いを映し出しつつ緊密に結合している。これにたいして、ニーチェが見てとっている状況は、消失の可能性を特徴としている。人間はいまや限界に達しており、あと一歩進めば崩壊し、完全に消失してしまうほかない。しかも、意味の再活性化がなされうる場所は、ここにいたってはじめて、劇的なかたちで告知されうるのである。だが、それはもともと現実にはどこにも存在しえない場所ではないのか。

この限界は乗りこえる必要がない。価値がなくても生きていくには困らない。こう宣言して権利放棄の論理を練りあげるための、多くの動機をわたしたちはもっているだろう。「最後の人間」とは、無と共存していくすべを習得した妥協の人間である。限界をこえてあと一歩を踏み出すというのは、困難な冒険に乗り出すことにほかならない。閾の先にはさらにもうひとつの閾が隠れている。曲がりくねっていて起伏に富む、きわめて長くて苦労の多い道を歩むときには、わたしたちはいつも、そのもうひとつの閾の前に立たされているのに気づくはずなのだ。

道というのは、あくまで、隠喩的な表現である（だが、その隠喩はおそらくつねに「人生とは旅である」ことを意味しているのではないだろうか）。それは心の状態、わたしたちの態度、生き方を指し示している。『人間的、あまりに人間的』には、「人間、習俗、法律や、事物の因習的評価の上空を自由に恐れもなく飛翔する」という言い回しが出てくる〔池尾健一訳『人間的、あまりに人間的 I』ちくま学芸文庫、一九九四年、六四頁〕。自由な飛翔？　ニーチェはこの「自由」という観念をくりかえし取りあげては修正をくわえていくだろう。奈落は人々を下方へと引きずりこむ。そして必然の螺旋階段は地面にゆわいつけられたままである。地面から飛び立ち、空をはばたく鳥のように自由に飛翔して回ることはできないのだ。おそらく唯一の選択肢は、蛇を真似て、地面をはいずり回るすべを習得することである。それというのも、地面としっかり接していてはじめて、地面から立ちあがることも可能となるからである。

没後に公表された有名な断想（一八八七年六月）の結びの部分で、ニーチェは「超人」のイメージを示唆しようと試みて、こう問うている。「それでは、強者であることが明らかになるのはどういう人間たちであろうか」と。そして答えている。「最も穏健な者たち、極端な信仰の原理を必要としない者たち、おおかたの偶然、不条理の存在を認めるだけでなく、それを愛する者たち、人間について考えるさい、その価値をいちじるしく縮減して考えながらも、だからといって卑小になったり軟弱になったりすることのない者たちである。すなわち、最もゆたかな健康に恵まれ、たいていの逆境に耐えうる者たち――自分の力を信頼している者たち、そして人間が達成した力を、それにたいする誇りを自覚しつつ提示できる者たちである」（*Opere*, vol. VIII, I, *Frammenti postumi 1885–1887*, a cura di G. Colli e M. Montinari, trad. it. di S. Giametta [Adelphi, Milano 1975], p. 206〔三島憲一訳『ニーチェ全集　9』白水社、一九八四年、二八三頁〕）。

さらに、「総括的洞察」と題された断想（一八八七年秋）には、つぎのようにある。「わたしたちの近代世界の両義的な性格――同一の徴候が衰退の前触れでもあれば強さの前触れでもありうるということ。そして強さの目印、達成された成熟の目印が、伝承された（残存している）感情の評価にもとづいて、弱さと誤解されてしまうことがありうるということ。要するに、感情は、価値感情としては、時代の先端にはないということである。一般化して言えばこうなる。価値感情はつねに時代遅れである」（*Opere*, vol. VIII, *Frammenti postumi 1887–1888*, a cura di G. Colli e M. Montinari, trad. it. di S. Giametta [Adelphi, Milano 1971], II, pp. 118–119〔清水本裕・西江秀三訳『ニーチェ全集　10』白水社、一九八五年、一七一頁〕）。

ここには、きわめて問題のある二つの文章が提示されている。晩年のニーチェの思想の大部分を支配している「強さ」の観念と、それと関連した「弱さ」の観念は、本人が与えたがっているような同一化を許さない。ここでニーチェは、「力が強い」とか「力が弱い」といった「感情」によって強者と弱者を特徴づけることの難しさに直面している。そういった価値感情に訴えないわけにはいかないにしても、それは強者と弱者を特徴づけるのには不適切なのだ。「時代遅れの」感情。「力が強い」とか「力が弱い」とかと言ったとたん、わたしたちの頭の中でこの一対の項と結びつけられ、わたしたちのうちに重たく根を張った価値感情の一部をなしているイメージは、時代遅れになってしまう。強者は最も穏健な者たち、しかしまた弱者には転化することのない者たちであろう。ここには、少なくとも、強さの二つの概念、そしてまた弱さの二つの概念が作動している。ニーチェはそれらのあいだで揺れ動きつつ、なんとかして新しい意味論的領域を見つけ出そうと試みている。その根底には、ニーチェが他の場所でもおこなっている主張を見いだせるのではないだろうか。すなわち、人間はいまや弱く見えるほどまでに強い、という主張である。これは逆説であろうか。ともあれ、ニーチェにとって、このことは深い意味をもっている。「飛翔する」（あるいは「外部にいる」）ことは、強さを歴史的な変遷のすえに獲得することと等価ではありえない。「重荷を背負って歩く」ことが「力がある」ことに変容するまで、人間のたどる経過を完遂することとは、等価ではありえないのだ。「飛翔する」ことと「重荷を背負って歩く」ことの隔たりが示しているのは、その種の弁証法ではない。

人間は、ニヒリズムのうちにあって、自分を縛りつけている鎖を投げ捨てる能力を獲得する。しかし、そのニヒリズムの内部には困難な道のりが立ちはだかっている。ニーチェは、重要なのは退却することではなく、まさしく歴史的にニヒリズムのうちに住まうことから生まれる強さに助けられて、潜勢力を実現することである、と示唆している。しかしまたニーチェは、この強さが自己破壊的な力をもっていて、底なしの深淵に直面した危険を人間が自分で引き寄せているに等しいことをも知っている。そして、この悲劇的な側面のパトス自体も、舞台の前面に躍り出ている。そこで想い描かれているのは、表面のちっぽけな一点で支えられた不安定な平衡状態というイメージ、潜勢力の最大限の発展と最終的な底なし状態をともに生み出す平衡状態というイメージである。それはもはや弁証法ではなくて、どこまでも遮断されることなく二股に分かれたまま続く道である。二つの可能性が並存する。ニーチェによると、この不安定な平衡状態こそは現代人の置かれている状態なのだ。どのようにすればこの危うい状態が最大限の強さに転化しうるのだろうか。わたしたちは危機以後（dopo-crisi）の多くの文化のさまざまな屈折現象からはほど遠い場所にいる。この人間は喪失や除去によって印しづけられてはいない。この人間は〈より悪くはないもの〉で満足するような人間ではない。身を低くしても弱くなりはしないのである。

ここにおいて、「弱い思考」という仮説は、獲得された力――力と言うとき、ニーチェはしばしばほかでもない物質的な力のことを暗にほのめかしている――、同時に肯定でもあれば自己否定でもあるような力の変容と関係をもつにいたる。思い浮かぶのは、『ツァラトゥストラ』において語られている永遠回帰、なかでも、その永遠回帰を構成している二重の必然性である。たしかに、一方では重たくのしかかる必然性が存在する。重たい力、万物の重苦しい回帰が存在する。至高の価値、哲学の「真の」カテゴリー、最終目的、万物の統一、万物の存在がわたしたちの活動を阻害するのと同じようにして、鎖でがんじがらめにする循環が存在する。しかし、わたしたちを鎖でがんじがらめにする運動は二重化して、その束縛を緩和する運動ともなる。永遠回帰とはそうした「もうひとつ別種の」必然性でなくていったいなんであろうか。『人間的、あまりに人間的』で言われている「飛翔する」とは、もはや外にいることではない。そうではなくて、内部にとどまっていること、そして下へと降りていくことである。もはや自分に満足していること、距離を保っていることではない。そうではなくて、重たさの中を通り抜けること、そして必然性に面と向き合うことである。

逆の方向から見てみよう。外から見たなら、必然性はわたしたちに重たくのしかかる鉄のごときものだろう。だが、内部にあって仕事をしているあいだは、たとえそれが無のなかであっても、さほど恐ろしくはない。運命の車輪はあいかわらず回りつづけている。わたしたちはそれを外から眺めることもできるし、その内側へ飛びこむこともできる。思いがけずぞっとするような出来事に出くわしてうちひしがれることもあれば、そこに偶然との戯れを発見することもできる。これは要するに選択の問題なのだ。もし選択をする力があるなら、わたしたちは弱さにもそれなりに肯定すべき点があるのを発見するだろう。

偶然と戯れるというのは、子どもが海岸で波と戯れているのにも似て、波のうねりに身を任せて捕まえられるままになっていることである。だが、それは従属すること、受身のまま耐え忍んでいることではない。そこでは必然性はすでにそのおどろおどろしい咆哮を失ってしまっている。偶然と必然性は互いに結びついて生の二つのスタイルをなしている。一方には、ぞっとするような偶発的出来事と重苦しくのしかかる必然性がある。もう一方には、重荷を軽くする必然性と偶然の戯れがある。

強さと弱さは互いに絡まりあっていて、それぞれのもつ意味を変化させる。わたしたちはこのことを理解するには遅れをとっている。どっちつかずの状態にとどまっているのだ。それは、さきほど引いた没後に公刊された断想では、永遠回帰の謎めいた性格によるものとされている。説明は極限まで突き進んでいってパラドクスに陥り、神秘の境域へと入りこむ。ツァラトゥストラの笑いは謎めいている。それは喜びの笑いでもなければ苦しみの笑いでもなく、おそらくは茫然自失の笑いである。弱い必然性といったものはどのようにすれば存在しうるのだろうか。運命を変容させながら受けいれるにはどうすればよいのだろうか。わたしたちが弱くあることを可能にしてくれるこの力、そして最大の力であるように見えるこの新しい弱さとはなんであるのか。

ニーチェが彼の省察の要《かなめ》をなすくだりのひとつを前にしてためらいを見せていることは、おそらくわたしたちにとって、確信と決断に満ちたくだり以上に重要な意味をもつのではないかとおもわれる。ニーチェには、いまだ探査する以前の段階で、紙の上で計画しただけにとどまってしまった領域があった。彼がこのように時代に遅れをとっていると感じていることは、その領域へと彼がじっさいに探査の歩みを進めていったさいに到達しうる最大限の地点を画しているのかもしれないのだ。あるひとつの経験のゾーンをニーチェは遠望している。そこではもはやわたしたちが普段使い慣れている尺度、通常のカテゴリーは通用しない。そこには解かねばならない謎がある。しかも、それは例外的な経験とおもわれるかもしれないが、けっしてそのようなものではない。山の頂上に登ったり、深淵の底へ降りたりする必要はない。それはわたしたちの経験、日々の経験なのだ。

2　ローカルか、グローバルか。ペーター・ハントケとミシェル・セール

『内部世界の外部世界の内部世界』〔一九六九年〕に収録されている「一日のうちに起きるもろもろの変容」と題されたペーター・ハントケの詩がある（*Il mondo interno dell'esterno dell'interno*, trad. it. di B. Bianchi [Feltrinelli, Milano 1980], pp. 52–54）。詩はつぎのように始まっている。「彼らが独りでいるかぎり、わたしも独りである。／彼らが友達に囲まれているかぎり、わたしも友達である。けれども、わたしが

に出るのである。／わたしが路面電車に乗ったとたん、——ひとりの乗客が路面電車に乗るのである」。最初、わたしは内側にいる存在、わたしたちのあいだにいる存在である。つぎには外側にいる存在となる。わたしは何ものかとなる。なんらかのカテゴリーとなる。そして、抽象の度合いが進むなかで、わたしが何ものかを満たすとき、そのときにはわたしはひとつの内容となるのであり、最後にそれらがわたしから遠ざかるとき、そのときにはわたしはもはやひとつの点でしかないのだ。「そして最後に、わたしは草の上である人物の隣に坐る——そしてわたしは／ついに別の人物となる」。この結末はわたしたちを少しばかり驚かせる。おそらくはここまでのわたしたちの読みに随伴してきたのではないかとおもわれる惰性に、この結末は揺さぶりをかける。だが、まさしく「別の人物となる」ことこそが肝腎かなめなのであって、「ついに」は積極的な一手が打たれたことを指し示している。別の人物が隣に、彼のような人物、あるいはわたしたちのような人物と並んで、草の上に坐っているのだ。

同じ主題は小説『真の感覚の時』（一九七五年）でも支配している。もっと有名なグレーゴル（カフカの作品『変身』の主人公）と同じように、グレーゴル・コイシュニヒはある朝目覚めて自分が変身してしまっているのに気づく。その前日、夜中に彼はある人物を殺した夢を見ていた。ここには突然の移行、飛躍がある。夜／朝、夢／覚醒。漸進的な移行ではなくて、経験のずれ、変容、それもおそらくは「ちっぽけな」変化が——というのも、それはほんの微細な位置移動だからである——、経験のスタイル（これについてはジル・ドゥルーズが『対話』のなかで語っている）そのものを全面的に修正してしまうのだ。ちょっとした「カタストロフィー」と言ってもよいだろう。「突如としてわたしはもはやわたし自身ではなかった」。カフカの作品のなかで虫になるグレーゴル・ザムザと、グレーゴル・コイシュニヒとのあいだには、目に見えて明らかな相違が存在する。グレーゴル・ザムザの場合の基本的な特徴は、彼を見ている他者たちのまなざしである（だが、ドゥルーズは、きわめて興味深いことにも、そこに逃走線として「動物に変身する」という要素を読みこむことを提案している）。これにたいして、グレーゴル・コイシュニヒの場合には、外見上はなにひとつ変化することがない。他人や事物を見る彼の見方が変わるのだ。「だが、彼をそれ以上に悩ませたのは、自分が別の人物になったのに、なにひとつ変化しなかったかのようなふりをしなければならないことだった」（*L'ora del vero sentire*, trad. it. di L. Bianchi [Garzanti, Milano 1980], pp. 8–9）。

第一の変化は、現実とはなんて「ひどい言葉」だろうということに気づいたことだった。グレーゴル・コイシュニヒは街をぶらぶらと歩いていて、以前は全然気づかなかった場所に多くのものが存在しているのに気づく。喫茶店のテーブルで人々が子どもの写真を撮っている。「だが、カメラのシャッターが切られたのは、子どもが現実に子どもらしい笑みを浮かべてみせた瞬間でしかなかった」（p. 136. 傍点は筆者）。この「現実に」が、グレーゴル自身すべてが普段となにも変わらないふりをしなければならない窮地に陥っていることと関係があるのは明らかである。それはさながら、閉めてあった鍵を回して家に入らなければならない瞬間、あたかも自分の前に鏡があるものと想像して、できるだけ自分自身の「現実」に似たものになろうと努力するときのようなものなのだ。「現実」に合致したものになるという問題。したがって、いまの自分は「現実」とは合致していないということ。子どもがいかにも子どもらしい「現実」に合わせてみせる。すると拍手喝采が起こる。それは、子どもが最後にくる言葉がなんなのか失念してしまっていた文章をみごと完成させてみせるときに要求されていた拍手喝采である。「ナプキンはえーっとどこだっけ？　両膝の上にかけるんだよね」と子どもは正しく答えてみせたのだった。

第二の変化は、これとは正反対の方向へと糸を繰り出していく。そしてここにこそ変身の本質がある。すなわち、事物に接近していくというのがそれである。隣で、草の上に坐っている。これはべつにそうしようとは考えずに、あるいは思考がほとんど弱まってしまった状態のもとで生じる変化である。たんにそうと気づいているだけのことであり、一種の「付帯的意識（coscienza accessoria）」のようなものである。事物の「隣に」身を置いたとする。なにが起こるのだろうか。第一には、行為が増加するようにおもわれる。それまでは無視していたか見えないでいた行為がたくさんあることに気づくのだ。そして目につく行為とありふれた行為と思いこんでいたものの関係がひっくり返る。ありふれた行為が、なにかわたしたちの経験を総体としてあるがままに理解するうえで重要な意味をもつ示唆を引き出すことのできるものとなる。たとえば髭を剃るというような最もありふれた行為。「彼は髭を剃らないことに決めた。これはひとつの決心だった。そう決めると気が楽になった。それから、彼はいつもどおり髭を剃った。そしてこの第二の決心を誇らしげに思いながら宿舎を横切った」（p. 119）。ハントケの考えでは、この短い文章のうちには、決心をしてはそれを受容し、また新しい決心をするという、行為の一連の継起の問題、現に行なっていることと行なおうと考えていること、本当に行なっていることと行なったと感じていることとの関係の問題が集約されているのだった。そこでは、さまざまな出来事がブランコのように行ったり来たりし、もろもろの内容と論理が速度を早めたり、強度を増したり、揺れ動いたりする。これこそが要するにあらゆる経験を構成しているものにほかならないのである。「真の」感覚とはこういった感覚以外のなにものでもない。強度の増大と揺れ動き、音域が拡がるなかにあっての、パニックと安心のあいだ、内と外のあいだの、狂気に駆られたゲームなのだ。

この感覚は経験の「快楽」である。しかしながら、逃走線ではない。別の人物に変身するというのは、「ひどい言葉」を前にしてフェイントをかけることであると同時に、「ノーマルなもの」を再獲得することでもあるからである。ノーマルなものに快楽をおぼえること。そのような快楽は手が届きそうに見えて獲得するのはなかなか難しい。日記『世界の重さ』〔一九七七年〕(*Il peso del mondo*, trad. it. di R. Precht [Guanda, Milano 1981]) には、たとえばこのように記されている。「三月二四日。〔中略〕時局が最も危機的な瞬間にさしかかったときには、さまざまな種類の新聞を手に入れ、こうしてなんの変哲もないノーマルな日常であるかのようなふりをして見せたものだった」(p. 35)。ここで「ふりをして見せる」というのは、たしかに、前と同じ状態に「合わせる」ことではない。あるいはつぎのような記述——「日曜日、活気に満ちた朝、開いていた店から戻って隣人の家へ向かう道すがら、わたしは「とどのつまり、おれは幸せな男なんだ」と心のうちで繰り返しているのに気づいた」(p. 126)。

「ノーマルなもの」の発見とは、まさしく、経験が細分化されているということの発見にほかならない。経験とは微細な動きからなる揺れ動く織物のようなものであって、それぞれ別個の観察と繊細な分析を要求しているのを発見するということなのだ。経験を構成している動きは、大きなゲームの動き、わたしたちが通常、意味があると見なしている動きではない。ノーマルなもののミクロ物理学は時間のパラメーターの意味を変化させてしまう。いまではもう、わたしたちは時間というものを、速度が早くなったかとおもうと遅くなり、前もって期待していたことが突如「カタストロフィー的な」転回をとげる、そのような小さなゲームのなかで感知しなければならない。ここでは、「了解」の時間は別種の時間である。それは直線的な時間でも個別的な時間でも等質的な時間でもないが、それでもなお感知はされる時間である。時間であろうとしている唯一かけがえのない時間、と言うことができるのかもしれない。

小説『ペナルティ・キックを受けるゴールキーパーの不安』〔一九七〇年〕の主人公、ヨーゼフ・ブロッホは、グレーゴル・コイシュニヒを予示している。彼もまたいろいろな場所を通り過ぎていく。その彼の彷徨はまったく偶発的なものであると同時に深い意味が込められてもいる。記憶、すなわち、かつて生存していた者たちの集積所が役回りを演じて、行きつ戻りつする。だが、記憶はとどのつまり磁力の弱い極でしかなく、いっさいはごく短時間しか持続することのない行為の偶発的な生起のうちに解体されてしまう。このごく短時間しか続かない行為の偶発的な生起をハントケは一つまた一つと解きほぐしてアトム化し、可視化しようと試みている。

「例の酒場ではウェイトレスが床を洗い流していた。「ママはどうしている?」とブロッホは訊ねた。「まだ眠っているわよ!」とウェイトレスは言う。ブロッホは立ったままビールを注文する。ウェイトレスはテーブルから椅子をひとつ下ろす。ブロッホはテーブルからもう一つ椅子を下ろして座った。／ウェイトレスはカウンターの後ろへ回る。ブロッホは両手をテーブルに置く。ウェイトレスは体をかがめて瓶をあける。ブロッホは灰皿を脇へ押しやる。ウェイトレスは通りがかりに別のテーブルからコースターをひとつ取る。ブロッホは椅子を後ろへずらす。……」(*Prima del calcio di rigore*, trad. it. di B. Bianchi [Feltrinelli, Milano 1971, pp. 43-44]〔羽白幸雄訳『不安——ペナルティキックを受けるゴールキーパーの……』三修社、一九八〇年、四四—四五頁〕)。

まるで舞台や映画の監督のト書のようだ。あるいは外部から眺めている目と言ったらよいのだろうか。いやそうではない。もろもろの行為とそれらの間合いが指し示しているもの——それは観察されている対象そのものではなくて、もろもろの運動、問いと答えの交錯するありさまにほかならない。

「ウェイトレスが彼の近くに座ると、しばらくして彼は腕を彼女の体に回す仕草をしてみせる。彼女は彼がただそういう仕草をしたいだけと見てとり、彼が自分はただそういう仕草をしたかっただけなんだということを明らかにするより前に、彼女は背を後ろへもたせた。ブロッホは実際に腕をウェイトレスの体に回して取り繕おうとした。しかし、彼女はすでに立ちあがっていた。ブロッホが腰を浮かそうとすると、ウェイトレスは立ち去ってしまった。ブロッホはやろうとおもえば彼女を追いかける仕草をすることもできたのかもしれない。だが、煩わしくなって、彼は店を出ていった」(p. 67〔七三頁〕)。

早すぎると同時に遅すぎる。出会いの経験というものは、おしなべてこのように射損なった標的の織物でできているのではないだろうか。この場合には、達成されるにいたらなかった無数の微細な一致でもって構成された不一致が成立する。だが、この「別の人物になる」という経験の世界においては、そもそも、達成されるにいたらない一致なるものを見いだすことはできるのだろうか。一致はいずれにしても難しく、けっして完全に達成されることはない。そしてそれは込みいった旅を要求する。

ペーター・ハントケも、ドゥルーズと同様、こうした意味で、さまざまな可能性を内包した経験の集塊としての子どもに注目する。それらの可能性を現実の子どもの可能性と等価なものと見なすことはけっしてできないだろう。しかし、いずれにしても、それらはわたしたちにとってひとつの開かれ(apertura)を構成しているのである。子どもたちは——とハントケは同じく日記のなかで述べている(同じテーマは、『子どもの物語』〔一九八一年〕でも、もっと複雑なニュアンスを込めて再呈示されている）――あるひとつの共通の経験をそれぞれにまったく異なった言葉を使って語りはじめ、一つまた一つと分断していきながら、しかしまた結末に到達すると、話を同じように、同じ言葉でもって締めくくる、と（*Il peso del mondo*, p. 82）。

一致は可能なのだ。ただし、一致が可能なのは、思慮に富んだひとつのモデルがあらかじめ存在していて、それがそもそもの初めから話の糸を支配し、さまざまに異なった子どもたちの物語り方を一つに統合しているからではない。一様化のモデルとなるようなテクストは存在しない。逆に、ハントケは、この例をとおして、問題を転位させ単純化すると同時に、その問題が解決しうるものであることを可視化してみせる。そして、まさに話をそれぞれに異なったふうに語ってみせることこそが同一の結論を生み出すことになるのだ、と述べている。この間の消息をもっとよく理解するには、逆の例を想像してみてもよいだろう。子どもたちが同じことを同じ言葉で語っているように見えて、つぎに話の糸を分断して、それぞれに異なったことを言いだし、最後にはそれぞれに異なった結論に達して、けっして一致を見ることなく終わってしまうという例がそれである。

ミシェル・セールは、『ヘルメス５：北西航路』（*Hermès V: Le passage du Nord-Ouest* [Minuit, Paris 1980]〔青木研二訳『北西航路〈ヘルメス　V〉』法政大学出版局、一九九一年〕）の冒頭にエレアのゼノンを登場させている。わたしたちが今日パラドクスをかかえていることを自覚しているのと同じように、自分のパラドクスを十分に自覚していたゼノンは、海岸のさる一点で乗船して、エレアへ行こう／帰還しようと、アテナイを出発する。旅の途中で、ゼノンは自分でやった計算を思い出す。行程を一歩一歩進めるにはまず空間と時間を分割しなければならない。そして、そのためには前もってその行程の真ん中まで到達していないといけない。ここでゼノンは釘付けになってしまう。エレアへ到達できるだろうか。おそらくできないだろう。それにそもそもアテナイをうまく出発できるのだろうか。答えを見いだすには、ここでゼノン――もうひとりのゼノンが、分割を計算しなおさなければならない。そこで彼はたえまなく移動し、そのつど航路を微修正しようと決心する。まっすぐに進むのは無理だろう。楕円のように、渦巻きのように、何度となく旋回を重ねて行かねばなるまい。だが、今度もまたもや、ゼノンは自分が歩みを進めている運動について計算することになるだろう。そして新たに釘付けになってしまうだろう。ここで第三の旅、さらにもうひとりのゼノンが、必要となる。今回の旅はおそらく通過儀礼的な旅である。風景は一変してしまっている。線分や曲線を描いて計算するための図面はもはや存在しない。あちこちに障害物（神が置いたのだろうか）や乗りこえなければならない――と言ってよいのだろうか――試練の多い道があるだけだ。おそらくはほんとうに神が登場して巨大な山をそこに置いたのだ。その山をゼノンは回り道しなければならない。するとつぎには農夫が現れて、地面に盛り土をして彼の前途をふさぐ。風が吹いて土ぼこりの薄い塵の壁をつくる。だが、そのごくちっぽけな原子はどうか。原子もまた邪魔になる。そしてたしかに原子をまさしくそこに置いたのは〈偶然〉でしかない。はたしてゼノンはエレアに首尾よく帰還できるのだろうか。

しかしまた、セールによると、「真の」ゼノンが存在する。この「真の」ゼノンは計算にもとづいて正確な海図を描くのをあきらめたわけではないけれども、いまではもう、計算をすれば自分が釘付けなってしまうことをよく知っている。そこで彼は自分のあらゆる行為をくじで決め、偶然にまかせるだろう。これは理性の放棄だろうか。あらゆる合理的な希望の喪失を意味しているのだろうか。宿命論だろうか。いや、そのいずれでもない。理性、計算（計算の仕方）は普遍的なものではなくて、個々の事例ごとに応用すべきだとようやく理解するにいたったということなのだ。理性といっても、それはあくまでほかにも数多くある個別性のうちのひとつの個別性であるにすぎない。もろもろの理性はすべて、ローカルな所産であり、部分的、相対的にしか役立たない羅針盤なのだ。理性のこのような限界を理解するということは、セールの考えでは、想像上のゼノンにとって（すなわち、わたしたちのそれぞれにとって）エレアはあらかじめ与えられた場所や時間ではないこと、わたしたちの理性を拡充したものではないことを了解するということを意味している。エレア（すなわち、わたしたちの自己同一性《アイデンティティ》）、むしろ、旅そのもののうちにある。このことをセールはランドネー（randonnée）のうちにあるという言い方をしている。回り道をすること、ぐるぐると周回することである。が、それはまたランダムであること、偶然、選択、機会、そしてもちろん危険を冒すことも意味している。

北西の土地は北極圏にあって、鋸状の海岸線、無数の入りくんだ隘路、海図が正確には図示できない障害物の連続からなっている。そして海には何千何百という島々が群れをなしている。島々だって？　それらは本物の島々ではない。よく見てみると、まるでそれぞれの島はもうひとつの海を内包していて、そこにはまた別の島々が浮かんでいるかのようなのだ。それでもなお、わたしたちの唯一の可能性はその海をめざして旅に出かけることである。そこにしか航路はないからである。

「グローバルなもの」をあきらめるわけにはいかない。これこそが問題の核心であるとセールは言う。

わたしたちは日常の限られた経験のなかでは方向転換できるし、またしなければならない。だが、「グローバルなもの」における方向転換はどのようにすれば可能となるのだろうか。また、そのときには「グローバルなもの」自身なにに変わるのだろうか。それはどうやら二重の方向転換のようである。まずはもろもろの条件の転倒、目も眩むような反転。すでに見たように、ゼノンが動き出すことができるのは、等質的な空間、可逆的な時間、わたしたちの実践すべてに強弱をつけているそのような空間と時間はひとつの特殊事例にすぎないと理解したときのみである。「グローバルなもの」とは「ローカルなもの」が歴史的に沈澱してできたものでしかない。それは偽りのグローバルなのだ。ところが、桁外れに大きな権力意志がこの点を膨張させて、ついには全体性と一致させるまでになってしまった。わたしたちははたして納得できるだろうか、真の全体性はもろもろのローカルな行為、出口がなくていつも様相を異にしている旅の諸部分からできているなどということを。秩序と無秩序はつねに互いに連関しあっており、偶発性こそが万物のリズムなのだということを。秩序ある生そのものが順次無秩序へと向かうべく統御されているということを。モデルに還元することのできない別の意味が存在するということを。

セールが哲学的な想像力を働かせたり、散逸構造にかんする熱力学やカタストロフィーにかんする位相幾何学に目をやったりしながら垣間見ているこの「グローバルなもの」は、別世界、第二の世界に属するものではない。いつの場合にも、彼が立ち戻る事例は人間という生命ある存在である。「グローバルなもの」の問題は、生命とはなにかという、つねにさほど自明ではない問いに凝縮されている。この問いに答えようとしてはじめて、歴史とはなにかという問いも、正当で意味のある問いとなる。生命とはひとつの複合体であって、さまざまに異なる時間を統制し交換する。偶発性と無秩序は生命の非合理的な残滓などではなく、生命に接近するための鍵である。それでは偶発性についての知をもつことは可能なのだろうか。

わたしたちが承知しているのは、わたしたちが所有しているグローバルなものについての知では十分でないということである。端的にいって、その知はなにひとつ説明してはくれないからである。わたしたちの文化的シナリオにおいてはまったくもってそのとおりなのだ。だが、はたしてわたしたちはほんとうに説明を必要としているのだろうか。「グローバルなもの」を必要としているのだろうか。セールのような書き手が伝達する理論的創意に満ちた電荷は、彼の「科学的」オプティミズムを超えて、わたしたちにつぎのことを警戒させる。すなわち、わたしたちが「グローバルなもの」でありうると考えているものについての一致を達成するには、(要請そのものは保持しておきながらも)それをひっくり返し、その特徴と性質を変化させなければならない。そうでないと、ハントケの作品で描写されているようなごくちっぽけなもろもろの行為は沈黙したままになってしまいかねないということである。

しかしまた、それ以上のことがある。適応を要求する「ローカルなもの」、個別化に成功することはけっしてないだろうとおもわれる法律、一笑に付すことはできても、それでもなおつねに「現実」と称しつづけているものが、いつも存在するだろう。「ノーマルなもの」というのは、ふたたび獲得されたものであれ垣間見られただけのものであれ、たんなる派生物、周辺部において取るに足らない変更をくわえただけのものにすぎないのではないか、という疑いはつねに残るだろう。わたしたちにはほかに選択の道はないのだ。それとも、それはたんに実践可能性の問題にすぎないのだろうか。わたしたちはけってアテナイから移動することはないだろう。それとも、それはたんにわたしたちがどのような旅のなかで動いているのかを理解できないでいるせいなのだろうか。

3　ラカンの不可能な現実的なもの

ジャック・ラカンは形而上学者と見なされているけれども、その彼もわたしたちと同じ方向で思考の弱体化をくわだてたひとつの事例を提供している。ニーチェが「中心から転げ出る」と形容していることがらは、おそらく、経験の諸様態の位相幾何学的な絡まりあいとして描き出すことができるのではないだろうか。じっさいにも、ラカンの理論的な仕事のすべては、仮に主体が中心の外にあるとしても、それで主体がたんなる派生物でしかないということにはならない、とわたしたちに言おうとしている。主体をどのようにとらえようとも、理論を固定する点がことごとく消失してしまうように見える場所でこそ哲学的な「構築」の任務を遂行するよう、ラカンは勧告する。必然性と不可能性とは互いに結びつくことができるし、それどころか結びつくべきである、とラカンは言う。双方は互いに交差するなかで自己同一性《アイデンティティ》を変化させる。そして、自己同一性《アイデンティティ》とともに、主体を変化させるのである。

典型的な例は恋愛である。一九七二―七三年のセミネール『アンコール』(*Encore*, trad. it. di G. Contri [Einaudi, Torino 1983]) では、恋愛は「二つの故国喪失の痕跡の出会い」と理解されている。いまはすでに失われてしまった二つの場所が偶発的に出会って触れあう。それはけっしてスーパーインポーズ〔重ね焼き〕に転化することのない接触である。じっさいにも、故国喪失という事実そのものは消えるわけではないだろうし、そこにはいかなる和解も存在しえないだろう。しかしまた、偶発的な出会いは、それが最初の出会いであるならば、それだけではもろもろの次元の多様なゲームをカヴァーしつくすことはない。同時に恋愛は必然的なものであろうともする。もう少しくだけた言い方をするなら、わたしたちは今この瞬間、〈つねに〉の理想化された形態を生きたいと願う。すなわち、恋愛は永遠であらねばならない。出会いがあり、今この瞬間がある。この出会いは、わたしたちにとっては〈つねに〉という暗号を意味する。〈つねに〉は存在することをやめない必然性のことである。今この瞬間のうちには存在することをやめないという要請が存在する。恋愛は存在することをやめないものでなければならない。ここに恋愛の必然性がある。

だが、これだけでは十分でない。この記述には、おそらくは最も重要であると思われる次元、全体の蝶番《ちょうつがい》がなおも欠けている。この偶発的な出会いは、「偶然は理念的なもののなかでは姿を消してしまうだろう」という意味での〈つねに〉に繋ぎとめられているという理由だけでは、恐るべき偶然性を免れることはできない。一見したところではもっとドラマティックな何かが存在していて、ゲームを込み入ったものにし、ゲームの力を失わせている。取り去るためには、付け加える必要がある。〈いま〉と〈つねに〉が抽象的な充溢性を失うのは、わたしたちがそれらを〈けっしてないもの〉、〈不可能なもの〉に繋ぎとめることに成功する場合だけである。出会いはただの一点、あるいはごくちっぽけな足場の上で起きる。そして、わたしたちは奈落に落ちることのないよう、必死になってその足場にしがみついている。だが、この落ちるということこそは本質的なことなのだ。わたしたちを落下させるもの、下へとひっぱっていくもの——ラカンによれば、現実的なもの(réel)こそがそれである。現実的なもの、つまりは不可能性。落ちることは、やめないでいることの不可能性である。必然性と偶発性は対立しない。それどころか、両者はいずれも同じ側に立って、制限が存在すること、なにか不可能なものが存在することを主張しようとする。

ラカンにとって「～をやめないでいる」ことは、存在するのをやめないでいるということではなくて、エクリチュール、すなわち、書くことをやめないでいるということである。それはまるで今この瞬間に、出会いのなかで、書かないでいることをやめられるとでもいうかのようである。充溢、完璧なエクリチュールが存在するかのようである。そのようなものとして、それだけを取り出してみたなら、偶発的な出会いは書かないでいることの幻想的な停止である。それはあたかも必然性「へと向かおうとする」姿勢が舞台をすべて占拠していて、その偶発的な出会いを満杯にしているかのようである。ラカンの弟子たちによって編まれた『アンコール』と平行関係にあるテクストでは、この必然性は欠如が生じないようにするために、あるいは別の言い方をするなら、少なくともある一点において去勢がされないで済むようになるために、**x**が存在するという仮説として図示されている。つまりは例外の仮説である。だが、ラカン自身はみずから意図してもっと曖昧な態度をとろうとしている。彼に関心があるのはどの点において問題が解決されるかということではなくて、もろもろの次元の運動全体なのだ。

この運動のうちにはみずから位置を移動させていく「ノン〔否〕」が存在する。停止するもの、停止しないもの、停止しないものを停止させるものが存在する。なにが偶発的な出会いを維持しているのだろうか。二つの故国喪失の痕跡が正反対の方向へ突き進まないようにしているもの、互いに疎遠な正真正銘の故国喪失に転化しないようにしているものは、いったいなんなのだろうか。〈つねに〉と〈けっしてない〉が〈いま〉のうちには入りこんでいる。足場が幻想を制止し変容させている。まさしくわたしたちが宙吊りになっているからこそ、〈つねに〉が弱体化してしまって、純粋の想像界へ逃げこめないでいるからこそ、出会いは起きるのであり、恋愛は存在するのである。

ニーチェである。わたしたちは抑制されなければならないのだ。不可能なものの底荷は空虚な逃走を抑制し、幻想を弱体化させ、出会いの瞬間を実現する。幻想に浸ったままではいられない。〈つねに〉を所有したままではいられないのだ。わたしたちがこの状況に置かれているときには、いつまでも無制限に持続するという幻想、すなわち、空っぽになることも転落することもないまま、〈いま〉が続くという幻想はあらかじめ排除されてしまっている。わたしたちは〈つねに〉を所有することはできない。が、それでもなお〈つねに〉は生起する。他方、わたしたちは〈けっしてない〉だけに身を任せることもできない。そんなことをすれば、舞台から退場してしまうことになるだろう。わたしたちではなくなってしまうだろう。わたしたちは〈けっしてない〉を所有することができないのだ。それでもなお、〈けっしてない〉はわたしたちに出会いを可能にしてくれるのである。

ラカンが記述しようと努めているのは、たぶんわたしたちがたえず体験しているような経験の形態である。現実的なものが不可能なものであることが露わにならなかったとしたなら、わたしたちは絶対的で全能の必然性を信じこんでしまうだろう。偶発的な出会いであると断言しうるものを経験することはけっしてないだろう。そのときには、偶発的な出会いは幸せな偶然ではない。ほんとうのところ、盲目的な偶然ではないのだ。ラカンによってあらかじめ手はずを整えられたもろもろの円運動の絡まりあいは、〈いま〉、出会いが、新たな分析を要求していることを指し示している。わたしたちがこの瞬間、この〈いま〉が存在するということを認識するためには、それを享受することを可能にしてくれる〈つねに〉の遠近法的な影が存在していなくてはならないだろう。だが、その影こそはまさしく必然性の影、必然性が弱体化したものにほかならない。現実的なものは言葉で表現することができない。だからこそ、ラカンによると、わたしたちは現実的なものを生きることができるのであり、言葉で表現するものすべてに意味をあたえることができるのである。

4　弱い思考とはなにを意味するのか

「弱い思考」は、狭い意味では認識の仕方を指す。問題になっているのは、認識のさまざまな様式ないしカテゴリー、要するに知のひとつのタイプであるように見える。ここでも例としてニヒリズムにかんするニーチェのさまざまな断想を挙げることができる。目的、一なるもの、〈存在〉が、そこでは粉砕すべき偶像として存在していたのだった。だが、それらのカテゴリーを粉砕すべき偶像として区別しなければならないのはなぜなのか。じっさいにも、標的は単一のもの、一者なのだ。スーパーインポーズされるモデルは、完全に現実と符合しており、現実と一体となっている。しかし、そのように完全に現実と一体となったモデルは現存しない。そうであってみれば、それはもっと柔軟で、もっと可塑的で、もっと生硬でないモデルでなければならないのではないだろうか。わたしたちはモデルをあくまでも近似的で、必然的に欠陥のあるもの、ひとつの指示ないし合図と考えることに慣れなければならないのではないだろうか。

あるいはむしろ「現実」という観念をこそ、わたしたちは標的とすべきではないのか。モデルに正確な適合を要求する現実は、それ自体がひとつの構築物であったのだ。また現在もそうである。というのも、現実はモデルないし現実を象徴的に二重化したものをもつよう前もって整えられているからである。「弱い思考」は、認識する主体の側からも認識される対象の側からも、そうしたモデルに立脚した認識行為の名声を完全に失墜させることをこそ狙っているのだと主張するだろう。主体と対象というのは、たしかにいまではもうさんざん使い古されてしまった言葉である。が、はたしてもっとましな言葉があるだろうか。「弱い思考」は認識の対象と認識の主体のいずれにも修正を要求する。もろもろの基本的カテゴリーのニヒリズム的な脱構築化、一なるもののもつ力――あるいはこう言ったほうがよければ「強さ」――を毀損しようとする試みは、この結末へとわたしたちを駆り立てていく。認識の行為がモデルとしている一者――ここに弱体化すべき強さのポイントがある。この強さはわたしたちが現実およびわたしたち自身についてもっている観念のうちに移植されている。なによりもまず、このことに気づく必要があるのだ。

現実はひとつの等質的な根底をもっているとわたしたちは思いこみつづけている。なるほど、その根底は発見するのが困難で、とりわけわたしたちの目を欺きやすいというのは、わたしたち自身が認めているところである。それはわたしたちの眼前には立ち現れていない存在である。あるいは立ち現れえないような性質の存在である。だが、このように隠されてはいるが、たしかに存在している存在なのだ。また、それがわたしたちの目を欺きやすい外見をしているということは、すでにそれがわたしたちの認識とは隔たったところに存在していることを示している。しかし、だからといって、その外見がそのような根底にある真理を逆立ちしたかたちで開示したものであることに変わりがない。

同じようにして、わたしたちは主体の超越論的な同一性を信頼しつづけている。じっさいにも、わたしたちが休むことなくわたしたちのさまざまな認識行為をそこに結びつけようと努めている一なるものは、より大きくて一般的な一なるものに結びついている。そして、わたしたちは各自のさまざまな認識がそのようなより大きくて一般的な一なるもののなかに配置されているのを見いださざるをえないのである。


日常的な領域においては、普遍性のカテゴリーが作動しつづけている。たとえわたしたちが注意を払わなくとも、また、それをこの古びてしまった名前で呼ぶことがいささか奇妙におもわれようとも、この事実に変わりはない。だが、ここでなんでもよいから日々の経験をひとつ取りあげて検討してみよう。わたしたちは日ごろ、存在〔対象〕がなんらかの仕方であちらに存在しており、わたしたちの主観性がなんらかの仕方でこちらに存在していると考えている。そして、その主観性はおおよそのところわたしたち自身の主観性であると了解している。しかし、もしそうでなかったとしたらどうだろう。そのときにはシナリオはまったく変わってしまうだろう。あらゆる思考、あらゆる行為は、それらに象徴的な法的性格をあたえることによってそれらを権限あるものにしている確実性を、その確実性がどれほど小さな確実性であっても失ってしまうだろう。

しかしまた、その経験をさらに検討しなおしてみよう。それはたしかにあるひとつの構造をもっている。いや、それはつねに多様な経験が交錯する場所である。多様な経験が複雑に絡まりあって層をなしている場所なのだ。シナリオの安定性を保証しているようにおもわれた確実性は、角度を変えると、きわめて脆弱に見える。それはむしろ、表面的なきずな、わたしたちにさまざまな結びつきや運動を可能にしているニカワのようなもの、ちょっとしたスリップ、最小限の可動性であるようにおもわれてくる。そして、確実性の圧力を感じるというよりは、不満足感が湧き起こってくるのに気づく。確実性の圧力といったものは、いずれにせよ、いつも変わらず同じものの圧力、運動の唯一の可能性からなる運動の圧力であることがまもなく明らかとなる。この最小限の可動性ではもはや満足できなくなってしまうのだ。それはわたしたちの目にはたんなる縮減でしかないように映るのである。なにとくらべてか。度合いを異にする確実性、すなわち、わたしたちが日々の経験を前にしてそのつど漠然と抱く確実性とくらべてである。日々の経験があたえてくれる確実性がわたしたちにとってもつ意味には、書き記されてすでにわたしたちの手元に届けられている法的性格を付与された普遍性のカテゴリーがあたえる最小限の確実性よりもはるかに大きなものがあるのだ。

わたしたちがもろもろの事物に付与している意味、わたしたちのノーマルな知とでも呼びうるものは、通常、反省を要求することのない自動的なものとしてわたしたちに提供される。しかし、じつをいうと、そのように自動的とみえるのは、一連の論理的・文化的な操作一般の結果なのである。わたしたちは、自分たちが引きずり込まれている潮流はたえず水位が上昇し水量も増すと考えており、自分たちの認識が進歩していくことをなんら疑っていない。そしてたしかにわたしたちの自由になる情報量が増大しており、大小の知の網の目が細かくなっていることには疑いがない。しかし、それはなによりも名称の問題なのだ。使われる術語は増えるが、操作のタイプそのものは変わらない。わたしたちに提供される自動的で反省を要求することがないように見えるものは、じっさいには力ずくで遂行される単純化の結果でしかない。そして、その単純化はとりもなおさず抽象化の過程にほかならない。というのも、それは事物を経験の総体から分離して最小限のものに還元し一点に統合すること、いろいろと放棄がなされたり遺漏が生じたりするのを犠牲にしても、いくつかの単純な要素、いつも同一で、あらゆる認識の固定した流出路をなす要素を手に入れることを目指すからである。日常的なもののありきたりの論理は、単純化と抽象の最大限値に服従させられてしまう。認識と伝達の行為はこうして途方もなく容易なものとなり、社会的な力を獲得するにいたるのである。

あるグループでひとりが自分の経験をまったく独特なかたちで語ろうとしたとしよう。あるいは自分がその瞬間に体験したことについて最大限の独自性をもって語ろうとしたとしよう。すると他のメンバーは彼の言っていることが分からず、彼から離れていってしまうだろう。そして、込みいっていて層をなしており、おそらくは風変わりにちがいない彼の話にほとんど興味を示さなくなるだろう。彼の社会的な力はほとんど無に等しいだろう。だから、わたしたちは他の者たちといっしょにいるときはいつもこうした方向に進まないよう十分注意しているのであり、逆に共通の基準点となるものを仮設し導き出そうとするのである。それは人がごく自然に同意するであろう知の形態である。ただ、そのような知の形態に人が同意するのは、その人固有の知だからではない。まさしく、どの人間の知でもないからこそ、同意するのである。

こうして、ノーマルな認識とノーマルな伝達とがいっしょになって、ごく簡単なルールからなるゲームを演じるのである。このルールはだれでも速やかに習得できる。いや、初めから知っているものと想定されている。ゲームの実践的な力はここから生じる。ルールがきわめて簡単で扱いやすく、だれにでも楽々と伝達しうるものであるところから生じるのだ。これにたいして、理論的な力のほうは、万人にとって平等で普遍的なルールであり、同時にまた、だれをも表面のレヴェルを超えて巻きこむことはないような性質のルールであるところから生じる。今日はもはや最高原理、究極目的、最終的真理の時代ではない。そのような「強い思考」に抗する戦いは、いまではもう時代錯誤のように見える。それどころか、ニーチェとともに言うなら、この「最後の人間たち」の時代に最高原理を支持する者が登場したなら、わたしたちの好奇心を、そしておそらくは少しばかりの尊敬の念をも呼び起こすことだろう。その者にたいするアイロニカルな態度には、おそらく、取り戻したくとももう手にすることのできないものへのノスタルジーが潜んでいるのだろう。

思考の力はもはやそれが究極的なものであるか否かとは関係がなくなってしまっている。こうしてまた、思考の力がとる形態も、もはや権威ある原理を明示するといった形態のものではなくなっている。わたしたちはむしろ日常的なノーマルなもののうちに思考の力を探しにおもむかなくてはならない。祭司と専制君主は、なるほど物質的にはなおも存在しつづけているけれども、すでに舞台から退場してしまっている。舞台は平坦になってしまった。万人が分かちあっているこの平坦化こそ、「強い思考」の現在の姿にほかならない。いっさいは自動的な運動と化す。強力に抽象を推し進めた結果もたらされるものといえば、ノーマルな行為でしかない。もろもろの事物は目に見えて単純なものとなる。ここにこそ、思考の強さは潜んでいる。ここから、だれの目にも明らかなことがらが多くの人々のうちに引き起こす恐怖が生ずる。ありふれたものにたいする恐怖である。そして、この恐怖のうちには、力を体現しているということで、行為を可能にするということで、ありふれたもの自体がわたしたちにあたえる魅力が隠されているのである。

つぎにはまた、このことは自我が自分自身に直面した場合にもそのつど妥当するので、社会的状況なるものを想い描く必要もない。じっさいにも、このような既知のルールに向けてのドラスティックな単純化を、わたしたちはたえずわたしたち自身にも適用している。ごくまれな瞬間を別とすれば、だれも自分を自我の縁《へり》にまで追いやろうとはしない。よく知られているように、自我の縁では自分のアイデンティティが揺らぎはじめる。自我を自我として組織するものがもはや立ち現れないからである。まずもっては怠惰と恐怖がわたしたちを立ちとどまらせる。そして、ノーマルな状態にあるときには、わたしたちはこの方面に目を向けることもない。わたしたちがほんとうにわたしたちの自我を表面的なものの論理（logica di superficie）から奪い去ることによって弱体化させようとおもうなら、わたしたちの習性のすべてを一時宙吊りにしなければならないが、これには大いなる労力を要する。さらには恐怖もある。なじみのないものへの恐怖、不安にさせかねない現実を発見することへの恐怖、開ける力がないのに閉ざされた門の前に立たされることへの恐怖である。縁まで到達してしまうと、その先には底なしの空虚が拡がっていることへの恐怖である。

しかしながら、わたしたちは同時にまた、妥協の結果もたらされた暫定的な見せかけにすぎないことがいまやますますだれの目にも明らかになりつつあるアイデンティティにも、もはや満足できなくなっている。ニヒリズムはほんとうに達成されたのだった。なるほど、わたしたちはニヒリズムへと出し抜けに移行したわけではなく、ニヒリズムの達成がなされたのはそっと忍びこんできて沈黙のうちにゆるやかに拡がっていくというかたちでのものではあった。それでも、以前の状態に立ち戻る可能性はもはや残されていない。自我の縁に到達するまでもなく、わたしたちは不安な状態に陥ってしまっている。わたしたちが途中で放棄しつつあることに気づいているものの総量はあまりにも大きい。しかも、埋め合わせにおとずれている力は、どうやら、いまではもうまったく不釣り合いなものでしかない。わたしたちがみずから進んで失ってしまったものにくらべて、あまりにも小さな力でしかないのだ。こうした計算をしてみただけでも、わたしたちを別の場所へと突き進ませるのに十分である。人はだれでも受動的なもので生きているのだということに気づくとき、本来の能動的なものの有効性についての疑念がわたしたちの心のうちに萌したとしても、なんの不思議があろうか。

わたしはハントケが文学作品のかたちで語っている経験に言及した。それは人が場面を変えたいと思わされる瞬間に味わう経験である。そのときには、表面的なものの論理はだれの目にも明らかなもののための論理であることがあらわとなる。しかも、このだれの目にも明らかなものについての観察が、死についての観察にも似た意味を生み出すこともある。わたしたちが自動的に浸かっていた日常が、途方もなく遠く離れた場所にあるようにみえてくる。日常的なものをわたしたちは能動的な嫌悪感をもって眺めるだけでなく、受動的な無関心さをもって眺めるようになるのだ。二十世紀の偉大な文学の多くがこのような「啓示」の過程に付きまとう苦悩、不快感、嘔吐感についてさまざまな仕方で語ってきた。ハントケはわたしたちをカフカへと送り返しているが、だとしたら、どうしてムージルの特性のない男のことも想い起こしてはいけないわけがあろうか。また実存主義にまでさかのぼるとして、サルトルのような文学者＝哲学者が『嘔吐』において表現しようとしたのも、そのような「啓示」の過程に付きまとう嘔吐感でなくてなんであるというのか。

対象であるポスト・ロマン主義文学の世界が冷えきってしまったとしても、もうひとつ別の分野のほうは豊かになり、熱くなりつつある。わたしたちは自我の縁にまで追いつめられ、支点はますます痩せ細っていって、ついには無と見まがうほど薄っぺらになってしまったかにみえる。だが、この無には同時に経験の爆発が対応している。例として思い浮かぶのは、ジョイスである。じっさいにも、ジョイスにおいては、そのような無には、波のように増幅していってつねに新たに最初から始めなおすことのできる物語が結びついている。それが物語であるということ、文学を手段とする語りであるということは、いまの場合、けっして偶然ではない。哲学的な語りは、この縁にかんしてはほとんど無力である。ハイデガーの場合が象徴的である。またある意味ではニーチェの場合もそうであった。アフォリズムを使って進んでいっても——これは理論的には弱い進み方である——、大きな危険から身を守ってくれるにすぎない。体系という理念、そして「定義」という理念ですら、いまの場合には実地に応用できないもの、不都合なものに転化する。存在感が稀薄になってしまっているからではない。そうではなくて、概念をあてはめるには濃密すぎるからである。『ツァラトゥストラ』は文学の形式としては凡庸である。が、それでも『ツァラトゥストラ』がニーチェの傑作であるという事実に変わりはない。文学という形式を奪いとってみるとよい。そうすれば、もはや傑作ではなくなり、現実にはありえない一篇の哲学的テクストを気まぐれにこね上げてみせたものでしかなくなってしまうだろう。ハイデガーは詩人たちのほうへ向かっていって、彼らの周りを経めぐっている。だが、彼が詩を選択するのはあくまでも舞台を維持するためであって、哲学的定式のほうは、象徴性の面では進歩が見られるにしても、ますますぎこちないものになってしまっているのである。

したがって、物語にはなすべき仕事がある。文学の使命は断じて二次的なものではない。というのも、文学の語りのうちには（詩もまた語る）、ここでわたしたちが問題にしている経験についての真実を言表する可能性が秘められているからである。底なしの深淵の入り口でもある自我の縁からは、多種多彩な語りが立ちあがってくる。わたしたちがその縁で出会うかもしれない沈黙にしてからが、ある思考から別の思考へ移っていくまでの距離を表示したものにほかならない。それは空虚ではない。それが空虚に見えるのは、あくまで、わたしたちがいつまでもぐずぐずと後ろを振り向いて、ノスタルジーに浸っているときに限られる。この沈黙は、もしわたしたちのものに転化させることができたなら、対象の語る声を聴きとろうとする態度となる。そしてなによりもまず、わたしたちは――セールが示唆しているように――耳がボワーンとなるようなノイズでさえも聴きとることができるのである。だが、聴きとれたとして、そのノイズを理解し記述するにはどうすればよいのだろうか。

ストーリーは増大していくということ、すなわち、「多数の」ストーリーが存在するということ――ここに最初の取っかかりがある。そして、すでにわたしたちは一本の糸、もしくはただちにひとつのカテゴリーを垣間見ているようでもある。それでは、そのような「多数性」は新しい思考、「弱い」思考のカテゴリーになりうるのだろうか。この問いはけっして副次的な問いではない。じっさいにも、いわゆる「理性の危機」をめぐっての数年間にわたる議論は、まるでわたしたちの哲学の形而上学的起源に復讐をくわだてるかのようにして、わたしたちにたどるべきひとつの道を指し示してきた。一から多数への道がそれである。だが、その道はむしろ譲歩、値切り交渉、そしてとどのつまりは保守の道ではなかったのか。多数性へと哲学的に（そして認識論的に）みずからを開放することには、しばしば、もっと重要な閉止が隠されている。しかも、そのような閉止はわたしたち各人のうちに潜んでいる。組織化する思考を防衛しようという思惑がそれである。こうして、わたしたちは自分たちが多数からなる理性の時代にいると考えるようになってしまった。また現在もそう考えている。「弱い」思考とはプルーラリズムのことであるというわけなのだ。このようにしてわたしたちは二重の危険にさらされてきたのであり、現在もさらされているのである。ひとつには、新しい態度を何ものかの「放棄」であるととらえてしまう危険（だが、その何ものかは放棄されてもなお、しだいに血の気を失っていきながらも生きながらえている）。いまひとつには、一なるものの問題を（まるで、一なるものはある時点以後、いまではもう粉々に砕けて無用のものになってしまった主体とともに砕け散って姿を消してしまったとでもいうように）遠ざけ排除してしまうという危険。

しかしまた、多くのストーリーは、なによりもまず、「語り（narrazione）」である。多数であるということだけに着目して、それらが語りという性格をもっていることを忘れてしまうと、あとには中味が逃げ出してしまった空虚な殻しか残らない。一なるものについてのこの言説と通常の言説とのあいだには、小さな差異――つかまえるべき徴候、すでになされた譲歩――が存在するにすぎない。ただ操作を込みいったものにし、術語の数を増やしただけなのだ。多数のノイズが存在している。だが、ノイズはもはやわたしたちの前に存在する対象ではない。そしてわたしたちもまた、もはや、いつもどおり変わることなく自分自身でありつづけながら、そのノイズを分析したり解体したりできる主体ではない。わたしたちがノイズを知覚するのを可能にしてくれる経験は、経験そのものを転覆させたものでしかありえず、妥協の産物ではないのである。いかなるカテゴリーももはや尺度の単位としては機能しない。尺度は分析の尺度としての意味をいっさい失ってしまっている。そして、単位ももはや思考のイメージ、根深く残存している習性ではなくて、これから正体をつかまえなければならないxだからである。

この一方で、ノイズというメタファーが機能するのは、聴き取るというメタファーが有効である場合に限られる。いずれも言語活動にたいして主体／対象、内／外という二元的関係の代価を払う。そこには対象のほうへ、世界のほうへ傾斜していこうとする姿勢がうかがわれる。ハントケの登場人物は事物がみな別の仕方で語っているのを感知する。場面が二重化してしまったのを見てとるのである。いまや事物は現象でしかない。舞台装置を取り払ってみよう。すると、無意識の行為にも似たものが運動しはじめる。そして、いままでそれぞれの事物に名前をあたえ、なんらかの達成された事実に意味をあたえてきた、ステレオタイプ化した慣習的な主体の痕跡を消し去ってしまうだろう。いままでは、もろもろの対象、事物は、こだまではなく、それぞれ自分の言葉を語っているようである。ちっぽけな断片。無意味で、無用で、ばかげたものですらある断片。とどのつまりは個別的なもの。その個別的な断片のうちに存在は集中しているのだろうか。もしわたしたちが気づかぬままにわたしたちを観察しているまなざしの存在を感知するようなことがあったなら、わたしたちは眩暈に襲われるだろう。それはわたしたちが空虚なもの、未知のものに直面して味わう感覚である。ちっぽけな断片がとてつもなく大きなもの、絶対的なもの、永遠のものの破片であることが明らかになるのだ。

だが、実際に起きている事態はこのようなものではない。わたしたちはいまひとたび上音階、過剰なパトス、恍惚状態を付け加えようとしている。おそらくは新たに思弁（speculazione）を試みつつある。

もろもろの術語を転倒させている鏡の内側を眺めようとしているのだ。すでにヘーゲルが扱い方を知っていた鏡だ。ちっぽけな断片はちっぽけなままである。もはや眩暈に襲われることはない。目の前にあるのは奇妙にもつねづね慣れ親しんでいたものばかり。日常的なものは絶対的なものへと超越することはなく、日常的なもののままである。ヴェールを引き裂いてみるとよい。その内側には空気の稀薄化(rarefazione)のようなもの、わたしたちを茫然自失させるような頂点とか深淵といったものはなにもない。対象が注ぐまなざしは、わたしたちの脇へ、側面へ移動する。わたしたちの奥深くにある自我へ向かうことはなく、そこに源泉、始点、対象を現存させる力を見てとることもない。そもそも、だれが力を喪失し、だれが力を獲得するのだろうか。対象が巨大な力を獲得したように見えたのは、わたしたちが自分の力が弱まったことを認めたがらなかったからにほかならない。

対象は変化してはいない。対象にはまなざしなんてものはない。ヴェールに覆われたちっぽけな断片。そんなものは、永遠を探し求めようとする者たち、そしてつぎからつぎへと剝ぎ取られていくヴェールに別のヴェールを被せなおそうとする者たちの幻想でしかない。その現実のちっぽけな断片がなにか教えてくれるものがあるとしても、それはヴェールがなにでできているのかについてヒントをくれるにすぎない。しかし、その場合でも、なんら途方に暮れることはない。明らかになるのは、一見したところどうやら新しいものであるらしいテリトリーに向かおうとするさいに前途に待ち受けている困難であるにすぎない。ここで展開されているのは言ってみれば未知の土地を占拠しようとする活動であって、動物がある場所になんども行って周囲をめぐり探査しつくしたうえで、自分のものにするのに似ている。そう、それはまさしく探査の行為なのだ。五官のすべてを動員して研ぎ澄まし、自制心を解いて経験を生み出すのである。しかも、そのとき味わう感覚は思ったほど新鮮ではなくて、どうやらずっと前から味わってきたもののようである。慣れ親しんだ感覚とわかって、わたしたちは半信半疑、少しばかり当惑させられ、少しばかり子どもっぽくなる。また少しばかり滑稽な気分になる。まるでノーマルなものしか見つけなかったかのようなのだ。喪失と同時に獲得。わたしたちは距離を喪失してしまった。上から下へのまなざしを喪失してしまった。だが、わたしたちは可動性を獲得した。身体的経験全体をまるごと動かす能力を獲得した。わたしたちは力を譲り渡してしまった。だが、五官は多孔的なものに転化した。そして例のノイズを十分に聴き取ることができるようになった。ノイズはいまではわたしたちの身体の一部だからである。

わたしたちに付き添ってきた断片はちっぽけな断片である。ここにわたしたちが直面している事態のもうひとつの特徴がある。この断片をもとにしてひとつの秩序を設立しようという誘惑、ひとつのカテゴリーを作りだそうという誘惑が新たに起こっているのだ。だが、問題はミクロ物理学をくわだてることにあるのだろうか。ある秩序を別の秩序に取り替えること、論理を変えることが問題なのだろうか。いや、そうではあるまい。この経験についての物語はいずれも、この経験が文化的な経験には還元されえないと告げている。もしそうだとしたら、体験したものについての判断規準のすべてが変更を余儀なくされることとなる。本の編成を変えるだけでは十分ではないのだ。ある秩序から別の秩序へ。このことには譲歩してもよいだろう。ただし、それはあくまで、この「別の」秩序が完全に異なった場所であることが承認されるという条件の下においてである。ベルクソンの言葉を借りるなら、そこには程度の差ではなくて本性の差が存在する。マクロからミクロへと移行するということは、ひとつの階段を上り下りすることでもなければ、いわんや、同一の等質的な場所での「跳躍」のようなものではない。小さなものは大きなものを縮めたものではありえない。ここでわたしたちが語っている「小さなもの」というのは、ミクロ物理学が言うような意味での小さなものではない。新しい場所でも、形は異なるが、「大きなもの」も見つけられるのである。

どうやらすべての関係を新たに記述しなおさなければならないようである。ここでは、細部は全体の部分として機能するのではなく、自立していて全体化を逃れるもの、一般的な言語では知覚されえないものとして機能する。部分はむしろ脇に置かれたもの、隔離されたもの、視界から逃れてしまったものとして立ち現れる。照明の当たった部分にたいする周辺部、前景にたいする背景、枠組み（fondamento）にたいする土台（fondo）として立ち現れる。そのような経験がわたしたちに気づかれることなしに現在している。あるいはむしろわたしたちに住みついている。つまりは知覚不可能な支配。ちっぽけな断片はわたしたちを宇宙に入りこませることができる。そしておそらく、この宇宙には大きな論理もまた住居を構えていて、その一部を形づくっていることにわたしたちは気づくのである。

こうしたなかにあって、周辺部の使命は縁、端、境界、ますます狭くなる島を産出することではない。そうではなくて、経験を拡大し、「大きなもの」にすることこそが使命なのだ。主体と経験のあいだでは、係数、スタイル、ニュアンスをつうじて、それぞれの占める部分、大きさの割合に変化が生じる。主体は小さくなり、経験は大きくなる。それでは、主体は消えてなくなってしまうのだろうか。それとも、みずからの経験のなかで識別できるほど「小さなもの」に転化してしまったということなのだろうか。経験は数が増大し、見分けがつかなくなり、判読不可能なものに転化してしまうのだろうか。それとも、多くの音で満たされて、ついには聴き取ることができるまでになったということなのだろうか。また、この不協和音はどのようにして沈黙に似たものになるのだろうか。さらにはまた、主体は薄くはがれ落ち、断片化され、方々にばらまかれてしまったのだろうか。それとも、知覚不可能なものに転化するなかでみずからを識別するにいたったのだろうか。解体するなかで自分自身と接触するにいたったのだろうか。

このようなわけであるから、ドラスティックな単純化の代価を払わなければ、わたしたちは「弱い思考」という表現がわたしたちをそのなかへと導き入れている地平を、数多くある知の形態のうち二つとない知の形態と合致させることができない。と同時に、この相違をたどっていけば、認識の領域においてさまざまな区別や切断をおこなうことはもはや不可能となる。この「思考」は、なおも「思考」と呼びうるとしても、認識の行為ではない。それはむしろひとつのグローバルな経験である。しかも、対象として扱うわけにはいかない性質の経験である。それは現実との折り合いである。より正確に言えば、みずから現実となることである。この経験の主体は主体の概念に囚われたままでいることはできない。対象から分離し孤立し演繹されたものではありえない。光の束でもなければ影の限界でもない。それでもなお、それは主体として作動し機能している。無へと消え失せてしまうことはなく、それどころか、自分が多くの部分からなるひとつの複合体であることをあらわにする。拡大していくことによって、それの空間は複雑なものとなる。強化されることによって、それの時間は分節される。

この経験はひとつの態度〔振る舞い〕である。それは行使、運営、実験、流れに逆らった旅となるだろう。目標はなにか。わたしたちが知りうるのは、それがどの方向に向かっているかということだけである。あるいはおそらく、その時々の様態、スタイルを知りうるにすぎない。それぞれの瞬間において、針路を保ちつづけるための最小限の、しかしまた必要不可欠な条件はなんであるのか。わたしたちの経験に要求される不断の修正、飛躍、些細なずれはどのようなものでありうるのか。こういったことを知りうるにすぎない。わたしたちは障害物を識別し、暗礁を回避し、霧を迂回する能力を発達させることができる。「注意」のようなものを習得し、勾配の急な坂にいる状態、疑念をいだくテクニック、不安を積極的に変調させていく方法を訓練することができる。過ぎ去るままにさせておいたり、運ばれるままにならないこと。そして同時に、不動のままでいたり、鏡の中の自分を眺めていたり、空虚なものにナルシスティックにとらわれていたりすることにたいして、疑いの念をいだくこと。

これは真の感覚の経験なのだろうか。そのような経験がどのようにして訪れるのかもいつ訪れるのかも、わたしたちは正確には知ることができない。そのような予見をすること自体、疑いを招くにちがいない。だが、この経験そのものについては、それが存在することを疑うことができない。というのも、わたしたちは少なくとも一度はその経験を通過したことがあったからであり、いつもいくばくかはその経験を通過しつつあるからである。自分の語る話には嘘偽りがないと主張する者にわたしたちは疑いの念をいだくが、それはわたしたちの語る話が別のものになるだろうと知っているからにほかならない。

したがって、「弱い思考」という表現にはどこか暫定的で中間的なところがある。それは真理を口にする者の強い理性と、みずからの無を鏡に映して眺めている者の無力さとのあいだに、暫定的に位置している。この中間に位置しているからこそ、それは方向指示器の機能を果たすことができるのである。

反ポルフュリオス

ウンベルト・エーコ

1　「強い」意味論のモデル

「強い」思考には、ふたつの理想がある。第一に、われわれの経験界、あるいは、自然界の複雑さ（と組織的統一）の理由を明らかにすることができるほど複合した（しかし、同時に組織的な）思考を切望している。第二に、世界モデルを構築することを切望している。このモデルは、間主観的にコントロールできないほど複雑ではない思考が世界の構造を反映することができるように縮減されたものである。第二の場合には、間主観的にコントロールできるように、強い思考は、固有の諸規則をそなえたL言語の諸形式を採用する。ただし、これらの規則は、言語が表現する世界モデルと同一のものである。

第一の場合には、強い思考は、与えられた（思考の自己形成そのものにおいて、見いだされた）規則にしたがって進むことができると過信している。これらの規則は、この思考が考える「自然的」世界と、なんらかの理由で、同一のもの（そうはいっても、まだ知られてはいないのだが）とされている。第二の場合には、言語の規則であれ、世界モデルの規則であれ、また両者であれ、それらは措定されるのであり、措定されるかぎり、前もって知られ、メタ言語的ななんらかの形式で定式化されなければならない（当然、問題を記述する言語に相応したメタ言語をなにがもたらすのかという問題は未解決なままである。しかし、この点が十全に検討されることはめったにない）。

第二のタイプの強い思考は、その力を確証するふたつの要件を満たさなければならない。ひとつは、言語上でなされた変形がすべて世界モデルの諸関係を示すことである。それも、かの世界の諸規則が措定されるとしても、誰が措定したかに関してはそれほど明らかになっているわけではない程度に。このようにして、思考のあらゆる操作（言語）が、世界モデルのなお未公開の局面を明らかにするのである。しかし、もし、この要件のみが遵守されるならば、思考のこうした形式は、いわば、身体鍛練的機能のみをもち、世界モデルのためにではなく、思考のために（理性のために gratia rationis という意味で、思考そのもののために for the thought's sake）入念につくられ、思考に作用することを可能にするためだけのポストになるだろう。形式的体系の多くがこのタイプであり、まちがいなく有用であるが、有用だと考えられるとしても、それは、なんらかの目的のために、すなわち、——最終的分析で——自然界について考えるために思考が強くなることを可能にするという意味で、それらがもつ導入的・道具的機能のゆえなのである。この目的が、第二のタイプの強い思考のふたつ目の、より完全な確証を成りたたせる。

言語がその構造を反映する世界モデル（ポスト）は、われわれの経験の自然界との相応関係を、少なくともいくつかの局面で、示さなければならない。

そうした場合にのみ、言語の変形が、まずは、世界モデルの未公開の可能性を知ることを許す。ただし、世界モデルのこの未公開の可能性（言語に相応するものとしてのポスト）が、さらに、自然界（そういうものとして、措定されるのではなく、与えられる）の可能性であることがわかるという仮定のもとでの話であるが。換言すれば、措定された（構成された言語に相応する）世界モデルは、ある程度の変形を許容するように思われる。これらの変形は、うまい具合に縮小・拡大されて、自然界の変形を見越し、示唆し、可能にし、促進するのである（自然界が、与えられたものとして、その全体的な構造的複雑性において知られていないとしても）。

この第二のタイプの強い思考は、実験科学のみならず、公理化されたすべての学問分野が、そうはいっても、自然界に関する予測を可能にする分野であるが、同様に、あてにしている思考であるということにすぐ気づくだろう。そのように、ピタゴラスの定理は、二次元空間（ポスト）における幾何学的存在の世界モデルの必要な作用を容認するだけではなく、自然界のある局面の作用を規定すること、たとえば、最良の磨かれた状態にある、地表のような平らな表面の上に三次元の立体を構築することを可能にするのである。

自然言語の理論において、このタイプの「強い言語学的思考」を形づくったのは古代から支配的な傾向のひとつである。理想は、一方で、（実験室の条件で措定された）言語モデルを記述し、他方で、（一面では）理論的メタ言語と言語モデルとの、（他面では）言語モデルと自然言語との相応関係によって、

（たとえ最良の条件においてだとしても）自然言語的な諸作用に関する予測を提示できるようにする言語理論であった。

意味の小公準によって互いに関係づけられ、構文論の小規則にしたがって分節可能な、最小数の表現を与えられた言語モデルの諸規則を措定するような人工言語の意味論を暗示したいのではない。むしろ、考えているのは、自然言語の形式的意味論、生成変形文法、生成意味論、そして、実験室外の条件で固有の使用者が語るような自然言語の機能の根拠を明らかにする、諸規則の全体系である。

このように規則化された言語のさまざまな構成要素のうち、本稿では、意味論的要素のみを考察してみよう。与えられた自然言語との、機能の相応関係を示すことができるように措定された言語モデルは、辞書をもたなければならず、この辞書の表現に、内容が関連づけられなければならない。いま関心があるのは、そのような言語の表現の拡張的な運命ではない。すなわち、真・偽の命題を伝える表現によって、現実的・可能的世界の状態を明示するために、この言語を使うことができるかどうか、どのように使うことができるか、ということではない。この言語が志向的分析に使えるかどうかに関心があるのである（この言語によって定式化された命題の拡張が、この言語の基本的表現の志向機能であると後に認めるとしても）。しかしながら、言語の（したがって、世界を明示するために言語が使われるその世界の）「強い」思考の道具であるべき意味論の問題は、（どんな理論的メタ言語で表現されるとしても）内部の規則体系と考えられなければならないということである。これらの規則は、措定された言語モデルの内部構造を、話者であるわれわれの経験の流れのなかで使われる自然言語に相応して表現するのである。

諸規則で統制される変形が調整可能で、変更可能であるように措定されているかぎり、この言語は、内容の有限集合と関連した表現の有限集合から構成されなければならないだろう。表現の有限集合と内容の有限集合を関連させる唯一の方法は、同義語という単調な基準に訴えることであろう。これによって、他の言語の表現や同じ言語の別の表現が、曖昧になることなく、あらゆる表現に内容として対応するのである。

ここでは分析しないが、これまでの意味論的思考の歴史が証言している点からもわかるように、同義語は自然言語の機能の様態をいかなる場合にも反映しないため、このような基準は有効とは思われない。

意味論的思考には、他のもっと有効なふたつの解決策がある（とはいえ、相互に還元可能なのだが）。内容は、同じ言語モデルにおいて定式化された定義項に基づいて記述されるか、あるいは、多かれ少なかれ階層的な意味論の基本的構成要素（理論のメタ言語において表現された語根、意味論的特徴、固有名詞）の系列によって記述される。定義項であれ特徴の系列であれ、いずれも被定義項と交換可能である。／人間／は、「理性的で、いつか死ぬ動物」と等しく、また逆も成りたつ。同様に、／人間／は、「人間＋男＋成人」に等しく、また逆も成りたつ。

意味論のこのパースペクティヴでは、ただちに、根本的な問題が生じる。われわれの自然言語の使い方から、言語表現の内容に割り当てられる定義項や特徴の系列が潜在的に無限であると思われるのである。人間は理性的でいつか死ぬ動物である。また二足動物で、羽がなく、ふたつの目、静脈と動脈の循環系、膵臓をもち、通常自分の種の生物とのみ連れ添い、あごひげや口ひげをたくわえることができる等々。特徴をこのように無限に考えると、強い思考のために使用可能な言語を着想することは困難になる。無機化学が塩酸を定義するとき、化学記号ＨＣｌは化合物の特質ないし固有性のみに着目しているので、他の化合物との結合可能性を予想できる。化学記号は、産業におけるさまざまな用途やその発見の状況、あるいは、塩酸に入れても生存可能な存在を想像したSF小説などは無視しなければならない。

こうしたケースでは、科学は、特有の対象がまさしくそのものとして定義されなければならず、塩酸としか認定できないようにするために、なにが必要でない固有性なのかを決めるのである。すなわち、われわれの世界認識といわれるものに疑いなく属しているが、かの特殊言語の規則には属していない付帯的固有性のなかで、（科学的観点から見て非本質的な）すべての他の固有性を、科学は退けるのである。こうして、イタリア語の適切な機能と把握力を予測するのに必要な、あるいは、本質的な確認は、／人間／は成人男子を意味するということであって、二十世紀に月に行った動物であるということではないと考えられるだろう。ここで示したふたつのタイプの意味論的表現は、辞書における意味論と百科事典における意味論という区別で一般に認識されている。

それゆえ、強い思考は、与えられた自然言語と相応関係にある措定された固有の言語モデルのわかりやすさと機能を正当化する、辞書における意味論を構成しなければならない。その際、この言語（モデル）は、意味や指示を特定の文脈で実行するために用いられるのだが、この言語の規則は意味や指示のすべてのタイプを説明できるとはいえない。

理想的な辞書はつぎのような特質をもつ。

（1）有限な構成要素を接合して、不特定多数の語彙の意味を表現することができなければならない。

（2）右の構成要素はより小さな構成要素で解釈されてはならず（さもなければ、1の要件が満たされないであろう）、原素（primitivi）を構成しなければならない。

それぞれまだ不十分ではあるが（Haiman 1980, Eco 1983 参照）、さまざまな理論が、いろいろなやり方で、どのように構成要素を限定するのかという問題のみならず、その本性の問題（理論的構築物、プラトン的イデア、その意味が定義されるのではなく、基礎的経験の与件とそれを関連づけた直示によって与えられる原素的対象語）に取り組んでいる。

明らかでなければならないのは、辞書と百科事典という概念が、意味論一般のカテゴリーに属する理論的概念であり、「生の現物としての」辞書ないし百科事典といわれるものとは、最初から共通してはいないということである。後者は経験的な道具であり、しばしば、いわゆる辞書は多くの百科事典的情報を含んでいる（当然のことながら、あらゆる百科事典は辞書的情報を含んでいる。これはそれほど驚くようなことではないであろう。辞書は、百科事典的情報以外に、一連の「言語的」情報を表現し、しかるに、百科事典は、理想的には世界の知識のすべてを表現することによって、言語的知識をも内包できるからである）。このタイプの辞書（そして、それのこの限界が、それの「強さ」を構成する）が、世界の事物や状態に言及するための術語の使用の条件を確定するのには役立たず、単に、与えられた言語の表現の適切な形成の条件を保証するだけだということは、明らかである。したがって、このタイプの辞書は、同義語、いい換え、下位語（iponimia）と上位語（iperonimia）の関係、分析的真理（諸特徴への従属あるいは辞書を構成する原素）と総合的真理（辞書が正当化することがない、世界の知識への従属）との差異、矛盾、根拠のなさ、意味論的変則と過多のような現象だけを正当化しなければならない（Katz 1972: 6 参照）。

本稿では、辞書の理論的理想は実現不可能であり、どんな厳密な辞書も、純粋性を侵食する百科事典的要素を含んでいるということを提示したい。その意味で、言語の強い思考という理想は実現不可能であるように思われる。

われわれが提案する論証は、標準的ではあるが、自然言語よりいっそう今日的な意味論から出発することができるであろう。そうしながら別の移動を成し遂げたい。すなわち、あらゆる理論的辞書を侵害する論理的痙攣が、問題の発端そのものにおいて、つまり、(紀元後三世紀に書かれた)フェニキア人ポルフュリオスの『アリストテレス範疇論入門』で(アリストテレスの考えに基づいてはいるが、アリストテレスに忠実ではない精神で)提供された定義論において、あらわれていることを論証したい。ポルフュリオスの誤解は、ボエティウス以来の中世のあらゆる哲学者によって、彼のテクストに献じられた大量の注釈を介して伝えられており、以下のページから明らかになるにちがいないが、この誤解が、その起源が認識されずに、辞書における意味論の現代的な考え方をなお蝕んでいるのである。中世の多くの思想家はこの誤解を知ってはいたが、それがあまり問題にならないように、いくつか根拠をあげていたことも示しておこう。

2 ポルフュリオスの樹形図

2・1 アリストテレスと定義

アリストテレス(『分析論後書』第二巻90b30)は、定義されるものは、本質、または、本質的な本性であるという。実体を定義することは、その属性のなかで、本質に匹敵するものを確定すること、とりわけ、実体が、どのようなものであれ、存在するという事実の原因であるものを、いい換えれば、その実体的形相を確定することを意味する。

問題は、定義の諸要素として断定できる正しい属性を探すことである（96 a 15）。アリストテレスは、数3の例をあげている。存在のような属性は確かに数3に該当するが、しかし、数ではない他のどんなものにも該当する。これに対して、奇数という性質は、より広い適用範囲をもつ（たとえば5にも該当する）とはいえ、数という類を超えないような仕方で3に該当する。これらは、「ひとつずつでは主語プロパーより広い拡がりをもつにしても、全体としては主語と同一の広がりをもつところ——これが事物の本質である——まで」（96 a 35）、われわれが探しにゆかなければならない属性である。アリストテレスがいいたいのは、もし人間を理性的でいつか死ぬ動物と定義するならば、属性のおのおのは、個別的には、他の存在体にも適用することができる（たとえば、馬は動物であっていつか死ぬし、神々は、用語の新プラトン主義的な意味では、動物であって理性的である）が、全体すなわち定義的な「一群《グルッポ》」としては、「理性的でいつか死ぬ動物」が該当するのは人間だけであり、完全に相互転換可能である。定義は論証ではない。ある事物の本質を示すことは、その事物についてのなんらかの命題を証明することと同じではない。定義は、なにかがなにであるかをいうのに対して、論証は、なにかがあるということを証明する（91 a 1）。したがって、われわれが定義において前提としているのは、代わりに論証が証明しなければならないこと（91 a 35）であり——定義をする人々はなにかが存在することを論証するのではない（92 a 20）。これが意味するのは、アリストテレスにとって、定義は意図（intensioni）にかかわるのであって、世界のある状態に関する言及の（拡張的）プロセスをなにひとつ促進しはしないということである。定義は名称の意味を説明するのである（93 b 30）。

満足のゆく定義を引きだす正しい方法を見つけようとするこの試みで、アリストテレスは賓位語（**predicabili**）、すなわち、カテゴリーをある主語に適用したり、述語づけしたりする方法論を展開している。『トピカ』（101 b 17–24）で、彼は四つの賓位語、つまり、類、固有性、定義、付帯性のみを特徴づけている。ポルフュリオスは五つの賓位語（類、種、種差、固有性、付帯性）を話題にするであろうが、しかし、アリストテレスが種差を賓位語に含めていないのには、明白ではないとはいえ、少なくとも「合理的な」いくつかの理由がある。すなわち、種差は定義にとって「一般的」で、類と同列におかれ（*Top.* 1.101 b 20）、定義は主語を類のもとにおき、さらに種差を付加することを意味している（*Top.* VI 139 a 30）。こうした意味で、種差は、類と定義を介して、自動的に賓位語のリストのなかに含まれるのである。いい換えれば、定義（したがって、種）は類と種差の結合の結果である。定義がリストに加えられるならば、種差を含める必要はなく、種が加えられるならば、定義を加える必要はなく、類と種が加えられるならば、種差を含める必要はない（したがって、ポルフュリオスは過多の誤りを犯している）。それどころか、アリストテレスは賓位語に種を加えることはできない。というのも、種そのものはあらゆる述語づけの究極的主語である以上、それはなにものによっても述語づけされないからである。ポルフュリオスは種をリストに加えている。なぜなら、種は定義によって表現されるからである。

2・2　ポルフュリオスの樹形図

『分析論後書』（II, XIII 96 b 25–97 b 15）の長大な議論において、アリストテレスは、もっとも普遍的な類から最低種（infimae species）まで進む正しい区分を展開するための一連のルールを、区分の段階ごとに正しい種差を特徴づけながら、記述している。

これが、ポルフュリオスが『アリストテレス範疇論入門』で採用する方法である。ポルフュリオスがアリストテレスの『範疇論』（ここでは、種差の問題はほとんど言及されていない）に注解を付しながら区分の理論を展開しているという事実は、真剣な議論に値する問題である（たとえば、Moody 1935 参照）が、われわれの分析にとって特別重要なわけではない。同様に、普遍概念の性質に関する激論の続く問題（vexata quaestio）、ボエティウスが『アリストテレス範疇論入門』からまさしく出発して中世に引き渡したこの問題も、遠ざけておくことができる。

ポルフュリオスは、類や種がそれ自体のうちに存在するのか、それとも、精神による概念にすぎないのか、という問題を（どれほど本気かはわからないが）脇にどけておくつもりだと表明している。われわれは、彼がアリストテレス（の定義に関する提案）を樹形図に解釈しなおした最初のひとであることに興味がある。彼は、存在の鎖という新プラトン主義的概念の支流に属することになるのではないかという疑念を確かに避けがたいのである。しかし、ポルフュリオスの樹形図の根底にある形而上学はまったく無視してもよいであろう。というのも、われわれは、この樹形図が、その形而上学的言及からは独立し、論理的関係の表示として、定義のその後のすべての理論に影響を与えた事実に関心があるからである。

ポルフュリオスが実体の単一の樹形図を素描するときに依拠した形而上学的根拠には関心がないが、他方で、ことによると相互に補い合うような、また、解決しなければならない定義の問題のタイプにそのつど依存するような多くの樹形図を想像することに、アリストテレスはもっと柔軟であったかもしれないと想定することはできるだろう。アリストテレスは区分の方法をとても慎重に、こういってよければ、とても懐疑的に用いている。『分析論後書』では高く評価しているように見えるが、『動物部分論』(642 b et seqq.) では、いっそう懐疑的であるように思われる。そこでは、たとえ種そのものを定義することが肝要であるとしても、直前に見いだされる問題に応じて異なった樹形図を素描する用意ができているような印象が与えられる(角をもった動物に関する議論全体を参照のこと。これについては、Eco 1981a で述べている)。

しかし、ポルフュリオスは実体の単一の樹形図を構想したのであり、定義の辞書的構造というアイデアが、ボエティウスを経て今日まで派生したのは、このモデルからであって、実際のアリストテレスのもっと問題を含んだ議論からではないのである。たとえ辞書における意味論の支持者がだれに借りがあるかを知らないとしても(とはいっても、意味論的辞書のアイデアは、アメリカの大学で十分な発展を見るのであり、テーラーの法則により、向こうでは、意味論の専門家はまた哲学史の専門家でもあると主張などできはしない)。したがって、ポルフュリオスの樹形図から出発する必要がある。

ポルフュリオスは五つの賓位語、類、種、種差、固有性、付帯性をあげていると、先に述べた。これら五つの賓位語が、十の範疇の各々の定義の仕方を決めている。したがって、十本のポルフュリオスの樹木を考えることができる。たとえば、実体の樹木は、人間を理性的でいつか死ぬ動物として定義できるようにし、他の九つの範疇でも、たとえば、質の樹木では、紫が赤なる類の種として定義されるだろう(アリストテレスは、ひとつの実体に関してだけだとしても、付帯性も定義することができるといっている。『形而上学』VII 1028 a 10–1031 a 10)。こうして、十本の樹木が可能なのであるが、〔十本の〕樹木の〔ための一本の〕樹木は存在しない。というのも、存在は最高類（un summum genus）ではないからである。

疑いなく、ポルフュリオスの実体の樹形図は、類と種の有限な、ヒエラルキー的集合であることを望んでいる。他の九本の樹木が有限であるか否かは問われていないし、ポルフュリオスはむしろこの問題を巧みに避けている。ポルフュリオスが類のために提供する定義は非常に形式的である。つまり、類とは、それに種が従属しているものである。逆に、種とは、類に従属しているものである。類と種とは相互的に定義することができ、補い合っている。樹形図の高次の結節におけるどの類も、その下位にある種を包含しているし、類に従属しているどの種も、その下位にある種にとっては類であり、こうして樹形図の下位の先端にまでいたる。そこには、もっとも特殊化された種、あるいは、第二の実体が位置づけられる。最高次の結節には、もっとも一般的な類（範疇の名称で表される）があり、これは他のいかなるものの種でもありえない。このように、どの種も固有の高次の類を前提としているが、他方、逆を主張することはできない。ひとつの類はそれ固有の諸種によって述語づけされうるが、他方、諸種はひとつの類に属している。種から高次の類への関係は、下位語から上位語への関係である。この現象が樹形図の有限な構造を保証するであろうが、それは、一定の数のもっとも特殊化された種が措定され、ふたつ（あるいはそれ以上）の種にとってはただひとつの類しかないゆえに、こうして上へ進んでいって、最終的に、樹形図は第一の（patriarca）結節にまで先細りになるしかないからである。このような意味で、樹形図はすぐれた辞書に要求されるすべての機能を果たすだろう。しかし、ポルフュリオスの樹形図は類と種からのみ構成されるのではない。もしそうだとしたら、図1のかたちをとるだろう。このタイプ

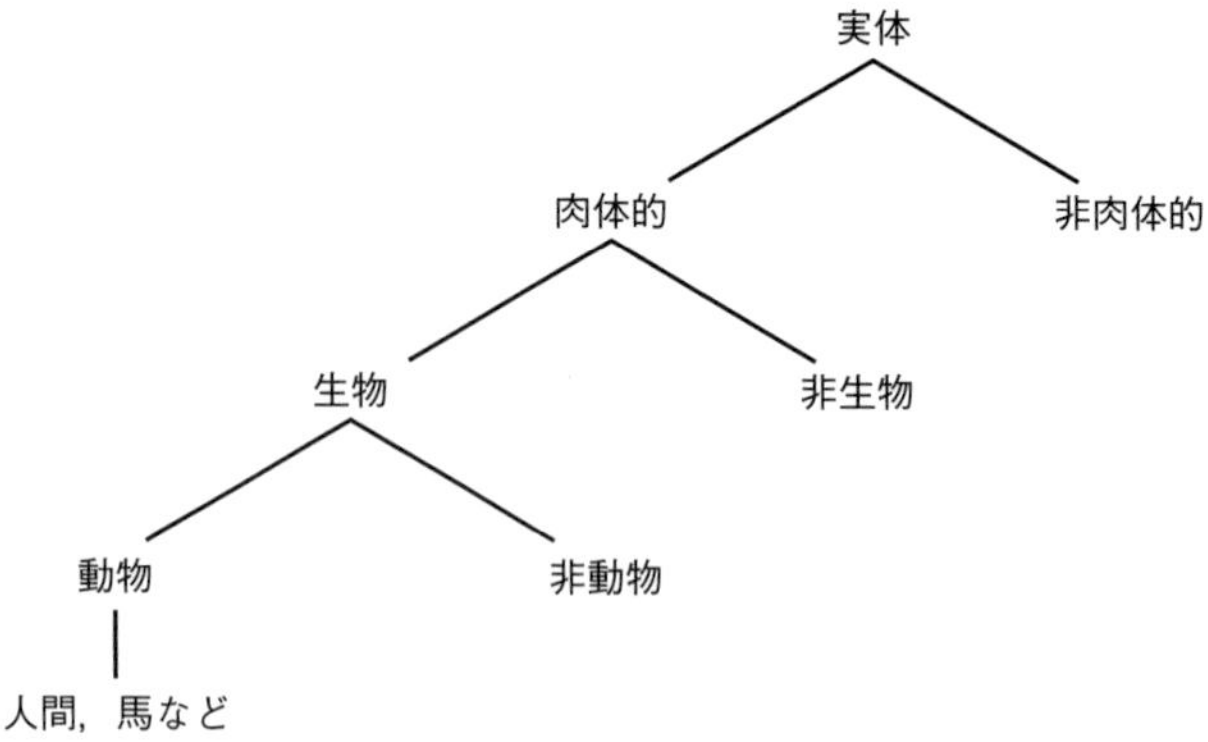

図1

の樹形図では、人間と馬（あるいは人間と猫）は相互に区別できないだろう。人間が馬と区別されるのは、どちらも動物であるとしても、前者は理性的であり、後者はそうではないからである。理性的であることは、人間の種差である。種差は決定的な要素を表現する。というのも、付帯性は定義を生みだすためには要求されず、固有性は種にのみ属して、定義には参加しないというかなり奇妙な規約をもっているからである。固有性にはさまざまなタイプがある。ひとつの種でしか生じないが、（人間における治療の能力のように）すべてのメンバーにではないもの、種全体で生じるが、（二足であることのように）ひとつの種のみではないもの、種全体で生じるが、（老年に白髪になることのように）特定の時間に限定されるもの、ある単独の種でのみいつでも（人間にとっての笑いの能力のように）生じるもの、がある。この最後のタイプは、文学でもっとも頻繁に話題に取り上げられ、種と交換可能であるというかなり興味深い特徴を示している（人間のみが笑い、唯一笑うのは人間である）。こうした意味で、この固有性は本質的に定義に属するためのすべての根拠をもっているといえようが、しかし、そこから排除されて、たとえ特殊な規約をともなうとしても付帯性のように見えるのである。この排除のもっとも明らかな根拠は、固有性を見いだすためには、かなり複雑な判断行為が必要であり、他方、類と種は直観的に〝とらえられ〟ると考えられていたことである（トマス・アクイナスとアリストテレス－トマスの伝統は、単純理解simplex-apprehensioについて語っている）。あらゆるケースで、固有性はゲームから排除されるので、少なくともこの論文で考慮することはないであろう。

さて、種差にもどることにしよう。種差は（暑い、動いている、病気である、のように）主語から分離可能であるし、この意味では付帯性以外のものではない。しかし、種差は分離不可能でもありうる。種差のうちのいくつかは分離不可能であるが、しかし、つねに（しし鼻である、のように）付帯的であり、それ自体が、あるいは本質的に主語に属すものもある。理性的である、いつか死ぬ、のように。これらは、種差であり、種の定義を形づくるために類に付け加えられるのである。

種差は区分的でも構成的でもありうる。たとえば、〝生物〟という類は、潜在的には、〝感受性のある／感受性のない〟という種差に区分可能であるが、〝感受性のある〟という種差は、〝動物〟という種を構成するために、〝生物〟という類と組み合わせることができる。〝動物〟はそれ自身としては〝理性的／非理性的〟に区分可能な類であるが、〝理性的〟という種差は、それが区分する類とともに、〝理性的動物〟という種を構成する。したがって、種差は類を区分する（そして、類はこれらの潜在的対立物を含んでいる）のであり、それ自身としては新しい種差に区分可能な類になることを定められた、下位の種を構成するために選ばれるのである。

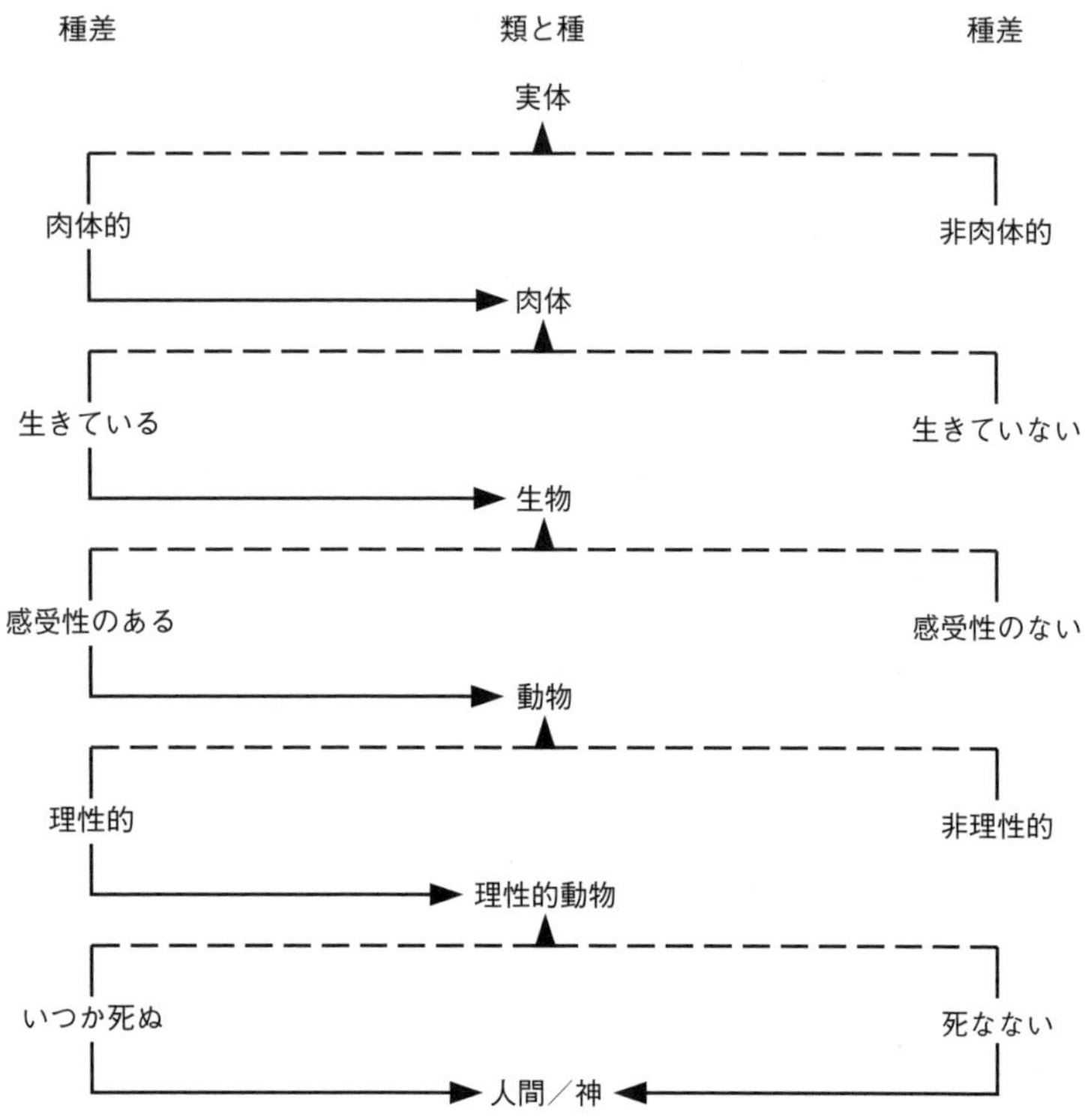

図2

『アリストテレス範疇論入門』は、樹木のアイデアをただことばのうえで示唆しているにすぎないのだが、中世の伝統はこのプロジェクトを、図2にあらわしたように、視覚化したのである。

図2の樹形図では、点線は区分的種差を示し、実線は構成的種差を示している。神は動物として、そして、肉体としてあらわれることを思いだそう。というのも、ポルフュリオスが再開したプラトン神学では、神々は中間的な自然の諸力なのであって、一者と同一視されるべきではないからである。中世の伝統はこの

考えを、伝統的な範例に忠実であるからという理由だけで再び取り上げている。ちょうど、現代の論理学が、明けの明星と宵の明星がともに金星であること、フランスの王は現在存在しないことを、とりわけ確認することなく仮定しているのと同じように。

2・3 樹形図ではない樹形図

この樹形図では、神と人間との差異をあれこれと定義しているのだが、馬とロバ、あるいは、人間と馬との差異を定義してはいないのが欠陥である。正規のあらゆる議論では人間の例しか関心をもたれなかったので、この欠陥はただ見かけにすぎないのかもしれない。もし、馬を定義したいならば、樹形図で、理性的動物といっしょに非理性的(でいつか死ぬ)動物も区分するようにして、まさしく右側にもう一系列の区分を付加しなければならないだろう。実際、そうしたとしても馬はロバと区別できないが、樹形図の右側をもっと複雑にすればよいであろう。

ところで、この操作が一見するほど単純ではないと気づくには、アリストテレスが『動物部分論』のなかで直面しなければならなかった問題を分析すれば十分であろうが、理論的観点からすれば、ロバと馬を図2の樹形図で、どこにおくのかを決定することが、もっとも深刻な問題なのである。

馬と人間を区別してみよう。明らかに、どちらも動物である。明らかにどちらもいつかは死ぬ。したがって、両者を区別するものは、理性的か否かである。それゆえ、図2の樹形図は誤っている。というのも、「いつか死ぬ/死なない」という種差は、「動物」という類を区分するものとして措定されなければならず、第二の審級においてのみ、「理性的/非理性的」に区分された種差が措定されなければなら

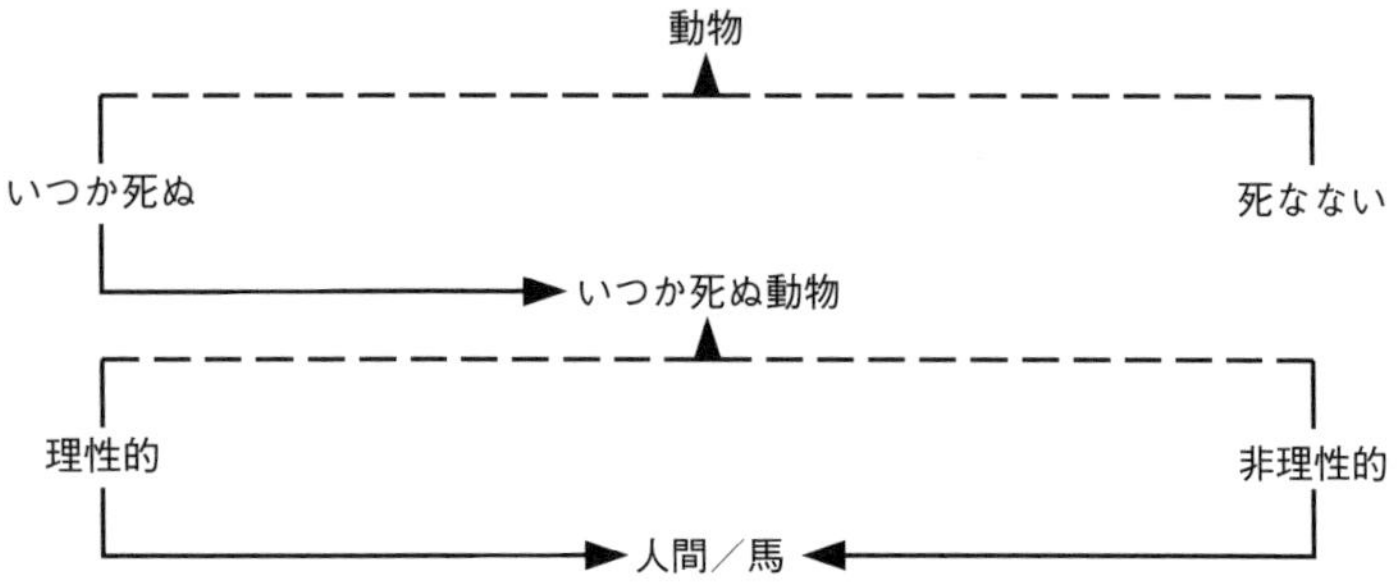

図3

ないからである。しかし、それらは、図3のような操作の形式的結果であることが見て取れるだろう。

この点で、人間と神の種差はどのように解決しうるだろうか。解決するには、図2にたちもどる必要があるだろう。その場合、人間と馬を区別する可能性をもう一度失うことになるだろう。唯一の採るべき方法は、「いつか死ぬ／死なない」という種差が二回、つまり、一回は、「理性的動物」のもとに、もう一回は、「非理性的動物」のもとに、図4のように、生じることである。

ポルフュリオスなら、この決定に躊躇しなかったであろう。なぜなら、彼は、種差そのものが「しばしばさまざまな種において観察される。ちょうど、種によって異なる多くの動物が四本足であるように」(18.20)といっているからである(四本足というのは固有性であって、種差であってはならない、固有性の例として、「二本足」をあげた箇所があるから、ということは無視しよう)。

アリストテレスもつぎのようにいっている。ふたつ、あるいは、それ以上の類がひとつの上位の類に従属する(人間と馬がともに動物であるかぎり、生じるように)ときには、それらが同じ種差をもつのを妨げるものはなにもない(『範疇論』1 b 15 et seqq.;『トピカ』VI 164 b 10)。

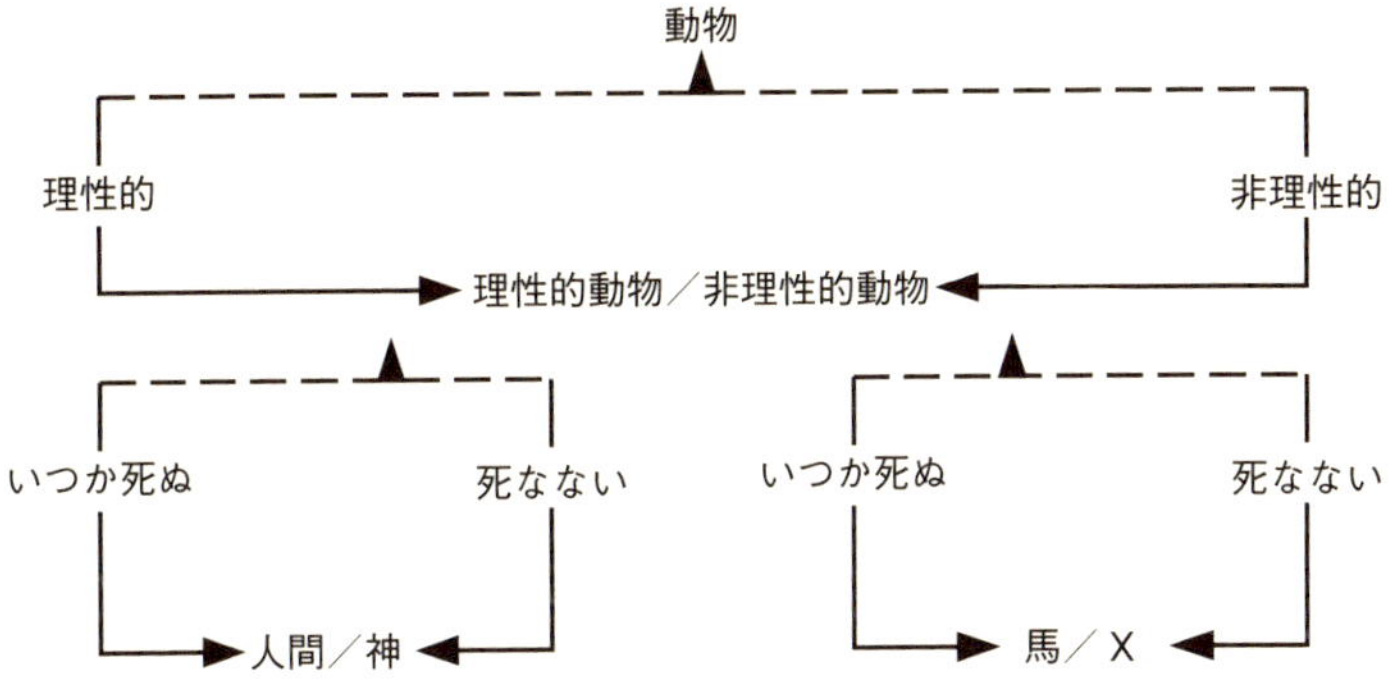

図4

『分析論後書』（II 90 b et seqq.）で、アリストテレスは、数3のあいまいでない定義に到達するのはどのように可能かを示している。ギリシア人にとって1は数ではなかった（他のすべての数の源であり、尺度であった）とすれば、3は二重の意味（すなわち、他の数の和でも積でもない）で素数である奇数と定義することができる。この定義は、／3／という表現と完全に交換可能である。だが、アリストテレスをこの定義に到達させた区分のプロセスを、図5で再構成してみるのも興味深いだろう。

　このタイプの区分はふたつの興味深い帰結を示唆する。（a）斜体で記載された固有性は、ただひとつの区分に独占的なのではなく、より多くの結節のもとであらわれる。（b）所与の種（たとえば、2、3、9）は、より多くの上位の固有性の結合によって定義することができる。こうした固有性は、実際には、種差なのである。アリストテレスは、このように多くの種差を同じ種に帰属させることができるだけでなく、区分された種差の同じペアがさまざまな類のもとであらわれることができると述べている。彼はさらに、ある種差がある種を明確に定義するのに有効なことがわかったからには、それを同等に述語づけできる他のすべての

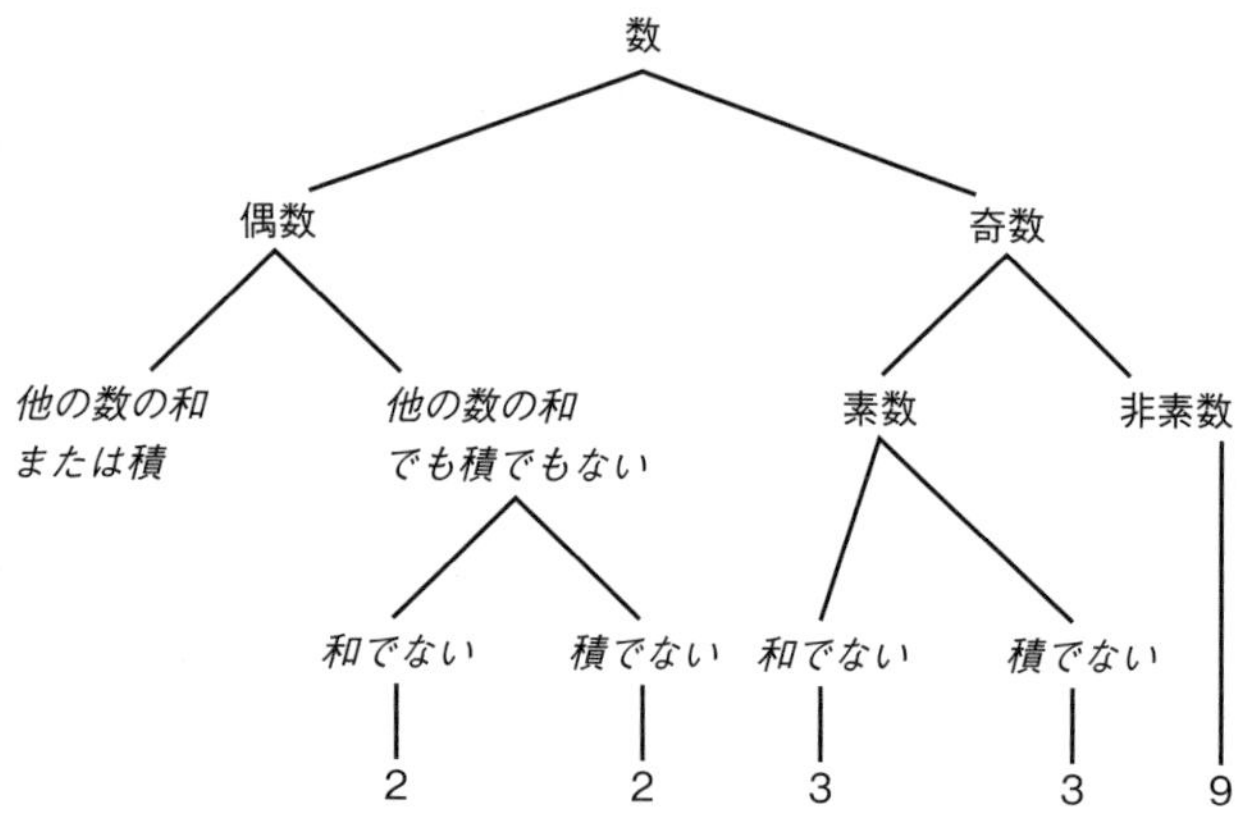

図5

主語を考慮することは重要ではないという。いい換えれば、ひとつ、あるいは、それ以上の種差が数3を定義するのに有効であったなら、それらが、別の組み合わせをして数2を定義するのに同様に有効であるかどうかはどうでもよいのである。この点の明白で、あいまいでない解明のためには、『分析論後書』(II, XIII 97 a 16–25) を参照されたい。

この点で、さらに一歩を進めることができる。所与のいくつかの従属的な類が同じ種差をもつことをなにものも阻めないといわれており、また、実体の樹形図は、最大類に従属したすべての類で完全に構成されているから、種差の同じペアがなん回あらわれるのか明言するのは困難である。

2・4　種差のみの樹形図

『アリストテレス範疇論入門』の中世の多くの注解者たちは、われわれの疑惑を助長しているように思われる。ボエティウスは、「いつか死ぬ」は「非理性的動物」のひとつの種差でありうるし、「馬」という種は「非理性的」と「いつか死ぬ」という種差によって構成されている、と書いている（In Is. C.S.E.L.: 256.10–12, 266.13–15）。彼はまた、つぎのようにも示唆する。「死なない」は生命がなく、不死身である天上界の一群にとって有効な種差でありうる。「この場合、死なないという種差は、もっとも近い類のためばかりでなく、樹木の頂上から二番目の位置を占める従属的類までの、すべての上位の類のために相違している種によって共有される」（Stump 1978: 257）。

スタンプによれば、ボエティウスが提示した疑惑は「驚くべき」であるとともに「当惑させる」。それどころか、まったく適切なのである。アリストテレスであれ、ボエティウスであれ、種差はその主語よりも大きい、すなわち、より広い外延をもつということを知っていた。このことが可能なのはただ、いつか死ぬのは人間だけではなく、また、死なないのは神々だけではない（想像しうる別の種差にとってでも同様である）からである。もし、「いつか死ぬ／死なない」という種差がひとつの結節のもとでのみあらわれるとしたら、「いつか死ぬ」と／人間／とは交換可能であろうし、したがって、われわれは種差とかかわるのではなく、固有性とかかわることになるだろう。たとえ人間がいなくても、より多くのいつか死ぬ存在がいる。それはまさしく、種差のこのペアが別の類のもとでも再びあらわれるからである。そして、これが、アリストテレスが知っていたように（*Topici* VI 144 a 25）、人間が、あらゆる定義と交換可能ではあるが、個々の構成要素とは可能ではない理由なのである。（「理性的動物」という）類と、人間は交換可能ではない。類は種よりも大きな外延をもつからである。種差とも交換可能ではない。（たとえ異なった仕方にせよ）種差もまた種よりも大きな外延をもつからである。たとえ理性的動物がいなくとも、より多くのいつか死ぬ存在がいる。しかし、いまや取り組むべき問題は、種差が構成する種と比べて、種差のより大きな外延のあいまいな性質にまさしく関わっている。

アベラルドゥスもまた、その『ポルフュリオスに関する言明』（157 v. 15）で、所与のひとつの種差が、ひとつ以上の種に述語づけされると示唆している。「後続のすべての種差がより上位の種差を提示するというのは誤謬である。というのも、混合された種差があるところでは、それは誤りを犯すからである」。したがって、（a）同じ種差が多くの種を包含し、（b）種差の同じペアがさまざまな類のもとであらわれることができ、（c）さまざまな類のもとであらわれる種差のさまざまなペアが、しかし、同じ名称で（類推によって）表現されえ、（d）種差の同じペアを受け入れる多くの類が従属している共通の類が、樹形図において、どのくらいの高さにあるかは、未決定のままである。結果的に、図6のモデルにしたがって、ポルフュリオスの樹形図を再提案する権限が与えられる。

この樹形図は興味深い特性をいくつか示している。

（a）多くの、まだ知られていない自然の類（たとえば、非肉体的で、生きているが、非理性的な実体）が予想されたり、配置されたりできるある可能的世界の表現を認めている。

（b）われわれが類と種と見なすことに慣れていた（ここでは、かっこのなかに斜体で示した）ものは、種差のグループにレッテルをはる単なる名称である。

（c）下位語から上位語への関係に支えられてはいない。この樹形図においては、なにかがいつか死ぬものであるならば、それは理性的である、あるいは、非理性的であるならば、それは肉体である、等々は、確定することができない。

（d）cの帰結として、樹形図を構成する種差どうしのさまざまなヒエラルキー的パースペクティヴにしたがって、樹形図は絶えず再編成することができる。

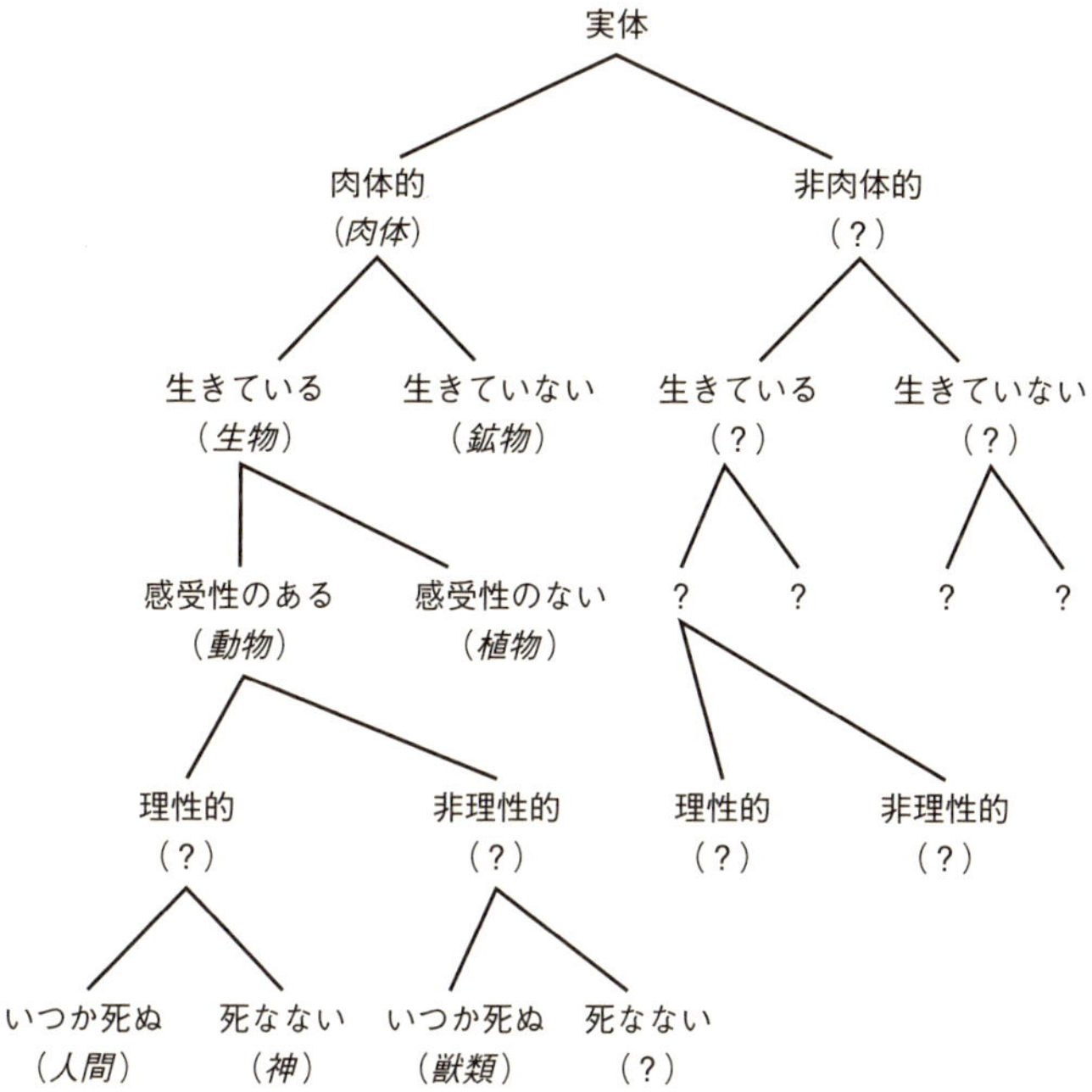

図6

特性aに関しては、われわれはボエティウスが天上界の一群について語っていたのを見た。特性bに関しては、この樹形図が純然たる種差から成りたっていることは明らかである。類と種差とは、その結節にわれわれが与える名称にすぎない。ボエティウス、アベラルドゥスなど中世の思想家たちは名称の貧困（penuria nominum）の問題、すなわち、どの結節にもレッテルをはるための十分な語彙項目が意のままにならないという事実に悩まされていた（さもなければ、「理性的動物」の代わりに、見られるように、最近類の名称と種差の名称とを反復することによって名づけられる表現が見いだされるだろう）。中世人の嘆きが経験的理由によることは認めよう。彼らの経験では（われわれの経験と同じように）、人間と（自然力の形態のもとでの）神のほかには理性的動物に出会うことはなかったし、共通の類を介した関係も確かに直観でわかるようなものではなく、したがって、言語で書きとどめることはできなかったがゆえであると、かの貧困のケースの偶然的原因は説明されるだろう。しかし、よく見れば、「生物」という類と「感受性のある」という種差との結合から帰結する上位の別の結節の名称がなければならない理由などなにひとつないのであり、上位のすべての結節に対してこの議論を反復することができるだろう。実際、類の名称は有効ではないため、不十分である。ひとつの類は、もろもろの種差の結合以外のものではない。

アリストテレスが種を賓位語のうちに数えいれなかったのは、種が類と種差との結合の帰結であるからである。しかし、同じ理由で、類もリストから除去しなければならなかっただろう。類は、ある種差の別の種差との純然たる結合であるが、この種差もさらに別の種差と結合しているのである。こうして樹形図の頂点にまでいたるのであるが——、そこには、おそらく類、実体である唯一の存在があるのである。しかし、それは非常にあいまいなので、樹形図を逆からたどることもでき、実体は種差のセットを欠いたマトリクスにほかならないといえるほどである。類と種とは、樹形図とそれが表現する世界の真の性質、純然たる種差の世界を覆う言語的亡霊なのである。

特性cに関しては、下位の種差は、上位の結節の種差を必然的に前提としないので、樹形図は有限ではありえない。上に向かって先細りになりうるが、左右や、下に向かってどのくらい樹形図が分枝できるのか決める基準はない。

2・5で見るように、実体の樹形図の外側に由来する種差は付帯性であり、付帯性は潜在的に無限で

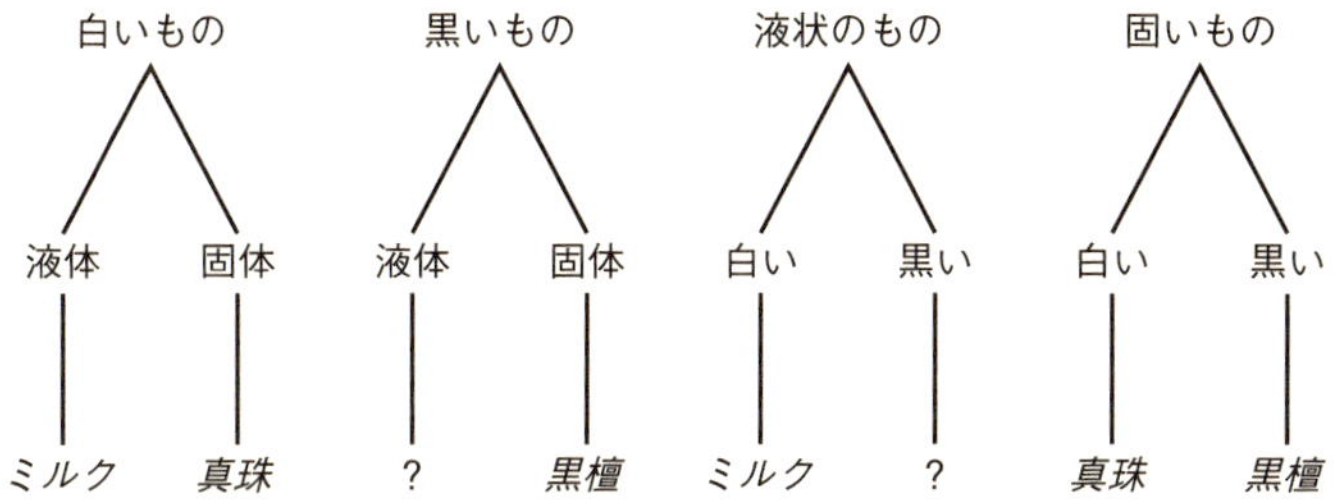

図7

ある。現代的な術語でいえば、種差は分析的固有性ではなくて、総合的固有性であり、世界認識の諸要素から成りたつゆえに、本稿の先行する諸節の議論に基づいて、樹形図は辞書から百科事典へと変形する、と付け加えておこう。

最後に、特性dに関しては、この樹形図は、新しいヒエラルキー的パースペクティヴにしたがって、絶えず整序しなおすことができるだろう。「いつか死ぬ」は「理性的」をふくんではいないので、図2の古典的樹形図とは逆に、「理性的」を「いつか死ぬ」の下に置いて悪いはずはなかろう。ボエティウスはこのことをよくわかっていた。『分類について』(VI.7)の一節を解釈すると、真珠、ミルク、黒檀のようないくつかの実体と、白い、固い、液状のようないくつかの付帯性が与えられれば、図7のような、二者択一的樹形図を描けるのは明らかである。

この節で、ボエティウスは付帯性についてのみ語っているのであるが、しかし、『分類について』(XII.37)では、彼は同じ原理を類のすべての分類に適用している。「唯一の類の多様な区分がおこなわれる」。同じことは、アベラルドゥスも、『ポルフュリオスに関する言明』(150 v. 12)でいっている。「したがって、類を複数でいうのである。というのも、動物は理性的動物と非理性的動物とに区分され、理性的はいつか死ぬと

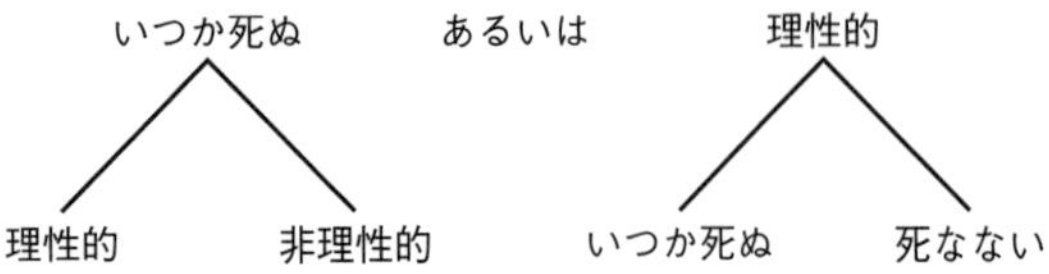

図8

死なないとに区分され、いつか死ぬは理性的と非理性的とに区分されるからである」。すなわち、図8が示すように。

種差だけから成る樹形図では、これらの種差は、所与の主語がそのもとで考察される記述にしたがって、絶えず再編成することができる。樹形図は文脈に敏感な構造であって、まったくの辞書なのではない。

2・5　付帯性および記号としての種差

種差は付帯性であり、そして、付帯性は無限であるか、少なくとも数において不定である。

種差は質である（類と種、この実体の幻影が普通名詞で表現され、種差が形容詞で表現されるのは偶然ではない）。種差は、実体の樹形図ではない樹形図から生じるのであり、その数はアプリオリには知られない（『形而上学』VIII 2.6.1042b–1043a）。アリストテレスが非本質的な種差についてそう語っているのはほんとうであるが、しかし、この点において、どの種差が本質的で、どの種差がそうでないと誰がいうことができるのか。アリストテレスは少しばかりの例（理性的、いつか死ぬ）を弄んでいるのだが、動物や人工物のような、人間とは異なる種について語るときは非常にあいまいになっている。種差は増大する……（というように）。この理論的道筋では、彼は有限なポルフュリオスの樹形図を構築できなかったと仮に考えることは許されるであろうが、しかしまた、実践的道筋では（あるいは、文献学的証拠に基づけば）『動物部分論』を読むと、彼が実際は唯一の樹形図を構築することを断念し、その原因と本質的性質を説明したいと思う固有性に応じて、補い合う樹形図を再調整していることがわかる（Eco 1981a と Balme 1975 参照）。種差の概念は、修辞的にいえば、撞着語法（ossimoro）である。種差は本質的な付帯性を意味するのである。しかし、この撞着語法は、はるかに重大な存在論的矛盾を隠して（あるいは暴露して）いる。

問題を、わかったふりをせずに理解した（だがいつもどおり非常に慎重に表明した）人物は、トマス・アクイナスである。『存在と本質について』で、種差は実体的形相に一致するといわれている（われわれが想定できる、よりいっそう実体的なものはひとつあるいはそれ以上の付帯性と同一視されるため、こういってよければ、別の存在論的撞着語法である）。しかし、トマス・アクイナスの思想はあいまいになってはいない。種差は形相に、類は質料に一致する。形相と質料が実体を構成するのと同じように、類と種差が種を構成する。議論は明白にアナロジカルであるが、しかし、アナロジーに訴えても、実体的形相を定義するものが付帯性としての種差であるという事実は排除されない。

このようなとんでもない結論を正当化するために、トマス・アクイナスは——天才のいつもの一撃によって——とてもすばらしい解決を案出している。「ところで、感覚的なものにおいては、本質的な種差そのものはわれわれには未知である。したがって、それは、本質的なものに由来する付帯的な種差によって意味される。ちょうど、原因がその結果によって意味されたり、二本足であることが人間の種差を決めたりするのと同様に」（『存在と本質について』VI）。それゆえ、本質的な種差は存在する。それがなんなのか、われわれは知らない。われわれが種差として認識するのは、本質的な種差そのものではなく、いってみれば、その記号（segni）、あらわれ（sintomi）、しるし（indizi）であり、われわれには不可知の他の存在の外的表出なのである。われわれは、認識可能な付帯性から、記号論的プロセスを介して、本質的な種差の現存を推論するのである。

結果は原因の記号であるというのは、トマス・アクイナスふうのいつもの考えである（彼のアナロジーの理論の多くは、結局のところ、ストア派起源の前提「結果は指示的記号である」に由来している）。こういう考えは、たとえば、『神学大全』（I. 29. 2–3、あるいは、I. 77. 1–7）でも繰り返されている。「理性的」という種差は、実体的形相を構成する真の種差ではない。魂の力（potentia animae）としての理性（ratio）は、ことばと事実（verbo et facto）の外に、外的行動、心理的・物理的態度を通してあらわれる（行動は付帯性であって、実体ではない！）。人間は理性的であるといわれるのは、人間はその理性的な力を認識の活動を通して表明するからである。内的な談話（思惟のこの活動は内省のための蓄財であると想像される）を介してこうした活動を遂行する場合であれ、外的な談話を介して、すなわち、ことばを介してそのような力を示す場合であれ（『神学大全』I. 78.8 co）。『対異教徒大全』（III.46）という決定的なテクストでトマス・アクイナスがいうには、人間存在はみずからがなんであるのか（*quid est*）を知らないが、みずからを理性的活動の遂行者として知覚するかぎりにおいて、そういうものであること（*quod est*）を知る。われわれの精神的能力が実際なんであるのか、われわれが知るのは、「行為そのものの質によって」なのである。

こうして、「理性的」もひとつの付帯性であり、同様に、ポルフュリオスの樹形図が融解しているのは、あらゆる種差なのである。

トマス・アクイナスは、種差が付帯性であることを理解している。しかし、実体の樹形図の可能的性質に関して手に入れなければならない結論をすべて、この発見から引きだしてはいない。彼には、定義を獲得するための論理的装置としての樹形図(リスクなしにそれをなすことができるであろうもの)が危機に見舞われるのを認めることはできない(「政治的に」できないが、おそらく「心理的に」さえできない)。というのも、中世全体が、樹形図は現実の構造を再現しているという信念に(たとえ無自覚であるとしても)支配されていたからであり、この新プラトン主義的な仮定にもっとも厳密なアリストテレス学徒さえ侵されていたからである。

だが、われわれは率直に、類と種の樹形図は、たとえどのように構成されていようと、種差の微粉、付帯性の無限の旋回、感覚質(*qualia*)のヒエラルキー化できない網目、へと破裂するということができる。辞書は(そういうものとして、今日、われわれは樹形図に関心をよせ、新プラトン主義的宇宙の「裂開」を、距離をおいて凝視できるから)必然的に、内的な力によって、世界認識の諸要素の、潜在的には無秩序で、無制限な銀河へと溶解する。こうして、辞書は百科事典となる。そうなるのは、辞書が実際は、百科事典の不可避性を偽装するために案出された仕掛けを知らないふりをしていた百科事典であったからである。

3 迷宮としての百科事典

3・1 百科事典

辞書が偽装された百科事典であるとしても、その場合、百科事典は、所与の言語の機能やあらゆる記号論的システムの機能の根拠のみならず、また、相互に接続された諸記号論的システムのシステムとしての文化の生命の根拠を、われわれが与えることができる唯一の手段である。しかし、別稿で示したように（たとえば、Eco 1975 参照）、百科事典の道が通じたとたんに理論的に決定的なふたつの区別が姿を消す。まず、自然言語とモデル言語との区別、つづいて、意味論の理論的メタ言語と対象言語との区別である。

最初の区別がなくなるのは、百科事典が、自然言語の根拠をそのあらゆる複雑さと矛盾において明らかにする理論的モデルであるからである。百科事典という考えが生まれるのは、まさしく、辞書という「強い」モデルが不十分であるばかりでなく、構造的にも支持できないことが示されるからである。いい換えれば、強い意味論が存在するためには、その機能において自然言語となんらかの仕方で相応する言語の縮小モデルを構成（措定）する必要がある。しかし、この措定された言語は所与の言語と相応しないだけではなく、措定することができない。というのも、措定されると同時に、みずから弱くなり、粉々になるからである。

第二の区別がなくなるのは、有限数の普遍的原素から成りたつ理論的構造として、メタ言語を構成することは不可能だからである。そのような構造は、前述したように粉々になり、それによって、固有の理論的諸構造が所与の対象言語の語彙にほかならなかったことを暴露する。意味論的な普遍概念（類と種）は、自然言語の理論的名称である。普遍概念はそういうものとして解釈しなければならず、種差を媒介にして解釈することができる。種差は存在論的には、あらわれ、しるし、記号の役割を担った感覚質であり（したがって、推測的な目的に利用できる記号論的な、純粋な素材として示される）、言語学的には、それ自身、しるしの名称である。

百科事典は解釈の、したがって、無限の記号過程（semiosi illimitata）のパース的原理によって支配されている。言語が表現するどんな思考も力動的対象（あるいは物自体）の「強い」思考では決してなく、それ自身他の表現によって解釈することができる直接的対象（純粋な内容）の思考である。この表現は、自立的な記号過程において他の直接的対象を参照させるのである。たとえ、パースのパースペクティヴにおいて、解釈者のこのひと連なりが習慣を、したがって、自然的世界の変形という様態を生じさせるとしても。しかし、力動的対象としての世界に関するこの行為の結果は、それ自身他の直接的対象を介して解釈されなければならず、こうして、自己自身の外へひんぱんにあらわれ、自己自身へとひんぱんに閉じこもるという、記号過程の円環が生じるのである（Eco 1979, 2 参照）。

百科事典における意味論的思考が「弱い」というのは、表現のためにわれわれが言語をどのように使うかをうまく説明できないという意味ではない。この思考は、意味の法則を文脈と状況の継続的な境界設定にしたがわせる。百科事典における意味論は、ある言語の表現の生成と解釈のための規則を提供することを拒否しないが、この規則は、文脈へと方向づけられている。意味論は実用論を組みいれている

（辞書は、記号論化されているとはいえ、世界の認識を組みいれている）。百科事典を生産的に弱くしているのは、百科事典によっては、決定的で、閉じた表現が決して与えられないという事実、百科事典的表現は決してグローバルではなく、つねにローカルであり、特定の文脈と状況に際して提供され、記号論的活動に限定されたパースペクティヴを構成するという事実である。つぎに見るように、もし百科事典的モデルがアルゴリズムを供給するならば、そうしたアルゴリズムは、迷宮を進むことを可能にするアルゴリズムのように、近視眼的でしかありえない。百科事典は合理性の完全なモデルを提供するのではなく（整序された世界を一義的な仕方で表現するのではなく）、合理的であることの規則を、それぞれの段階で、条件を協議するための規則を提供するのである。その条件が、整序されていない（あるいは、秩序の基準が見逃されている）世界に——秩序のなんらかの暫定的な基準にしたがって——理《ことわり》を与えるためにわれわれが言語を使えるようにするのである。

今日（広義での）記号論的文献が提示している百科全書における意味論のモデルを精査できるのは、本稿においてではない。ここでは、Eco (1975, 1979, 1981b, 1983) で素描した（部分的な）精査を参照することができるだけである。偶然の文法、状況と文脈の選択による表現、文脈にしたがって方向づけられた指示の意味論、人工知能の実験は、明確に体系化されたコードを提供する代わりに、フレーム、スクリプト、ゴール等々に基づく推論モデルを提供する。こうした例などを、百科事典における知とみなすことができるだろう。

百科事典におけるモデルでは、偶発的な分析的固有性が、別の固有性を内包する速記法的装置として機能でき、むしろ、表現にさまざまなステレオタイプを差しはさもうとするとわかっている限り、この固有性を意味論的表現から排除しない。ステレオタイプは、自然言語の使用者が文脈と状況に応じて表現の内容をあらわすやり方を正当化しているのである。

百科事典におけるモデルは、致命的な一撃を辞書におけるモデルにもたらす。それは、意味論的特徴、固有性、語根を、異論のない唯一の仕方でヒエラルキー化する可能性を決定的に排除するからである。

3・2 迷宮

百科事典的機能のプロジェクトを支配しているのは、(それ自身としては、多次元的な網状のトポロジカルなモデルを指す) 迷宮の隠喩で表せる (非常に影響力のある) 形而上学である。ポルフュリオスの樹形図は、多次元的な迷宮を二次元的な図式に還元する試みを (つねに、強い思考の歴史の流れにおいて) 表す。しかし、前述したように、この樹木は、随所で (種差の) 迷宮を再生するのである。

迷宮には三つのタイプがある。古典的なクノッソスの迷宮は、一方向的である。一旦入ると、中心に到達するしかない (そして、中心から出口を見つけるしかない)。もし、一方向の迷宮が「開かれる」とすれば、たまたま、われわれは一本の糸を見つけることになるだろう。迷宮から脱出するための (迷宮には属さない) 手段として伝説で語られるアリアドネの糸は、しかるに実際は、迷宮そのものにほかならないのである。(どこに行きつくのかを知らないテセウスの最初の狼狽がどうであれ) 迷宮の道は、行きつかなければならない、行きつくしかないところへと通じているから、ものごとを興味深くするために、この迷宮には、偶然なのだがミノタウロスがいなければならないのである。

第二のタイプは、マニエリズモの迷宮、あるいは迷路 (*Irrweg*) である。迷路は、二者択一的な選択を示していて、道はすべて、出口へ通じるひとつを除いて、死にいたるのである。もし開かれるとすれば、迷路は樹形図のかたちをとり、袋小路の構造になっているであろう。そこでは、過ちを犯しかねず、適切な道へもどることを余儀なくされる。この第二の場合では、アリアドネの糸が役だつだろう。ミノタウロスは必要ないのであり、ミノタウロスは樹形図の性格をおのずと思い違いしかねない訪問者なのである。

第三のタイプの迷宮は、網状組織である。そこでは、各点が他のどの点とも結びつくことができる。網を開くことはできない。最初のふたつのタイプの迷宮が内部（特有の入り組んだ小路）と、そこから入り、そこへと出てゆく外部をもっているのに対して、第三のタイプの迷宮は、無限に拡大することができ、外部も内部ももたないからでもある。この迷宮は有限でもありうるし、（拡大する可能性があるならば）無限でもありうる。いずれにせよ、各点は他のどの点とも結びつくことができ、結合のプロセスは、諸結合の変更の連続したプロセスでもあるから、つねに限りがないであろう。というのも、その構造は以前はつかの間であった構造とは異なっているのであり、そのたびに、異なった線にしたがってプロセスを進むことができるであろうからである。したがって、そこを旅するひとは、（ローカルな）部分の具体的なイメージにせよ、（不可知で、共時的理由からしても、通時的理由からしても）グローバルな構造に関係している調整的で仮説的なイメージにせよ、それについてつくられるイメージを絶えず訂正することを習得しなければならない。網状組織は樹形図ではない。イタリアの領土は、誰にも、ミラノからフィレンツェを経由してローマに到着することを余儀なくさせるわけではない。ジェノヴァ、ピサ、チヴィタヴェッキアを経由することもできるのであり、リミニ、ナポリ、ローマというルートをとると決めることも可能である。網状組織は(Pierre Rosenstiehl 1979が示唆するように)、樹形図の諸結節をつなぐ、はるかに無限な通路を備えた樹形図である。樹形図は(多次元的に)多角形に、相互に接続した多角形の組織に、広大な巨大面角(megaedro)になることができる。しかし、この比較はやはりひとを惑わす。多角形には外的な境界線があるのだが、網状組織という抽象的モデルにはそれがない。網状組織のモデルはモデルであって、隠喩ではないのである。

モデルと隠喩の中間に、リゾーム(Deleuze e Guattari 1976)がある。リゾームの各点は、他のどの点とも結びつくことができる。すなわち、リゾームには点ないし位置はなく、線があるだけなのである。しかし、この特徴は疑わしい。線のあらゆる交差は点を特徴づける可能性をもたらすからである。リゾームはどの点においても中断することができるし、再び結びつくこともできる。リゾームは反系譜学的である(ヒエラルキー化された樹形図ではない)。もしリゾームが外面をもち、この外面によって他のリゾームを出現させることができるならば、したがってリゾーム〔全体〕は内部も外部ももたない。リゾームは分解でき、反転することができ、変形の余地がある。あらゆる方向に開かれている樹形図の網状組織は、リゾームを創りだす。これは、一時的な便利さによるフィクションという条件のもとでなら、リゾームのどのローカルな部分も樹形図のように表現できることを意味する。時間においても、空間においても、リゾームのグローバルな記述は与えられない。リゾームは矛盾を是認し、助長する。どの結節も他のどの結節とも結びつきうるならば、どの結節からも他のどの結節へも到達しうる。しかし、また、どの結節からも同じ結節へ到達することは決してできないのであり、つねに出発点へたちもどることになる。したがって、リゾームにおいては、*p*ならば、そのときには*q*と、*p*ならば、そのときには非qという主張は同様に真である。リゾームには、つねにローカルな記述のみが与えられる。外面を欠いたリゾーム的構造では、どんな視覚（それに関するどんなパースペクティヴ）もつねにその内部から生じる。ロザンシュティールが示唆するように、それは近視眼的なアルゴリズムであり、どんなローカルな記述も、包括性《グローバリタ》についてのまったくの仮説をめざす。リゾームにおいては、盲目が視覚の唯一の可能性をなし、思考することは手探りで推測的に移動することを意味するのである。

第三のタイプの迷宮は、理性の本質のモデル、非合理な世界のモデルではない。すぐれて、弱い思考によって選ばれたのが、この迷宮のモデルである。これは、十八世紀の百科全書派のひとびとのモデル、啓蒙主義的な合理的であることの思考であって、勝ち誇った合理性のそれではない。ダランベールによる『百科全書』の序論を読みなおしてみよう。

> 学問と技術との一般的〔全体的〕体系は曲りくねった道をなす一種の迷路であり、そのなかへ精神は自分がとるべき道をあまり知らずに入ってゆくのである。……しかし、この無秩序は、精神の本分から生じるまったく哲学的な無秩序であるが、そのままでは、精神をそこに写しだすことが望まれている百科全書の樹を醜いものにするか、あるいはむしろそれを完全に壊してしまうであろう。
>
> さらに、私たちが「論理学」に関してすでに明らかにしたように、他のすべての学問の諸原理を内蔵していると見なされ、このため百科全書的順序においては当然最上位を占めるはずの学問の大部分が、観念の生成史的順序において同じ地位を占めることはない。なぜなら、こうした学問は〔時間的に〕最初に創り出されたのではないからである。……

要するに、私たちの知識の体系はさまざまな部門から構成され、そのいくつかは同じひとつの結合点をもっている。この結合点から出発しても、一度にすべての道に入ることはできないから、どの道を選択するかは個々の精神の生来の資質が定める。……

私たちの知識の百科全書的順序に関しては事情は同じではない。この順序は、私たちの知識をできるかぎり小さい場所に寄せ集めて、いわば哲学者をこの広大な迷路の上で、主要な学問と技術を一度に見わたせるような非常に高い視点に位置づけることで、成立する。すなわち、哲学者は、その高い視点から、自分の理論的考察の対象とその対象に加えうる〔技術的〕操作を一目で見ることができ、人間知識の一般的諸部門と、それらを分離・結合する諸点とを見分けて特徴づけることができ、さらにときには、各部分をひそかに関係づけている秘密の通路をかいま見ることさえもできよう。それは一種の世界全図である。この地図は、主要な国々の位置と相互依存、ある国から他の国へと直通する道、を示さなければならないが、この道は数知れない障害物によってしばしば遮断されている。しかもこの障害物は各国の住民と旅行者にしか知られえず、非常に詳細な個別的な地図にしか示されえないであろう。これらの個別的な地図がこの「百科全書」の個々の諸項目にあたり、「系統図」あるいは「体系」が個別的な地図をまとめる世界全図となるであろう〔ディドロ、ダランベール『百科全書――序論および代表項目』桑原武夫訳編、岩波文庫、一九七四年、六五―六七頁〕。

『百科全書』は中心をもたず、ローカルな地図の試みという外見をもった一連の疑似樹木をあらわしている。

理性の危機が語られるとき、グローバル化した理性が念頭にある。これは、世界に（世界がそうであるから、あるいは、そうであるならば）適用される、その「力強く」定義されたイメージを提供することを欲していた。迷宮の思考、百科事典の思考は、推測的で文脈依存的であるかぎり、弱くはあるが、しかし合理的である。というのも、この思考は間主観的コントロールを可能にし、断念にも、独我論にも流れ込まないからである。これが合理的であるのは、包括性を要求しないからである。これが弱いのは、相手の勢いを自分のものとする東洋の闘士が弱いのと同様である。彼は、他者が創りだした状況で、勝ち誇って応答するための（推測可能な）方法を後で見つけるために、相手に屈服しようとする。東洋の闘士は、前もって整えられた規則をもたず、外から与えられるすべてのできごとを一時的に規制するための推測的なマトリクスをもっている。そして、適切な、最終的条件へと、できごとを変えるのである。格闘は強い辞書次第だと信じているひとの前では、彼は「弱い」。彼はときどき強く、勝利する。彼は合理的であることに満足しているからである。

参照文献

Balme, D. M.（1975）, *Aristotle's Use of Differentiae in Zoology*, in J. Barnes（ed.）*Articles on Aristotle, 1, Science*, Duckworth, London, pp. 183–193.

Deleuze, G. et Guattari, F.（1976）, *Rhizome*, Minuit, Paris〔豊崎光一訳編『リゾーム…序』朝日出版社、一九八七年〕.

Eco, U.（1975）, *Trattato di semiotica generale*, Bompiani, Milano〔池上嘉彦訳『記号論』岩波書店、一九九六年〕.

———（1979）, *Lector in fabula*, Bompiani, Milano〔篠原資明訳『物語における読者』青土社、一九九三年〕.

——— (1981a), "Guessing: From Aristotle to Sherlock Homes", in "*VS*" 30, pp. 3–19.
——— (1981b), "Significato", in *Enciclopedia XII*, Einaudi, Torino, pp. 831–876.
——— (1983), *Semiotics and Philosophy of Language*, Indiana University Press, Bloomington〔谷口勇訳『記号論と言語哲学』国文社、一九九六年〕.
Haiman, J. (1980), "Dictionaries and Encyclopedia", *Lingua*, 50, pp. 329-357.
Katz, J. J. (1972), *Semantic Theory*, Harper and Row, New York.
Moody, E. A. (1935), *The Logic of William Ockham*, Sheed and Ward, New York.
Rosenstiehl, J. (1979), "Labirinto", in *Enciclopedia VIII*, Einaudi, Torino, pp. 3–30.
Stump, E. (1978), "Differentiae and the Porphyrian Tree", Introduction to Boetius, *De Topicis differentiis*, Cornell, Ithaca.

現象を称えて

ジャンニ・カルキア

スコラ哲学のアリストテレス学派のような、伝統的学説で正典とされていた判断形式に則った述語づけの強制的な総合から思考を解放しようとしたのは、ドイツ観念論哲学の最大の試みのひとつとみなすことができる――破綻したため、後代にゆだねられたのだが――。ブルジョアの歴史的時代の新しい諸側面が思考に反映され、伝統の凍結した殻から論理的諸形式の歴史―生命的核心を解放する試みがなされたのである。近代哲学の最初の大きな諸体系を動かしていた意図はすでに似てはいたが、しかし、論理学のスコラ哲学的遺産への攻撃は、まだ表面的な仕方で展開されていた。この攻撃は、構造物全体をひっくり返そうとしたのではなく、ただ、当時まで包み隠されたり、周辺的とみなされたりしていたいくつかの局面を、たとえば、ベーコンが帰納法的推論を再評価したように[*1]、優遇しようとしたにすぎない。観念論が論理学に刻印した方向転換の核心は、周知のように、力動化に、観念論が伝統的論理学の枯渇した諸形式をゆだねた運動にあり、この運動の中心に、時間（カント）、運動（フィヒテ）、歴史（ヘーゲル）が設定されているのである。こうした「再活性化」[*2]の流れのなかで、判断は、法律—経済の領域の記憶に残る起源からずっと同一のプロセスとして、生成過程的に再発見されていた。[*3]しかしながら、観念論の極端で、最終的な結末——ヘーゲルの観念論——において、この動力学は述語的媒介の根源的性格を描けないことが、すなわち、媒介としての媒介の価値を理解できないことが明らかになった。判断のプロセス的特徴の再発見は、ヘーゲルでは、この判断が構成する媒介の主語にもっぱら影響をおよぼした。ヘーゲルが示したかったのは、「媒介を実行するものの直接性も、媒介」そのもの「より根源的ではない」ということである。[*4]このようにして、判断によって構成された論理的プロセス性の状況が再開される。だが、ヘーゲルは、プロセス性それ自体が何を意味するのか問われないように、換言すれば、媒介としての媒介を議論の俎上にのせないようにかなり用心している。本質論に含まれた、反省の論理学において、一度「定在（*Dasein*）の内在性」[*5]に光が当てられると、ヘーゲルの観念論は、主観的論理学の論究によって実現される、永続する概念的媒介のなかで、この内在性に対して新たな外在性を再建しつづける。[*6]このように、本質（*Wesen*）の論理学では、ヘーゲルは、反省と媒介とを、確かな仕方で、同一性へともたらしたのだが、それは、概念論のレヴェルでの媒介の理論の可能性を否定することによってなのである。

　何よりもまず、ヘーゲルは、反省の論理と判断の論理の意外なシンメトリーを書き留めているようにみえる。「以上に述べた判断の意義は判断の客観的な意味とみられるべきであると同時に、またいままでに出てきた移行の諸形式の真理とみられなければならない。存在するものは生成し、また変化する。

有限者は無限者のなかで没落する。実存するものはその根拠から現象のなかへ現出し、また没落する。偶有性は実体の富ならびに実体の力を顕現させる。要するに、存在のなかでは、他者への移行があり、本質のなかでは、他者における映現があるが、これによって必然的な関係が開示される。ところが、この移行と映現とは、いまや概念の根源的分割へと移行したのである。すなわち、概念は個別をその普遍性の即自存在のなかへ連れ戻すとともに、またこの普遍性を現実的なものとして規定するのである。つまり、この両者、すなわち個別性がその自己反省のなかへ定立されることと、普遍が規定的なものとして定立されることとは、同じひとつのことなのである」[*7]。シンメトリーは——本質の論理と判断の繋辞に同じく共通する——この「移行」にのみ、真理がまさに移行（*Uebergehen*）と映現（*Scheinen*）として顕現するという事実にある。同時にしかし、ヘーゲルは、反省と判断との間に根本的な差異のエレメントを導入しようとしている[*8]。反省的展開を際立たせる、「自己と一致すること（*Zusammengehen mit sich*）」の代わりに、判断の論理は、繋辞において主語と述語とが一致すること（*Zusammengehen*）を提示する。それは、反省を「定立すること」を客観性にたいして免除するため、反省を「脱神話化する」ためなのかもしれない[*9]。問題は、つぎのような媒介の形式、すなわち、反省的な媒介とは異なって、その「内奥」まで——本質の論理学が、定在の奥底にほかならないとすれば[*10]——一度詮索された有限性の放棄によって、ニヒリスティックに、終わるのではなく、反対に、この有限な同じものの救出にいたるような媒介の形式を発見することであろう[*11]。本質の論理学では、移行のプロセスは媒介を構成するのだが、それは、媒介の構成にかかわる諸エレメントの破棄からはじまるのである。媒介とは、ここでは、存在のすべての前提が、同心的に逆進的な運動にしたがって、前進的に徐々にはがれてゆくことなのである。

存在の現実を仮象として解明することによって、本質の論理学は、『精神の現象学』が説く実体の主体化の相関物として定立される。この場合はしかし、自己と一致すること（*Zusammengehen mit sich*）の思弁的動力学は、『現象学』のように想起をいまだに基礎とするのではなく、むしろ忘却を基礎としているのである。存在の脱実体化として、反省的媒介は、消えてなくなったものの記憶を蓄えておくことはできない。それは、純然たるニヒリズム、真の「消散の猛威」である。古代の「美しき人倫性」に取って代わった歴史的—社会的教養陶冶（*Bildung*）は、あふれでる精神の至高の現実に場所を提供するために、現実的なものの始原的な、「自然的」諸前提を徹底的に根絶したのだが、反省的媒介はその徹底性の論理的等価物にほかならない。

さて、判断の論理は、ヘーゲルがもとめるように、反省的媒介の論理よりも、真の不連続性を導入しているのだろうか。一見すると、判断の述語の性質は、反省的媒介におけるように、もはや客観主義的にではなく、それ自体で考えられた真の——自己と（mit sich）——一致すること（*Zusammengehen*）として構成されるようにみえる。実際のところ、ヘーゲルの注意が向いているのは、繋辞において真に起きていることにではなく、むしろ、繋辞へとゆき着く移行（*Uebergang*）にである。「判断のこの止揚は繋辞の規定となるものと重なる。この規定についてはさらに考察しなければならない。判断諸規定の止揚と、それらの繋辞への移行とは同じものなのである。——すなわち、主語が普遍性に高まったかぎり、主語はこの規定において述語と等しくなったのであり、述語もまた反省した普遍性として特殊性をそのなかに含んでいる。したがって、主語と述語とは同一となる。いいかえると、両者はともに繋辞のなかへと一体化する［*sie sind in Kopula zusammengegangen*］[*12]。一体化することが、実際、没落すること（*Untergehen*）

であるのは、あいかわらずである。すなわち、述語の性質は、それ自体からではなく、むしろ、両極（主語と述語）から考えられており、これらは、区別なき同一性（*unterschiedslose Identität*）において、和解に出会わなければならない。「コミュニケーション的なもの」[*13]として定立されるとはいえ、このような同一性は、それもまた、反省的同一性と同じように、ニヒリスティックにそのうえに踏みとどまっている生贄の土台を包み隠すことはできない。判断においては、「愛の」弁証法が反省的弁証法に取って代わるのだが、この愛の弁証法は、移行のモデルを引き継いで、もう一度構成されている。こうしてはじめて、繋辞は、媒辞（*Mitte*）、推論における媒概念であるもののささやかな予料となる[*14]。しかし、推論の媒概念のかたちに言及することによって、述語的媒介は単に、反省的論理の図式から解放される不可能性を再確認するにすぎない。判断のヘーゲル的理論を表現する、真理の述語モデルにおいては、繋辞は、真理の生起の根源的な場所として考えられているのではない。繋辞は、媒介としての媒介とは考えられていないのである。約束に反して、判断の媒介は、「現象を救」いはしない。こうして、反省的媒介の移行と、述語的媒介の一致との間では、どんな差異も消失する。述語的判断における繋辞は、単に、判断そのものの解消点にすぎない。ヘーゲルのことばでいえば、その止揚（*Aufhebung*）なのである[*15]。したがって、象徴的かつ決定的な方法で、ヘーゲルの論理学における、判断の性質そのもの——論理的観点から引きだされた——の二次的な性格が明らかになる。これは、エミール・ラスクが一般的に再構成しているとおりである[*16]。

　反省的媒介の惑わせる性格を超えることができる思想のコミュニケーション的自由というモデルを、まさしく判断の媒介において特徴づける試み[*17]にたいして、述語的媒介のモデルが、カントの判断論によって進められた範例のこちら側に、いかにとどまっているのかを指摘することができる。実際、そのような視点に立てば、ヘーゲル的な反省的媒介が、どのように、カント的な反省的判断の対極に定立されているのか気づくことができる。反省的判断は知的判断の停止点、いい換えれば、判断で作用している表現的メカニズムからの一致の分離であるが、それにたいして、ヘーゲル的な反省は、まさしく表現の究極的な非実現性をも止揚する試み、概念と現実との不一致を完全になくす試みである。[*18] カントの場合、判断で作用している反省は、述語的総合を覆すことを目的としている。それは、観想であり、それゆえ、現象に、反省が現実性（*Wirklichkeit*）の性格の特徴づけをしないことである。現実性は、ヘーゲル的な反省的媒介のニヒリスティックに装った全体的運動を実際は帰結するのであるが。反省的判断論において、カントが最終的に主張したのは、述語的関係の人為的——ラスクにいわせれば、論理的に二次的な——性格であり、超越論的分析論によってやはりすでに予料されていたものである。この分析論は、構想力のノマド的機能を、アプリオリな総合的判断の根源的基礎として認識することへと通じていたのである。カントの反省的判断は、思惟の判断的性格の究極的な、もっとも根源的な中断であり、思惟は、真理に到達するその唯一の可能性としての観想にゆだねられている。この観点からは、ヘーゲルの論理的媒介運動の隠されたモデルを構成している歴史的—精神的な具体的運動は、カント的批判の企てに隠された意味の、時間性の導入による根本的な誤解としても解釈できる。カントでは、この動きは、認識の根本的に現象的な性格を規定するという意味をまさしくもっていた。すなわち、彼において、知的判断は、具体化させることが可能な行為、論理的真理の抽象的で未規定の領域を人間の有限性の平面に限定することが可能な行為としてすでに構成されている。反省的判断論においていっそう明らかなように、批判哲学では、判断はつねに現象の構成という次元にある。まさしく、本質論において、ヘーゲルが定在（*Dasein*）という下位の論理の唯一の所産とみなす、現象のかの構成である。過ぎ去った存在（*Gewesen*）において、時間性から歴史へと移行することによって、ヘーゲルは、述語的媒介から激しさと強制を取り除こうとするカントの努力から離れることになる。この媒介は、反省的判断における知的で、非実行的な判断のなかに現われるのであるが、それはまさしく、この媒介が論理空間へ時間によって導入された有限性と緊密に結びついているからである。[19] カント的な述語づけの非強制的モデルに、ヘーゲルは、論理的平面でそれを変容させながら、歴史的媒介の具体的図式を対置する。繫辞において止揚される運動の原型は、古風な生贄の儀式であり、これは、すでに自然法（*Naturrecht*）に関するイエナ期の論文の、「人倫的なものにおける悲劇」に当てた一節で、ヘーゲル的な思弁的媒介のモデルとして役立っている。[20] 愛の弁証法に昇華させられて、この生贄の図式は、キリスト教的な救済をもたらすできごとそのものの歴史的―哲学的読解を導く一方で、[21] 判断の繫辞においては、「死と変容」のできごと以外の記号を見ないようにさせるのである。

カントの判断論にそなわる「非総合的総合」[22] という性格に立ち戻り、繫辞の存在において、述語的判断のヘーゲルの理論にある、止揚（*Aufheben*）という単純な契機とはまったく異なる意義を認識できるかどうか見てみよう。実際、判断の論理的に派生的な性格は、ヘーゲルにおいては、まさしく、繫辞の存在の「反省性」の所産である。実のところ、その述語的次元における存在は、何ら固有な機能をもっているようには見えないのである。繫辞の存在が、述語的媒介と同じように、反省的媒介でも主題化されてはいないということが、まさしく、媒介としての媒介、ないしは、自己からの存在なのである。『信仰と知』で提示されている、カント的思惟の批判的再構成のなかで、ヘーゲル自身が、まさしく繋辞の存在を解釈する方法におけるみずからの立ち位置の、カントとの差異を特徴づけている。実際、ヘーゲルは、繋辞を無自覚的エレメント、すなわち、余分の理解不可能なエレメントとして存続させる点で、カントを責めている。「理性的なもの、あるいは、カントが表現するところによれば、この判断のアプリオリなもの、媒概念としての絶対的同一性は、しかし判断のうちにではなく、推論のうちに現われる。判断ではこの絶対的同一性は単に繋辞《である》という没意識的なものにすぎない。……繋辞は思惟されるもの、認識されるものではなく、まさに理性的なものが認識されないものであることを表現しているのである。……普遍的なものとしての同一性と特殊的なものとの理性的同一性は判断においては没意識的なものであり、そして判断そのものは単にこの没意識的なものの現象にすぎない」。さらに、「同時に客観的統一であり、カテゴリーであり、形式的同一性である自己意識の統一に対しては、――この統一に対しては、経験的なもの、つまりこの同一性によっては規定されないもののプラスが、把握しがたい仕方で異他的なものとして付け加わらねばならない……そしてプラス自身は取りも直さず結合するものと多様なものとの結合であり、概念的に把握しがたいものである」[*23]。驚くべきことに、ヘーゲルのこのカント批判は、アドルノが『否定弁証法』で、ハイデガーの存在概念に対して行った弁証法的議論とほとんど文字どおり一致していることに気づかされる。アドルノは、客観化に、すなわち、繋辞の還元不可能なほどにうつろいやすくて、はかない性格の物神崇拝化に進もうとするハイデガーを責めている。「繋辞は、その固有の意味からして、主語と述語の関係においてのみ、自己を充足する。それは自立的なものではない。……一般的な文法形式と命題論的内容とを置き換えることによって、「である（Ist）」の存在者的な働きが存在論的なもの、つまり存在のあり方に変えられてしまうのである。しかし、「である」の意味として要請されている、媒介されかつ媒介する働きが特殊的なものにおいて無視されるならば、いかなる種類のものであれ「である」の基体は残らないことになり、残るのはただ媒介一般の抽象的形式だけである」[24]。したがって、ヘーゲルにおいても、アドルノにおいても、弁証法的姿勢の要点は、媒概念の透明性を定立しようとする意図にあるように見える。この透明性とは、媒概念に、「最初のもので、根源的なもの[25]」の場所に、「思弁的三重性[26]」の単純な決定的契機を見ることを指す。

ところで、実のところ、この「無自覚的なもの」――繋辞「である」――とは何であろうか。ヘーゲル自身によれば、カントではこれだけが根源的な「絶対的同一性」として、アプリオリな総合的判断の可能性を開くのであるが。あるいは、同様に、ハイデガーにおいて、理解の世界を開く繋辞の存在のかの「還元不可能性[27]」は何に起因するのだろうか。ヘーゲルによって非難されたカントの答え――「このプラスは生産的構想力として理性的に認識された[28]」――は、ハイデガーの答えと同じである。『カントと形而上学の問題』では、構想力は最初から「媒介項としてではなく[29]」、むしろ、アプリオリな総合的判断の可能性を開く理性的同一性の最初の根源的なものとして、換言すれば、直観と概念へと分かれる認識の根源的な始原として特徴づけられている。弁証法的パースペクティヴにおいて生じるものとは異なって、ここでは論理的判断は真理が具体化するために選ぶ場所としてはもはや理解されえない。ここでは実際、判断において、なおつねに「根源的なもの」、構想力(*Einbildungskraft*)との関係がある。カントを批判しつつ、ヘーゲルが指摘していたように、判断はその場合、「反省された二重性としての構想力の二重性[30]」にすぎない。論理と歴史とを不可分な仕方で結びつける試みからなっているヘーゲルの弁証法的図式にもっとも抵抗する要素は、まさしく、根絶できない超 - 論理的な性質であり、その知的な形式におけるとはいえ、これが、カント的判断の固有な性質なのである。伝統的論理学の継承者を自任するカントは、判断の美的─道徳的起源をどこにおいても決して否定しない。この論理学は判断を明示するために、つねに*proposito* という術語を採用し、それに対して、*Urteil* によって、*sentiment* を翻訳していたのである。*[31] ヘーゲルにおいては、概念の主観的論理学は、まさしく、かの「より」根源的で、超 - 論理的なものを「不可解な」盲点と見て、清算する試みとして定立されている。ヘーゲルは、この盲点を述語的媒介の論理に最終的に再統合しようとするのだが、それは、繋辞の存在における純然たる生成（*Werden*）の性格を最大限に称揚することによってである。どんな直接性の残余も、どんな未解消の自然性も、精神のほとばしりの内に融解させられなければならない。その論理的モデルが述語的媒介なのである。キリスト教的─ブルジョワ的な歴史的主体の挫折であるこの最後の挫折は、ポスト・カント的観念論の思弁で核心的な論理の力動化のプログラムが頓挫したことを告げている。測り知れない深淵がカントを、ヘーゲルの立つところから隔てている。カントにとっては、この動力学には時間性、したがって、論理的主体の有限性の発見が関係していたが、ヘーゲルは、述語空間の内的《メディアーレ》な構成性の研究を──「根源的なもの」の神秘主義へと逆戻りするのでなければ──不可能だと考えているのである。論理学説の反 - 心理主義と反 - 主観主義が、ショウペンハウアーからラスクまでの時代において、ヘーゲルの試みのこの挫折の結果生じることになる。この試みは、媒介としての判断的総合の自由意志に与えられた優位によって、論理と歴史をともに結びつけ、この媒介において、繋辞の存在の「プラスの無自覚」が残らず消滅することをもとめているのであるが。二十世紀の思考のうち唯一、道を開くのは、繋辞の存在の前述語的意味をめぐるこの探究、前カント的な意味にしたがって客観主義的に理解されることがもはやない、存在論の刷新された概念をめぐるこの探究だけである。存在論の再生は、非判断的な、論理的には弱い思考の要求の表面化と緊密に関係づけられている。存在を述語づけの論理から解放して、それを生起の論理に再びもどすことは、まさしく、媒介としての媒介を思惟することを意味する。すなわち、媒介それ自体から出発するのであって、解体の、止揚（*Aufhebung*）の瞬間に媒介を構成するエレメントからではない。問題は、述語づけの存在の「非総合的」性格、前‐述語的媒介を規定することであるが、そのモデルは、おそらくなお、反省的判断のカントの理論から提供されうるであろう。そこでは、判断が、まさしく、非総合の場所としての、述語づけの停止、すなわち、現象の自由な観想においてのみ与えられるのである。

＊1　この点については、cf. Klaus Heinrich, *Dahlemer Vorlesungen* 1, *Tertium Datur. Eine religionsphilosophische Einführung in die Logik*, Stroemfeld/Roter Sterm, Basel und Frankfurt a.M. 1981, Fünfte Vorlesung, pp. 96 et seqq.

＊2　この解釈については、H. Marcuse, *Hegels Ontologie und die Grundzüge einer Theorie der Geschichtlichkeit*, Frankfurt a.M. 1932（イタリア語版 La Nuova Italia, Firenze 1969）〔吉田茂芳訳『ヘーゲル存在論と歴史性の理論』未來社、一九八〇年〕。

＊3　Cfr. E. Benveniste, *Il vocabolario delle istituzioni indoeuropee*, trad. di M. Liborio, Einaudi, Torino 1976, vol. I, pp. 113–116; vol. II, pp. 357 et seqq.

＊4　M. Theunissen, *Sein und Schein. Die kritische Funktion der Hegelschen Logik*, Suhrkamp Verlag, Frankfurt a.M.

1980, p. 418.

＊5 *Ibidem*, p. 313.

＊6 Cfr. Reimar Klein, "Mediazione e riflessione in Hegel", *metaphorein*, II, 6, marzo-giugno 1979, pp. 78–82. さらに私の、"Sulla logica della riflessione", *An. Archos*, I, 3, 1979, pp. 302–311. を参照されたい。

＊7 G. W. F. Hegel, *Wissenschaft der Logik*, II, *Werke* 6. Redaktion E. Moldenhauer und K. M. Michel, Suhrkamp, Frankfurt a.M. 1969, p. 307（イタリア語版 *Scienza della logica*, trad. di A. Moni riveduta da C. Cesa, Laterza, Bari 1974, vol. 3, p. 75）〔武市健人訳『大論理学　下』岩波書店、一九六九年、七七頁〕.

＊8 *Ibidem*, p. 25〔『大論理学　中』岩波書店、一九六六年、一九頁〕.

＊9 M. Theunissen, *Sein und Schein* cit., p. 426.

＊10 *Ibidem*, p. 314.

＊11 *Ibidem*, p. 453.

＊12 G. W. F. Hegel, *Wissenschaft der Logik* cit., vol. II, p. 334〔『大論理学　下』一〇七頁〕.

＊13 M. Theunissen, *Sein und Schein* cit., p. 457.

＊14 G. W. F. Hegel, *Wissenschaft der Logik* cit., II, p. 381〔『大論理学　下』一五九頁以下〕.

＊15 *Ibidem*, p. 334.

＊16 E. Lask, *Die Lehre vom Urteil*（1911）, in: E. Lask, *Gesammelte Schriften* hrsg. von E. Herrigel, J. C. B. Mohr, Tübingen 1923, vol. II, pp. 283 et seqq.〔久保虎賀壽訳『判断論』岩波書店、一九二九年〕.

＊17 ミヒャエル・トイニッセンの著書で提供されている最近の解釈にあるように。

＊18 Cfr. M. Theunissen, "Begriff und Realität. Hegels Aufhebung des metaphysischen Wahrheitsbegriffs", in: R. P. Horstmann（ed.）, *Dialektik in der Philosophie Hegels*, Suhrkamp Verlag, Frankfurt a.M. 1978, pp. 324–359.

＊19 この言及は、当然、*Kant und das Problem der Metaphysik*, Cohen, Bonn 1929（trad. it. di M. E. Reina, Silva, Milano 1962）〔門脇卓爾ほか訳『カントと形而上学の問題　ハイデッガー全集第3巻』創文社、二〇〇三年〕に含まれ

たマルティン・ハイデガーの解釈に関係している。

*20 G. W. F. Hegel, *Ueber die wissenschaftlichen Behandlungsarten des Naturrechts*, in: *Werke* cit., vol. 2, p. 495〔松富弘志ほか訳『近代自然法批判』世界書院、一九九五年、七四頁〕.

*21 したがって、逆に、トイニッセンの読解のような、ヘーゲル論理学の神学的―救済論的読解が、まさしく、述語的媒介を自由なコミュニケーション性として想定することに、その解放的モデルを見ることは偶然ではない〔トイニッセンによれば、「コミュニケーション的自由とは、一者が他者を、限界としてではなく、みずからの固有な自己実現の可能性の条件として経験することを意味する」(M. Theunissen, *Sein und Schein* cit., p. 46 参照)〕。

*22 この表現は、ヴァルター・ベンヤミンのものである。*Ueber das Programm der kommenden Philosophie*, in: W. B., *Gesammelte Schriften*, II-1, Suhrkamp, Frankfurt a.M. 1977, p. 166〔道籏泰三訳『来たるべき哲学のプログラム』晶文社、一九九二年、一〇八頁〕に見られる。

*23 G. W. F. Hegel, *Glauben und Wissen*, in: *Werke* cit., vol. 2, pp. 307 et 329 (trad. it. di R. Bodei in: *Primi scritti critici*, Mursia, Milano 1971, pp. 142 e 160)〔上妻精訳『信仰と知』岩波書店、一九九三年、二七、五〇頁〕.

*24 Th. W. Adorno, *Negative Dialektik*, Suhrkamp, Frankfurt a.M. 1966, pp. 106–107 (108–109)〔木田元ほか訳『否定弁証法』作品社、一九九六年、一二四―一二六頁〕.

*25 G. F. W. Hegel, *Glauben und Wissen* cit., p. 308 (trad. it., p. 142)〔『信仰と知』二八頁〕.

*26 *Ibidem*, p. 316 (trad. it., p. 149)〔同前、三六頁〕.

*27 Th. W. Adorno, *Negative Dialektik* cit., p. 106 (110)〔『否定弁証法』一二七頁〕.

*28 G. W. F. Hegel, *Glauben und Wissen* cit., p. 329 (trad. it., p. 160)〔『信仰と知』五〇頁〕.

*29 *Ibidem*, p. 308 (trad. it., p. 160)〔同前、二八頁〕.

*30 *Ibidem*, p. 309 (trad. it., p. 143)〔同前、二九頁〕.

*31 Cf. A. Baeumler, *Das Irrationalitätsproblem in der Aesthetik und Logik des 18. Jahrhunderts bis zur Kritik der Urteilskraft*, Wissenschaftliche Buchgesellschaft, Darmstadt 1967 (I Aufl. 1923), p. 85.

弱さの倫理

シモーヌ・ヴェーユとニヒリズム

アレッサンドロ・ダル・ラーゴ

シモーヌ・ヴェーユの作品は、今日では、暗示的だが同時に非現実的な思考のひとつの典型である。暗示的というのは、退行的な神話からは距離をとった、文化の頓挫の経験、進歩と解放のイメージの衰退の経験からいえることである。無制限、強さ、伝統の破壊、根絶といった、ニヒリズムの分析にとって決定的なモチーフが、力の現代的変容とともに、実際、シモーヌ・ヴェーユの省察の核心をなしている。非現実的なのは、文化の壊滅を自覚して以降、シモーヌ・ヴェーユは、世界の運命に自己の実存をさらすという孤独な道を選んだからである。彼女は、確かに評価していたわけではない哲学者ニーチェに、ことのほか近づいている。とりわけ非現実的なのは、非キリスト教化と啓蒙主義の実現の絶頂期に、理論的にも、個人的にも極端な帰結にいたるまで、神の不幸な愛を試みながら、神の不在との対決を引き受けたからである。[*1]

この後者の局面によって、彼女の死からずっと、作品の打算的な読解、ないし、先入観をもった読解が優位になった。それは教化的な、実存論的な解釈であり、宗教的な意味においても、あるいは、無神論的な意味においても、この解釈は落下〔堕落〕と不幸（*malheur*）を主要なテーマとしたのである。カトリック教徒は、そこに――青年期の革命的立場にはよくある――唯物論の失敗の例と神への再接近の徴候、不信心者や未決断者のための一種のカテキズムを読み取っていた。こうした読解はいずれも、不可能性の概念に口を閉ざすか、この概念を重要視しないのであるが、シモーヌ・ヴェーユはこの概念で、漸近線、想像的で、考えられない地点として神を知るよう指示しているのである。不可能性、不在、注意深い不幸なひと、不幸は、実定的宗教の確信とは両立しない。こうした語には、失われた神秘的な宗教経験――グノーシス主義、カタリ派の異端、エリザベス女王時代の宗教詩――が反響している。これらの語を、シモーヌ・ヴェーユは、教会と勝ち誇った宗教のもつ力と世俗性に対置していたのである。他方、彼女の思想は、かの星の友情関係（**Sternenfreundschaft**）とは間接的にのみ比較することができる。この名称は、二十世紀におけるユダヤ思想の復活を示唆するものである――ローゼンツヴァイク、ベンヤミン、そして、今日、レヴィナス。[*3]というのは、シモーヌ・ヴェーユにはユダヤ思想、律法の神話的暴力、選民の観念からの明白な距離化がある――むしろ、ハンナ・アーレントのような異端的で、スキャンダラスなユダヤ人に近づこうとしている――からであるが、それだけではない。なににもまして、彼女の視界が救済の不成功と不可能性によって特徴づけられているからである。彼女をユダヤの著作家になぞらえるとしたら、それはカフカであろう。下方へ引きずる力〔重力〕や、扉の前で待つ、あるいは、神の聞き取れない呼びかけを待つという神秘的なイメージとしての、人間を動物の状況あるいは骨組みへと変形するメカニズムに関する、シモーヌ・ヴェーユの分析は、カフカの作品のなかに印象的なアナロジーを見いだすのである。[*4]

バタイユがバルセロナでのシモーヌについて与えた記述――女性の戯画、人間性の最低の例、にもかかわらず、知られているよりいっそう人間的であること――は、彼女の印象が知識人の世界で引き起こした反感や、そのイメージが強迫観念的に回帰するなかで引き起こしている反感をよく表している。[*5]現代の文化が、ニーチェの後、超えたと表明していることが、しかし、ニーチェにおけるのと同じ仕方で、抑圧されたもののように、〔現代の文化を〕悩ませているというアンビヴァレンツがある。それは、作品や伝記で具体化された贖罪の山羊のイメージである。その際、作品や伝記は、生贄の哲学と経験がまったくの必然性として生きられるような希望で温められているわけではない。それらは、われわれの時代の否定的な、あるいは、肯定的な確信からも、神学の復興からも、ニヒリズムからと同じように、逸れているがゆえに、混乱をまねくイメージや作品や伝記である。ジードやエリオットのような人間の有名な改宗と比較すれば、これらの改宗には、過度の文学性、善意を汚す傾向のある自己満足の結果が見いだされるだろう。シモーヌ・ヴェーユにおいては、反対に、論文やノートに書くことの率直さは、思想を経験の直接的な翻訳としているのであり、不可解になってはいるが、その不在にわれわれが気づかされるなにかを指し示している。生と作品の、経験と言語の集中。しかし、これは、彼女の伝記が示しているように、経験の限界においてのみ示現されうるものである。[*6]

そのとき、手段としての利用や着服におそらく陥らずにすむ主要な要因は、シモーヌ・ヴェーユでは、書くことと経験の同一化のまれな例を見分けることにある。必然性としての書くこと、思想の直接的な適用としての生。落下と不幸は、神学的な意味のみをもつのではなく、自然哲学と道徳哲学の、とりわけ、生きられた経験の内奥の共振をもつのである。そのようなテーマを中心にしてその周りを回っている術語――力、重力(pesanteur)、不可逆性――が、実際、暗示しているのは、秩序がひび割れること、衰えること、そして、破滅することであり、気づかれもしない逸脱、偏向(clinamen)から、堕落という結果を生じるプロセス、「無意味な行動の償いようのない性格」[*7]である。自然的秩序と人間的秩序、幾何学と倫理学は、シモーヌ・ヴェーユでは、人間同士の関係を表現するイメージが示唆するように、反映しあっている。しかし、運命のこの幾何学を不安を誘うものにするのは、不可逆的な変化という思想である。もし運命のもともとの、妙なる、英知的な調和、正義が存在したならば――シモーヌ・ヴェーユは、ギリシアやインド・ヨーロッパ語族のアルカイックな遺産のみならず、民間伝承、神話、詩歌からも抽出可能な、そうした願いや痕跡を示している――、この調和は、近代性によって、不可逆的に損なわれていたであろう。古代の知恵にもどれとの絶え間のない警告は、近代の不幸の鏡としてのみ、人間たちと、人間性と疎遠になってしまった神々との間の節度、均衡、和解の理想的な故国の記憶という意味をもつのである。不幸は、そのとき、故国との隔たり、つねに別なところにいること、破滅としての存在を指し示す。存在は、つねに、際限なく、場所から遠ざかり、帰る可能性もなく、さ迷っている。道をこのように転げ落ちることに、シモーヌ・ヴェーユは、近代性の典型的な条件を見ている。ノートのなかに強迫観念的に登場する人間と英雄たち、神話と物語の登場人物は、このさ迷いを表現している。しかし、なによりも、このさ迷いについて熟考することと書くことをアリバイや慰めにせずに、必然性に身をゆだねながら、これを探究したのは、シモーヌ・ヴェーユなのである。

1　力と重力

調和と不均衡との区別は、限定的なものと無限定的なものとの、論理的であり倫理的でもある対立によって記述される。限定されるのは、ふたつの破壊的ではない原理の共存、正反対なものの均衡から結果するものである。シモーヌ・ヴェーユは、節度の概念が、オリエントやギリシアのアルカイックな知恵の最高の成果のひとつであると考える。「幾何学に関する『ゴルギアス』の有名な文章の意味（「きみは忘れている……」）。事物の本性のなかでは、いかなる無限定な展開も可能ではない。世界（κόσμος）はその全体が節度と均衡（したがって《幾何学的平等》）のうえに成り立っている。そして、都市《シテ》においても同様である。あらゆる野心は《逸脱》である[*8]」。限定と節度は、したがって、自然と同様に、人間世界の幾何学的概念の要点である。均衡の破壊、ひとつの原理か要素が他のものに優越することは、制御できない逆効果を、物理的世界での反応であると同時に、道徳的懲罰であるものをもたらす。しかし、均衡が壊される瞬間から、人間には、不節制の効果と逆効果を知ることはできないのである。

物理的、人間的、そして、社会的なあらゆる均衡に破壊を招き入れる要素は、力によって構成される。さて、力に典型的なのは、不可逆的であることである。ことばは投げかけられ、投げ返される。話によって均衡を保てないような話はないし、人間あるいは神の慰めによって鎮められないような激情は想像できない。しかし、不節制としての力の使用には、堕落すること――運命ないし制御できない首尾一貫性――があるのであり、これは、物体の落下がそうであるように、人間の節度からこぼれ落ちてしまう。

重力（Pesanteur）（物理的、道徳的意味における重力、重いことと落ちること）、必然性、運命の不可逆性に類似した、力の不可逆性という概念は、力の結果を制御することの不可能性のみならず、それを制御するという幻想とも関連している。力は、不可避なものである。力を力に対抗させることは、まさに、力の最初の使用から始動する運命を強化することを意味している。しかし、人間は、力の結果を制御できると思いこみ、力を弄ぶ。シモーヌ・ヴェーユは、ギリシア人のなかに力の使用の幻想的性格を理解する能力を認めている。「〔『イリアス』では〕ほとんどつねに運命と神がみが戦闘の変転きわまりない命運を決定する。運命によって定められた範囲内で、神がみは権柄ずくで勝利と敗北を左右する。和平を妨げる狂気や裏切りを挑発するのはいつでも神がみである。戦争は神がみに固有の関心事であり、動機としては気紛れか悪意しかない。……『イリアス』に霊感を与えている稀有なる公正さは、われわれの知らない範型としての先例をおそらく有していたであろうが、その模倣としての後続は得なかった。詩人がギリシア人であってトロイ人でないことはほとんど感じられない」[*9]。

力と幻想は、悲劇の主要な要素である。もっとも純粋で、同時に、永遠に価値のあるいくつかの例を、シモーヌ・ヴェーユは、ギリシア悲劇のなかに見ている。そこでは、ニーチェの仕方と同様に、実存のふたつの構成的原理――均衡と形式の原理、不節制と過剰の原理――があらわれるとされる。しかしながら、ニーチェとは異なって、ふたつの原理の対立の自覚は、弱さという結果を――以下で見るように――生みだす。不節制のなかで力を行使しながら、人間は、自然において物体の運動を支配している法則に従い、人間性の状態から退行する。力の行使は、人間を客体、事物に変え、それゆえ、不可逆性と堕落にゆだねるのである。「これが力の本性である。人間を「もの」に変容するという力が有している権能は二重であって、二側面から作用する。力は、異なったふうにではあるが、力を蒙る魂も力を操る魂をもひとしく石化させる。この特性は、戦闘がなんらかの決着を志向しはじめる瞬間を契機として、武器のただなかにあって最高度に達する。計算し工夫を凝らし決心をしてからその決心を実行に移す人間たちのあいだでは、戦闘というものは決着をみない。戦闘が決着するのは、こうした能力を剝奪され、変形され、受動性にすぎない惰性的な物質または飛躍にすぎない盲目的な力の序列にまで堕ちた人びとのあいだにおいてである。これこそが戦争の最終的な秘密であり、『イリアス』はこれをさまざまな比喩によって表現している。そこでは戦士たちは、火事や洪水や疾風や猛獣に等しいもの、なんであれ厄災の盲目的な原因に等しいものとして現れるか、それとも、怯える動物や樹木や水や砂に等しいもの、およそ外的諸力の暴力によって動揺させられるすべてのものに等しいものとして現れる[*10]」。

力の行使は、人間の秩序を乱し、変質させる。いったん調和が壊れてしまうと、自然の諸現象の公正な暴力による以外には回復されえないであろう。「力の濫用を自動的に罰する幾何学的厳密さにしたがうこの懲罰は、ギリシア人たちにとって瞑想の第一の対象であった。……仏教の浸透した東洋諸国において、「カルマ」の名で残存しているのは、おそらくこのギリシア的観念である。しかし、西洋はこの観念を喪失してしまい、どの言語ももはやこれを表明する語すらとどめていない。限定、尺度〔節制〕、均衡といった概念は生活の行動規範を決定すべきものであるのに、いまや技術のなかに卑しい用法をもつばかりである。われわれは物質をまえにしてしか幾何学者ではない。ギリシア人たちはまず徳の修業において幾何学者であったのだ[*11]」。古代の調和と近代の不均衡を、意外にもこのように比較をして、シモーヌ・ヴェーユの省察は、文化の源泉とわれわれが疎遠であることを証言している。こうして、その省察の道程は、驚くほど、ニーチェのそれと似ていることが明らかになる。実際、ニーチェの場合にも、もともとの調和は、人間にとっては、恐ろしいものであり、行為の結果が贖われて、争いが必然性にしたがって解決された後でのみ和解が生じるのである。「ソフォクレスは、そこに晴朗さをもたらすために、最も恐ろしい伝説を選んだ（オイディプス、オレステス）。彼の悲劇の教訓は、内面的自由を奪う者は存在しないということだ。彼の主人公たちは不幸を識っているが、偏執は識らない……。彼の登場人物のだれひとりとして、そのすべてが狂人になる情況にいるにもかかわらず、わずかの狂気も有していない。ピロクテテス、オイディプス、アンチゴネー……オレステス。アイアスさえも、その無意識の錯乱ののち、奇跡的に正気である。どこにおいても、人間の形姿は毀たれない。エレクトラ。これは不純さに対する純粋さの勝利である……。いつでもこれを読むことは私の慰めになるだろう……」。*12 しかし、ニーチェとの比較は、悲劇への、高次の秩序における紛糾の解決へのこの共通の傾向のもとで中断されなければならない。シモーヌ・ヴェーユが悲劇的条件の例でもちだす英雄たちは、実際、成熟したニーチェにおけるような、もっと先を見つめる強者ではなく、必然性の過酷さの前でみずからの弱さを体験する人間、衰えている強者なのである。

すぐさま不公平な仕打ちの最大の苦しみをこうむったアイアスは、神々によって許された過ちを償うことができる現世の行為は存在しないと学ぶ。神々はアイアスに、ギリシア人にではなく、無防備な羊の群れに怒りを向けるよう望んだ。不公平な仕打ちという神的な行為がなされるとき、結果は重力の法則にしたがい、下にいる者につねに打撃を与え、もっとも弱い者を不幸へと引きずりこむ。みずからの無実を信じていたアイアスと動物たち。正義の視界は、現世ではない。現世で起こることは、天秤の一方の皿にのみおかれているのであり、神々が決定したとき、それとともに落ちるのである。落下のこの概念は、シモーヌ・ヴェーユに決定的な影響をおよぼした。彼女は、三〇年代に、正義の革命的渇望の不運な結果をはっきりと目の前に浮かべていた。一九三三年の革命に関する論文では、エピグラフに、ソフォクレスがアイアスに語らせる科白がおかれていた。「むなしい夢を見て熱くなるような手合いは、おれにはなんの値打ちもありはしない」[*13]。

2　弱者になること

弱さという概念が第一に示唆するのは、自然的ないしは神的な必然性の法則に服していることに自覚的になることであり、その結果生ずる手の施しようのない苦しみである。『バガヴァッド・ギーター』の英雄アルジュナは、敵陣で戦っている自分の親族を前に苦しみと憐れみを覚え、そして、彼らをわが手にかけねばならないことを知るのだが、しかし、この必然性、ダルマからは逃れることができない。これは、馬車を御する神クリシュナが彼に戦士の義務として指示したことである[*14]。憐れみは、力の伝播になんらの影響もおよぼさない、この世の情感である。戦いでは、対抗する力のみが重要である。憐れみの名のもとに戦いを放棄しても、親族を救うことにならないばかりでなく、彼が戦士であることをだいなしにしてしまうだろう。「『ギーター』。弁明とはおそらく、彼（アルジュナ）にはもはや選択の余地がないということだ。ふたつの軍勢が対峙している。近親者たちに対する彼の責任は、敵の武力のまえに彼らを放置することを禁じている。（なぜか？）戦わないという彼の願望はまったく非現実であり、行動という形態のもとで現実に働きかけることは（もはや）できない」[15]。戦士のカーストに運命づけられ、その争いへの関与を介して世界を超越するというテーマに重点をおいた『ギーター』の倫理学によれば、力がいったん解き放たれると、この世界には、それに替わる選択肢は存在しないのである。節度のある、苦しみのなかの実践のみが、ディレンマの克服へと戦士をいたらしめ、思慮分別と均衡へ橋をかけるであろう。アイアスであろうとアルジュナであろうと、必然性に、現世におけるその表現である力に楯突くことはできない。その際、力を必然性として知ることが、世界からの解放の道の第一歩である。これは、力を支配できるという幻想との戦いを意味している。中世オック〔古プロヴァンス〕語文明に関する論考で、シモーヌ・ヴェーユは、この自覚を勇気の最後の形態として描いている。「オック語文明を養った霊感の本質は、ギリシアの霊感のそれに等しい。それは力への認識からなり立っている。この認識は超本性〔自然〕的勇気にのみ属する。超本性的勇気には、われわれが勇気と名付けるもののことごとくが、またそれ以上にはるかに貴重ななにものかが含まれている。が、卑怯な者たちはこの超本性的勇気を魂の弱さと取りちがえているのだ。力を認識するとは、それをこの世における絶対に至高のものと認めながらも憎悪と軽蔑をこめてそれを拒絶することである。この軽蔑は、力の打撃にさらされているありとあらゆるものにたいする同情の別の面なのだ」[16]。力が示すのは、必然性、神あるいはダイモンの声であり、それに気づかないのは、臆病なだけであろう。力のアポロギアほど、シモーヌ・ヴェーユから遠いものはない。しかし、力の現実性の否認ほど、盲目的なことはないであろう。力の限りない勝利を準備するのは、まさしく力を否認し、そのために、力を支配するという思い違いをする者たちである。ウェーバーとともに、シモーヌ・ヴェーユは、力を前にして、人間は無防備であるが、それでも、人間にはそれを受け入れる責任があると確信している。アイアスは、力を受け入れることに耐えられず、破滅する。アルジュナは、クリシュナの手のなかで、自覚的で、責任のある道具であることに気づくとき、みずからの責任を受け入れるのである。

シモーヌ・ヴェーユの責任の概念と、ウェーバーの責任の倫理学[*17]とのあいだには、緊密な類似性がある。両者にとって責任は、（戦争であろうと政治であろうと）力の現世的な使用の意味は合理的な根拠をもってはいないが、しかるに諸結果が限定されなければならないとしたら、力の実行は根拠をもたなければならないという事実にもとづいている。「人間はいかなる能力ももたない、しかしひとつの責任をもっている。未来は責任と対応し、過去は無力と対応している。そして、きたるべきいっさいは過ぎ去るだろう。アルジュナの蒙を拓くためにクリシュナが介入しなくとも、アルジュナは戦うだろうが、よくは戦えないだろう」[*18]。ここで注目したいのは、必然性を人間にとってむごく、強制的にするものが、どのようにして人間の世俗的な構造になるかということである。必然性は人間を時間のなかへ投げ入れる。しかし、投げ入れられることに由来するありそうな結果をその人間に選択させるのである。ウェーバーでも同様に、動機の領域に属するもの、動かす-ものは、合理的には制御できない（神々あるいはデーモン）が、それに反して、できごとのなりゆきへのみずからの関与の結果を、予期しつつ、選択するという限られた可能性は、この世界で、与えられている。

シモーヌ・ヴェーユでも、ウェーバーでも、必然性の責任を伴う受け入れは「自己の場所の倫理」としてかたちづくられ、責任は「よく戦うこと」にほかならない。神から逃れる可能性は与えられてはいないが、明確に、あるいは、盲目的に従属する可能性が与えられている。だが、従属のふたつのタイプの差異は決定的である。盲目的な従属は、必然性の重さの強化、その結果の悪化、ウェーバーが信念の無責任な倫理とよぶものを意味するだろう。シモーヌ・ヴェーユは（力の崇拝とも規定された）このタイプの従属を、聖戦のなかに、結果を重視しない革命的な盲目性のなかに、しばしば不節制とよぶもののなかに、見ている。これは、ジャンヌ・ダルクの場合である。彼女は神によばれたから戦うのではなく、神のために戦うのである。[*19] 責任のある人間は、それに反して、別様になしえない場合に戦う。みずからの行動が先だつ選択の結果であることを知っているからである。「『ギーター』。カーストに、したがって出自に、したがって前生に身を託したものに依拠するダールマは、先行する選択に依拠していることに注目しなければならない。これは、選択の余地がないということではなく、ある瞬間に置かれると、人間にはもはや選択の余地はないということだ。人間にはもはや別のことはなしえない。別のことをしようと夢みても無駄なことだが、しかし、自分がおこなうことの上方にわが身を高めるのはよいことである。それによって、遅ればせながら、よりよいあるものを選択することになる」[*20]。自己の場所への自覚的な同意というこの倫理は、（天職 Beruf の意味での）職業的義務というウェーバー的倫理をほとんど文字どおり指示している。プロテスタント的召命の有名な分析のみならず、政治的召命の分析、とりわけ、ウェーバーがまさにクシャトリア（戦士）の倫理に割いているページを。「バガヴァドギーターではこれは特殊な色彩をおびる。すなわち了知する人間は、命じられたこと（いつもカースト義務によって命じられたこと）を遂行はするけれども内面的には全然それに無関心にとどまることによって、いい換えればあたかも行動しないかのように行動することによって、まさしく行動のうちに、一層ただしくいえば世界における自己の行動に反して、真価を発揮する。行動に際してこのことの第一の条件となるのは、成果へのいかなる右顧左眄もなく、その結実へのいかなる欲求もなしにそれを遂行することである」[*21]。ウェーバーの型どおりではない読みは、このようなことばで、学者だけではなく、必然性としての行為について熟慮する、行為のひとが、なにを語るのかを示しているといえよう。ウェーバーも、世界における行為の不可解な二元論に惑わされていた。必然性と選択、関与と離脱、罪深さと責任。シモーヌ・ヴェーユのように、犠牲の倫理、必然性の神への譲渡の倫理が彼には狂気のなかでもっとも澄みきったもの、思慮分別のなかでもっとも狂気じみたものに見えていた。ウェーバーの政治論集のなかでは、トルストイとビスマルクという二つの人物像が、一方が優位にたつことなしに、対決し合っている[*22]。

ウェーバーとは異なって、二元論、苦しめるダイモンは、シモーヌ・ヴェーユでは、受動性の、弱さの思想においてやせ衰えている。この思想が、世界の争いへの関与を覆っているのである。他のなによりも、弱さのこの特殊な概念を物語る例は、現代の英雄としてシモーヌ・ヴェーユのお気に入りの、『知恵の七柱』[*23]の著者、陸軍将校T・E・ロレンスである。西洋支配の建設で倒れた他の多くの英雄——ゴードンの死の、伝えられた悲壮な記録のことを考えればよいだろう[*24]——とは違って、ロレンスは勝者である。だが、冒険のはじまり、アラブの反乱からずっと、二重性によって、すなわち、おそらくは軽蔑する利害関係のためにある役割を演じるという事実に彼は侵され、奉仕を強いられるのである。というのも、それが彼の場所だからである。アルジュナのように、ロレンスは、客観的な力によって動かされる玩具であることを知っている。『ギーター』のように、彼の書物は、現世の正義が考えられないことへの、二重の演技の有用さと苦悩の取り返しのつかなさへの恐怖によって、書きすすめられている。トルコの歩兵とアラブのゲリラ兵は同じ車輪にひかれて死ぬであろうが、それは、最後には、巨大な力同士が戦場を分割し合うからにすぎない。『七柱』のように修辞のまったくない作品で、ロレンスがみずからの状態をあらわすために頻繁に使うのは、羞恥の表現である。

伝記からわかるように、晩年のシモーヌ・ヴェーユはこの著作から離れなかった[*25]。正義の天秤がこの世の手で支配されてはいないことの証を見つけただけではない。みずからの特権的立場の罪深さを体験しているとはいえ、責任を免れえない指揮官が魂の救済をもとめることができない確証も見つけていた。ロレンスはなにひとつ宗教を実践してはいなかったが、その自伝で意表をつくのは、一種の逆の苦行、堕落の要求、彼の兵士たちの日常生活よりもっと卑しい局面を共有する要求である——シモーヌ・ヴェーユが、そこに、指揮官の立場の偽善性の当然の結果として要求される平衡を保つためのおもりを見ていたタイプの苦行である。しかし、ヴェーユがロレンスにとりわけ見いだしていたのは、力と重力、高みにいることと下方に引きずられることのせめぎ合いの結果であった。「賢明な指揮官」とヴェーユがよぶあの特別な弱体化である。必然性に服従することと自己の弱さの自覚とが、みずからの力の効果を最小限に抑制する責任のある指導者を生む。ときおり、この抑制は断念となる。みずからの決定的な敗北が運命であると知るひとは、この世の勝利に冷静になることができる。シモーヌ・ヴェーユは、力の抑制、自覚的な弱体化の詩趣に富む例を、憐れみの名において自己のダイモンを断念する戯曲『救われたヴェネツィア』で与えている[*26]。

シモーヌ・ヴェーユは、節度の倫理学のなかに、古代東洋の知恵のもっとも尊い教えを見ていた。それは、ヨーガ（文字どおりには、くびき、征服を意味する）というヒンドゥー教の概念や無為という道教の概念で表現されているものである。しかし、節度の倫理学が提供するこれらの教えの説明では、世界からの解放の要素も、関与と離脱の二元論も強調されてはいない。こうした傾向は衰退し、相互に弱められている。必然性の重さの自覚は、世界からの離脱が行為を夢に変えることを阻止する。他方、規律、くびきは、行為が必然性の単なる結果として硬化しないようにする。ロレンスの著作では、この苦痛が層に重なり合って、つねにできごとの先を見通す力によって表現されている。これは、シモーヌ・ヴェーユが、「読み取りの多重のレベルによるテクストとしての世界」[*27]を見つめること、とよぶものである。この苦痛のおかげで、戦士は、力の魅力に身をゆだねもしないし、ものになり〔硬化し〕もしない。『七柱』での戦争行為——必然的であるものの思想を、その一貫性において具体化する行為——には、驚くべき、唖然とさせられることがあふれている。戦争の緯糸は、永遠のかけらへと引き裂かれている。軍隊の前進するあいだ、アラブ人指導者がロレンスに、もっともかぐわしい風、「なんの香りもしない」風が吹く場所を指し示す。戦いの休止時に、ひとりの物乞いが泉へと這うようにして進み、ロレンスの目には、預言者の神々しさを帯びているように見える。「……力は強そうだが疲労があらわな、切り出したような顔をして、ぼろをまとった半白の顎鬚の男が水場の向かいへゆっくりと道を辿って来た。そしてため息をつくと、……腰を下ろした。その男は、私の音を耳にし、前かがみになると……見ようとして、赤い目で穴を覗きこんだ。長い凝視のあと、彼は納得がいったようだが、目を閉じると呻くようにこういった。「愛は神より出で、神に属し、神を目指す」[*28]。永遠ではあるが、鉄の必然性にはめ込まれた瞬間。ここで実際語られているのは、西洋の人間がその合理主義の、郷愁を誘う裏側として知っている神秘主義なのだが、これは失われた伝統に、まさしく勝利の幻想をもちながら敗北したひとびとに、正当に属しているものである。光のあのかけらは、たとえ苦悩を限りなく増大させるとしても、ロレンスの任務を解いてはくれない。ただ、彼にみずからが部外者であることを、裏切りを確認させることとしかしない。彼は、夜に属していることを知っている。アラブの反乱の結末——政治の側の巨大な力の利用——が、この著作では、最初のページからずっと重くのしかかっている。アラブの大義の勝利へ加わる瞬間、ロレンスは、その墓掘り人であることを知っている。

われわれがロレンスの例を、シモーヌ・ヴェーユの作品と比較してみるならば、この例は恐るべき教えを含んでいることがわかる。ロレンスの行為は、盲目的必然性の実行であり、限りない漂流である。必然性に彼が身を任せることとは、もはや、神的正義に組み入れられはしない。神話の英雄アイアスやアルジュナとは異なって、あの苦しみに意味を与え、あの背信を免罪するか、罰するか、決めることができる、悲劇的な慰めの詩文や聖なる文書は存在しない。われわれの時代の必然性は盲目的である。正義はもはや神々の関心事ではなく、決定不可能なことにほかならず、その視界はこの世界なのである。その際、必然性は、その道具となる人間において、強迫観念、無限の落下の形態をとる。神話では、天秤を支えるのは神であり、近代の現実では、それを支えるのは人間である。彼は支えにほかならず、そういうものとして費消される。ロレンスの経験のなかでシモーヌ・ヴェーユが見逃していないのは、必然性と責任を同時に支えた結果が自己破壊であるということである。ロレンスは、アラブの反乱のあと、徐々に、文字どおり堕落の道を歩む。有名な陸軍将校がその信望をみずから手放すのだが、それは、失敗した秘密諜報員、二重の評判をもった植民地兵士、名声の重さに悩まされた帰還兵、英国空軍（Raf）の野蛮な規律をみずからすすんで体験する航空兵の姿[*29]として再びあらわれる——最終的には、一見偶然のような死において、落下の停止が見いだされるからである。

シモーヌ・ヴェーユは、ロレンスのなかに、必然性と責任が引き裂かれている例だけではなく、自覚的な不幸を、必然性として費消されること、死の受容を見ている。あるノートで、彼を、彼女が晩年に没頭することになるカタリ派と比較している。「神秘観を内包している教義が、多かれ少なかれ、死へと方向づけられているのは偶然のことではない。カタリ派。T・E・ロレンス」[*30]。いくつかの証拠が示しているのだが、シモーヌ・ヴェーユはロレンスのなかに、みずからの運命とパラレルな運命を、準備、督促として死を待つことを見ていた。しかし、ここで、例は単に伝記的な価値をもつだけではない。死への存在は、ハイデガーにおけるように、人間がその投げだされていること、必然性に拘束されていることを経験する漂流に対抗するのである。シモーヌ・ヴェーユがカタリ派の異端、マニ教、そしていくつかのグノーシス派的傾向に示す関心は、必然性によって支配された世界のなかで責任ある解決としてこのように死にみずからをゆだねることとまさしく結びついている。カタリ派において、グノーシス派の二元論は極端な帰結へともたらされ、世界は昼と夜の二原理の混合としてあらわれ、世界からの解放は耐忍《エンドウラ》（自殺のための断食）、神秘的な自殺行為という極端な形態をとる。シモーヌ・ヴェーユを引きつけていたのは、教義というよりはるかに、こうした経験に含まれた現世的正義のラディカルな思想であった。二原理の闘争に支配された世界では、救済の道は悪にできるだけ関与せず、力の行使をできるだけ限定するところにある。アルビジョア十字軍のときのオック語文明の破壊に関する論考で、シモーヌ・ヴェーユは、この寛容な文明の絶望的な戦いについて述べている。その戦いでは、十字軍の封建的軍隊に対抗して、ロマネスク、ギリシア、アラブの精神が融合している。それは、ベルナール・ド・ヴアンタドゥールの詩句で表現されている寛容、神秘主義そして生の変容である。

陽光にさからいてうれしげに
はばたきおどるあげ雲雀
胸にしむそのせつなさに
われをわすれて舞い落つる……[*31]

シモーヌ・ヴェーユにとって、これらの詩句は単に姿を消した文明のもっとも熱烈な表現であるだけではない。力の西洋神話に破壊された滅亡の哲学の証なのである。「トルバドゥールのある詩句は、それをとおして痛切な苦痛、有限な被造物の慰めようのない苦痛が〔透けて見える〕ほどの、純粋さで喜びを表現することができた。……この国が滅ぼされてしまうと、それと同一の調子はイギリスの詩によって引き継がれた。そして近代のヨーロッパ語では、そこにこめられている甘美さに匹敵するものはない[*32]」。

3　節度、限度

晩年の著作では、節度、力の限定、対立する原理の均衡で表現された秩序の記憶に、よりいっそう、宇宙的懲罰、車輪、カルマの概念が伴う。世界はもはや宇宙《コスモス》（κόσμος：秩序）ではなく、限りなきものの場所、力の定めなき増大、単なる生成である。近代科学の発展は宇宙のこの破壊をあらわしている。「われわれを取りまく嵐は諸々の価値を根こそぎにし、そのヒエラルキーを破壊し、これらの価値の価値を改めて問うべく、かの常なる偽天秤ともいうべき力の天秤にかけるにいたっている」[*33]。ここでシモーヌ・ヴェーユが念頭においているのは、二十世紀の科学の発展——運命や人間の状態のメタファーとの関係で、科学のいくつかの概念（不可逆性、エントロピー、不連続な、些細な）をもちいるほどに、偏見のない関心を彼女は示した——ばかりではなく、つながりの切断、宇宙としての自然の破壊である。ハイデガーの同様な見方でいえば、科学が作用している世界は、像となったのであり、人間—世界関係の逆転、存在の忘却である。現代科学の比類のない概念的豊かさは、もはや科学的な関心が、シモーヌ・ヴェーユがギリシアの科学（大地《ジェオ》‐測定《メトリア》〔幾何学〕、節度の技法）のなかに見ている自然との均衡関係ではなく、世界の主観化の無限のプロセス、自然の客観的物質化《エンティフィカツィオーネ》に集まっている事実を隠してはいないのである。

古典科学においては、なお、意志に対する世界の必然性、硬度、抵抗として、現実を知ることが問題であったが、それでも、この世界で人類は、力を制限すること、その均衡を保つことを学んでいた。「最も単純な行動においてもわれわれにのしかかってくる必然性、それが物質に由来するものであると知るやいなや、われわれは世界がわれわれの欲望に対してまったく無関心《アンディフエラン》であり、その無関心のまえではわれわれの存在は無に近いという感を抱く。世界の側からわれわれ自身を考えるとき——もしそういういいかたが許されるならばだが——われわれはわれわれ自身に対する無関心——それなくしては人間が欲望、希望、恐怖、生成からみずからを解放することができず、それなくしては徳も知恵もなく、またそれなくしては夢のなかに生きることになってしまうあの私心私情《アンディフェランス》のなさに達するのである。必然性との接触は夢に現実を置き代える。……必然性の光景と〔それがもたらす〕試練に何か浄化作用的なものがあるということは、ルクレチウスの壮麗な数行を読むだけでも十分感じられる……」[34]。古典科学の理想が、ここでは、必然性の観想、環境における人間的弱さの認識、エコロジーとしてあらわされている。だが、それはまた音楽的知、調和の学習でもある。「このイマージュは人間のものしたある種の作品のなかに、枠取り〔限度〕・秩序・調和・比例関係・規則的反復といった形で姿を現している」[35]。限度の認識は、シモーヌ・ヴェーユにおいては、表現のおわりを伴いはしないし、人間―世界関係の心和む、郷愁的で、擬古調のイメージも伴わない。限りなきものと不調和なものの理解を可能にするのは、まさしく、限度と調和の認識なのである。限りあるものと限りなきものとの相互的な遊動作用において、認識は、現実への関与、現実との協和《コンソナンツァ》とコミュニケーションとしてあらわれる。

　ここで、シモーヌ・ヴェーユが考えているのは、もう一度いえば、必然性を示す調和と不調和の緊張関係である。宇宙におけるその限定、その弱さを受け入れて、認識は世界を自分のものにするのではなく、世界に適合させられるのである。「大理石の彫像は流動体の感じを与え、布のように広がって流れでる印象を与える。周囲を取り囲む宇宙全体に圧迫されて、撓むようにも思われる。しかしその彫像は永遠に向かって非の打ちどころのない人間身体のフォルムをとるにいたった。しかも重力の作用が及ぼすあらゆる運動が同時に可能であるような均衡状態においてである。あるひとつの小さな物体表面も、そのはっきり劃された境界線の内部に、三つの次元をもった無限に大きな空間を含んでいる。諸物や諸々の人間が各自の位置にあって相互に結びつけられ引き離され、一瞬のうちにそこに定着させられたような外観を呈し、そしてなんぴとによってもいかなる角度からも眺められたことがなく、無意識のヴェールで完全に覆われた人間視線の汚れに染まることなく突如として不意に発見されたかのような状態で存在している空間を、である。……以上のすべて、これらが魂の奥底に達し、魂をその真中から引き裂くイマージュだ。ひとつの肉体、ひとつの顔、欲望と同時に、しかももっと強烈に、近づけばそれを損うことになるのではあるまいかという恐れを抱かせ、その変容は想像できるわけもなく、しかもその極度の脆さは感知でき、そして魂をしてほとんどある特定の場所と瞬間から超脱することを可能にするのであるが、しかしまたそこに釘づけにされているということをも痛烈に感じさせもするような肉体と顔も、この類のイマージュである。そして人間には無縁な宇宙もまた、このようなイマージュを提供する」[*36]。限りあるものと限りなきもの、調和と不調和、有限と無限とのあいだの遊動作用は、魂を引き裂くほどである。魂を引き裂くのは、シモーヌ・ヴェーユの考えでは、現実の認識が、第一に、現実の受苦、現実を耐えることだからである。そして、耐えることであるのは、認識が、ここでは、分断《デ・チジオーネ》、人間と世界を結びつけるきずなの切断ではなく、譲渡、現実との一体化なのであって、認識する主観の肯定による現実の破壊ではないからである。認識は現実を耐えるのであるが、それは、認識が現実の傷、その不均衡に準拠するからである。

繊細さと特徴づけることができるであろう、認識のこの様式に、倫理の面で明らかに対応するのは、責任ある指揮官を特徴づけるかの弱体化である。そこには、主観の傲慢さを放棄する哲学の記憶が示されている。この哲学は、シモーヌ・ヴェーユが晩年に取り組んでいた『ウパニシャッド』に、ショウペンハウアー、そしておそらくはゲーテをフィルターにして、由来する。しかし、よく見るとこの様式は、認識の質的哲学の回帰にも似ている。これは、ベルクソンないしジンメルにおいて表現され、また、たとえば、ヘルマン・ブロッホの文学作品や評論にもあらわれている。[*37] 後者においても、とりわけ、認識の道程がはじまるのは、主観がみずからの苦しみを、現実への自己譲渡としてのみずからの死を受け入れるときである。合理的な批評は通常、神秘主義というレッテルによって、哲学や文学のこうした傾向をかたづけるが、このレッテルはその主要なモチーフを正当に評価するものではない。このモチーフとは、道具的認識の克服、したがって、主観の脱強化、主観が現実のリズムに身を任すこと、脱─自己構築である。

シモーヌ・ヴェーユが古代の幾何学についてしばしば指摘するのは、現実の調和を認識するこの能力、美的享受の領域に属する能力である。「さらに美しいのはタレスの最初の直観、つまり彼が、大地に投射されて影の長短を通じてその変異を示す無限個の比関係は太陽にその原因がある、と気づいたときの直観である。この最初の直観の瞬間からして、それゆえ比関係変化の観念つまり函数の観念があらわれていたのだ。とはいえわれわれにとっては函数項の表示そのものがすでに諸項がお互いに依存し合ったものであるということを示しているのに対し、ギリシア人は単に変化を観照の対象とすることにのみ喜びを見いだしていたのである」[*38]。しかし、現実への自己譲渡は、また、現実の不調和を受け入れること、均衡と調和が宇宙における人間の位置を犠牲にして回復されるという事実を受け入れることを意味する。星々はダンスのシンボルであるだけではなく、満たすことのできない隔たりの尺度でもある。現実へ自己を譲渡するとは、また、その恐ろしい局面に自己を譲渡するという意味である。さらにいえば、シモーヌ・ヴェーユにとって、秩序は不安定なものであり、自然の調和──これを人類は観照したがるのだが――に、不協和が、過剰が迫っている。秩序と無秩序の、この解決していない緊張関係のなかに、シモーヌ・ヴェーユとニーチェとの、容易に推測のつく類似性が再びあらわれる。シモーヌ・ヴェーユの中心思想は、どんな場合にも、とりわけ、人間が不均衡にかかわりをもっているとき、秩序は高次のレベルにおいて再形成されるということである。このとき、問題は、現代の科学者がいうように、人間が宇宙に負わせる傷が癒されること、美―醜の高次の美学であるだろう。[*39] この点に関して、シモーヌ・ヴェーユは、コールリッジを引用することができただろう。古老の舟乗り、アホウドリ殺しで穢れた乗組員の唯一の生存者は、平和に向かって進みはじめるのだが、それは、ただ環境と和解するとき、海の怪物を祝福することを学ぶときである。[*40]

限定、弱さの思想は、したがって、和解、環境を破壊的に現前させない機能としての知を指示している。それは、とりわけ、人間が宇宙におけるその歴史的あり方を設計する、ヴェールで覆うこと―ヴェールを剥ぐことというデリケートな遊動作用を指示するのである。ハイデガーのことばでいえば、人間的世界と大地との破壊的ではない対抗を。「大地は単に閉鎖されたところなのではなく、それは自己閉鎖しているものとして立ちあらわれるものである。世界と大地とは、そのつどそれ自体においてそれらの本質にしたがって闘争的であり闘争可能である。ただこのようなものとしてのみ、それらは空け開けと伏蔵との闘争の内に入って行くのである。真理が空け開けと伏蔵との原闘争として生起するかぎりでのみ、大地は世界中いたるところに突出するし、世界は大地の上に基づく」[*41]。ハイデガーにとっては、この闘争は真理の道程そのものである。そして、ヴェールで覆うこととヴェールを剥ぐこととの遊動作用としての真理――まさしくそういうものとして、科学に対抗するが、科学はすでに開かれた真理の領域を仕上げるのである——は、作品において設立され、作品の形態で固定される。ハイデガーによって定義された特別な意味での、この自己設立は、作品がその詩的本質にあるように取り計らうのである。ハイデガーは、ここで、真理が作品化されるものとしての（単に製造することとは対置される）芸術作品について語っている。しかし、世界と大地の対抗を通して暗示されているのは、人類と大地の破壊的ではない緊張関係でもある。この対抗において、ほとんど同じようなことばで示されているのは、シモーヌ・ヴェーユがこだわっている、人間のあり方の繊細さである。「〔世界と大地の〕闘争は、単なる溝を裂開することとしての亀裂〔Riß〕ではなく、それは闘争し合うものたちの相互帰属の親密さなのである。このような〔親密さとしての〕亀裂は、対向的なものたちを、一致した根底からのそれらの統一の由来の内へと共に拉《らっ》し去る〔zusammenreißen〕。それは根底への拉し去り〔根底の亀裂（Grundriß）〕である。……この亀裂は対向的なものどもを二つに破裂させるのではなく、対向的なものを、尺度〔節度〕と限界〔限度〕とによって、一致した輪郭、すなわち囲繞する拉し去り〔Umriß〕の内へともたらす」[*42]。

4　近代性、固定観念

ハイデガーと同様に、節度、限度、対抗するものの引き裂かれない対抗は、シモーヌ・ヴェーユにとって、大地に人間が住まうことの輪郭を記述する術語である。節度の故国が限りなきものの王国に取って代わられたプロセスは、ジンメルからウェーバー、ハイデガーにいたるわれわれの時代の文化哲学が力説したテーマである。限度の概念では、自己自身を反復しながら、生きつづけることへの変容を阻止する形式を生に与えるものが理解されているのだが、この概念が、こうした伝統では決め手となっている。シモーヌ・ヴェーユはさらに、人間的想像力にもとづく漂流——宇宙からの離脱——の結果の分析を加える。もし宇宙が、秩序の内部で力の均衡——可能と不可能、有限と無限、現実と想像——をとれるようにしながら、想像力を含んでいるとしたら、近代世界の無限性はその想像力の鎖を解き放つだろう。その解放で達成されるのは、進歩の神話におけるように、新たな自由ではなく、新たなタイプの必然性、限りなきものへの従属である。宇宙からの解放は想像力を自由にするが、それは想像力を別なもの、それ自身に縛りつけるためなのである。シモーヌ・ヴェーユは、この特異な自由、想像力の不確定な運動、意識の自己自身上での回転を、固定観念[*43]と規定している。

固定観念は、目的のない苦痛、底のない落下である。それは不均衡を意味し、この不均衡によって、必然性は受け入れられるのではなく、耐え忍ばれる。「不可能の感情、不均衡。過去、未来また遠く遥かにあるさまざまな対象を虚構として形あるものにする想像力が、真空を満たすに到っていない状況。想像力は試みはするのだが、できない。内面の飢え、渇き。封じられた飛躍。……拒絶と受容とのあいだで揺れ動く内なる魂。想像上のものすらも、対象をとり去られた魂の動き。強い真空状態。長い期間を経て、魂のいくつかの部分の涸渇と死が続いて起こる[*44]」。シモーヌ・ヴェーユが記述するのは、魂の特殊な状態、秩序づける原理からの切断、限りなきものへ向けられた視線の無能、したがって、現実との接触の喪失、挫折である。みずからの境界から引き抜かれて、魂は、視線が固定することも、想像力が終結することもなく、さまよう。苦しみの意味、その耐えがたさは、苦痛としての苦痛とではなく、苦痛の無限性と結びついている。固定観念において、魂は時間のなかへ落ちる。時間はなんらかのリズムに支配されているのではなく、魂の落下を強要するのである。「音楽（さらには建築学？）の主題と固定観念との関係。バッハのフーガは克服された固定観念である。――だから最初の主題はそれほど重要性をもたない。固定観念は人間の唯一の苦しみである……。固定観念とならない苦痛は苦痛ではない」[*45]。間断なく、無限へと拘束するほど圧倒的な必然性に苦しむのは、固定観念にとらわれているからである。したがって、限りなきものへのあらゆる従属は固定観念にとらわれている。シモーヌ・ヴェーユは、限りなきものの支配のなかに、贖えず、救いを与えないようなタイプの命令を見た。その際、固定観念は、状況の限界での力への従属だけではなく、近代性の存在条件をも規定している。宇宙的罰（ゼウスの天秤）の概念で表現されている神話的暴力を、実際、近代性は、あらゆる領域で、不均衡、限りなきものの支配と取り換える[*46]。

近代的意識とは、限度と宇宙の規則性との観照から根こそぎにされて、自己‐意識となり、固定観念にとらわれながら知ることといってもよい。しかし、人間の諸関係がとる形式もそれに似ている。近代的世界では、社会は、限りなきものが闖入していること、諸個人のあいだに埋められない空間が介在していることをあらわしている。社会では、人間的弱さは他者のまなざしにゆだねられるのではなく、抽象化の無情性に従属している。戦争という極限状況でさえ、力の必然性が中断されるとき、戦士のまなざしは懇願を無視することはできない。天幕のなかで、アキレウスはプリアモスのまなざしに、感動せずにいられない。アルジュナは、自身のまなざしが親族にそそがれたとき、たちどまる。たとえ神話のなかで、他者の存在によって引き起こされたこうした憐れみが必然性を中断することができないとしても、神話は憐れみに意味を与えているのである。固定観念にとらわれていない苦痛は、共‐存在と必然性の関係を物語る。この苦痛は、必然性に関して自覚的に行動すること、責任を果たすことを可能にする。それに反して、限りなきものの支配としての社会では、まなざしは、他者の顔に止まることなく、さ迷ったままである。この意味で、シモーヌ・ヴェーユは、近代の社会的関係を想像的なものとして厳密に記述している。社会は、想像的なものの圧倒的な力を人間的節度のうえに実現しているのである。*47

シモーヌ・ヴェーユがここで触れているのは、近代的状態の決定的局面である。人類は自分たちを宇宙に引きつけていたきずな、ハイデガーが暗示する「闘争し合うものたちの相互帰属」としての親密さから、この状態によって、解き放たれる。大地はもはや根底ではなく、無尽蔵の、限りない資源である。近代の形而上学が普遍の学《マテーシス》、内容から抽象化された機能の体系の尺度でいまではあつかうようになっている自然的宇宙は解体される。しかし、必然性と力が、粉々になったきずなを別のきずなと取り換えることを強要する。社会的なきずなが自然的なきずなのポストを占めてしまう。「資本主義は自然に対して人間集団の解放を実現した……。しかしこの集団は、個人に対して、以前は自然によって行使されていた抑圧的機能を継承した」*48。当然のことながら、自然も、不均衡、力そして重力のあらわれとしては、抑圧的である。しかし、自然のなかには、世界と大地の破壊的ではない闘争を通して、宇宙が輪郭を見せている。古代の知恵、哲学は、不均衡の観想と慰めでもある。だが、どのような宇宙が、シモーヌ・ヴェーユが集団とよぶものの境界のなかで輪郭を取ることができるのか。社会に秩序をつくるという、一世紀以上前から社会科学が促進している試みは、新たなきずなの内容のなさを示している。シモーヌ・ヴェーユは、誤った宗教、誤ったきずなに、失われたきずなの代理をさせる必要をしばしば指摘している。彼女の時代、二十世紀のはじめの数十年間には、まったく想像上の新しい宇宙の必要性が、

「市民宗教」や「集合意識」という考えによって表明されていた。あるいは、ドイツのプレ・ナチ主義者のように、大地の神話と根づくことの神話へ時代錯誤的にアピールして。現代では、社会的宇宙、ひとつの文化を形成しようとする要求はついえている。少なくとも、社会的な論議は宗教の代理をつとめることを放棄したのであり、その代わりに、力の組織化の論議があらわれている。

『イリアス』に関する論考でシモーヌ・ヴェーユが論駁したのは、社会的きずなが力の王国を廃止するだろうという近代の幻想であった。「進歩のおかげでいまや力は過去のものであると信じた者は、この詩篇のうちにひとつの資料を認めたかもしれない。以前と同じく今日においても、全人類史の中枢に力を見てとるすべを知る者なら、この詩篇のうちにもっとも美しくもっとも純粋な鏡を見いだすであろう」[*49]。少なくとも西洋の城塞で、今日問題なのは、明らかに別のタイプの力である。剣を握る者であれ、それを受ける者であれ、僭主であれ、奴隷であれ、人間をものに変える神話的暴力は、国家の境界で陣を布くために社会生活から遠ざかった。しかし、固定観念、不可避の必然性としての力は、かつてなく社会生活を締めつけている。シモーヌ・ヴェーユが、伝統的なリヴァイアサンに取って代わった、新たな怪獣とよぶものは社会生活なのである。それは、想像的なものがさ迷い、まなざしと思考が抽象化によって支配されている場所としての社会である。ジンメルが、近代性の頂点で貨幣について述べたことは、社会的きずなの、抽象的ではあるが固定観念にとらわれた力の描写である。「貨幣は、純粋な力(reine Kraft)であるとともに、実体的な裏づけとなるものがまったくただの象徴《しるし》にすぎないことによって、裏づけとなるものを完全に自らとり除いてしまったところの、唯一の文化的形成物である。そのかぎり、貨幣は、動力学(Dynamik)が理論と実践一切の主導権を獲得した現代のあらゆる現象のなかで、その特徴を最もよくあらわしている。貨幣が純粋な関係（reine Beziehung）であって、関係のなにかある内容を含むものではないということは、そのことに矛盾しない。なぜなら、力は実際には関係にほかならないからである」[*50]。

5 限定としての倫理

シモーヌ・ヴェーユの思想は、現代の哲学的文化にはなじみのない術語の意図的な使用という点でアクチュアルではなく、近代の無秩序の弁明というよりもむしろ古代の秩序に助力をもとめるものなのだが、にもかかわらず、ニヒリズムに関する現代的省察に類似していることがわかる。不可能性のなかに神を探しもとめること、宇宙的秩序の衰退の分析、近代性によってなし遂げられた破壊の自覚、力のまさしく自覚的な受け入れ、（ハイデガーが方域、四方界 das Geviert とよぶ）人間と神々のあいだの、大地と天空のあいだの不可能な和解という概念は、二十世紀には、地上の人間の存在を記述するいいまわしとして不可欠とされている。しかし、シモーヌ・ヴェーユの道程が哲学のそれと最終的に交差するのは、とりわけ、弱さの概念においてである。実際、弱さは、ニヒリズムに直面した思惟と存在に共通する状態を意味しているのである。

固定観念にとらわれた近代的力の魅惑に支配されない思想は、迷いが覚めた仕方で、ニヒリズムの均等的な実現と宇宙的規模の支配を認識しないわけにはいかない。哲学が、人間の、その生産物（シモーヌ・ヴェーユが固定観念にとらわれた知識や社会的物神とよぶもの）への服従について熟考するとき、ニヒリズムという結果のなかに、正常な状態を見いださざるをえない。E・ユンガーとニヒリズム的状態の克服[*51]という彼の仮説に答えながら、ハイデガーはそのような運命を受け入れる必要を強調する。「ニヒリズムそれ自身は、発癌因子が或る疾病的なものではないと同様に、或る疾病的なものではない。ニヒリズムの本質に関しては、治癒への見通しも与えられていなければ、治癒をもとめる有意味な要求も与えられていない[*52]」。ニヒリズムは、それを否認したり、それと戦おうとしても意味をもちえないほど、強力で、宇宙的規模となっている。「洞察力のある人ならば誰しも今日において、ニヒリズムがこの上もなく多種多様なしかもこの上もなく隠伏した諸形態において、人類の「正常な状態」になっていることを、なお否認しようとは思わないであろう。そのことを最も的確に証拠立てているのは、ニヒリズムに反対する諸々の専ら反―動的な試みであり、それらの試みは、ニヒリズムの本質との対決に立ち入る代りに、従来のものの回復（die Restauration des Bisherigen）を押し進めている[*53]」。ハイデガーは、さまざまな場所の文化のニヒリズム的帰結を指し示している。脱―存在論化された多様な科学への哲学の変質、サイバネティックスと「計算する」思考の世界的支配、力の宇宙的規模での組織化。哲学的真理のそのような機能主義化、これは、すでにニーチェが真理と力の近代的同等化のなかに見ていたものであるが、この機能主義化に直面した思考の役割は、いまでは、ニヒリズムの本質――哲学の終結そのものとの対話にある。その際、体系性、完全性そして浸透性という強い要求をもつことは許されない。

ハイデガーによれば、思考は、ニヒリズムのプロセス、「技術的―科学的な合理化[*54]」を、たとえ理論的な面からだけでも制御する可能性を放棄する。哲学が迷いの覚めた仕方で受け入れるのは、合理化のプロセスとの共存である。このプロセスは、その具体的な姿、向こう見ずになること、目的の欠如に関して、どんな予見にも身を任せることはない。最終的に消滅する可能性のみならず、結果がますます不確かになる可能性もともに開かれたままであるからである。ハイデガーが思考の今日的な役割として指摘するのと同じことがらへ回帰するが、この回帰は疑いなく客観主義の回復ではなく、哲学における主観性の不安定な定款に関する省察を意味している。それはさらに、今日和解ということばではもはや考えられない、世界との関係を熟慮することを意味している。そのような省察は、ハイデガーが思考することの今日的条件を記すまさしくそのことばが示唆するように、隠遁的瞑想《ラッコリメント》の性格をますます帯びている。鬱蒼として、通り抜けられない森（最終的に実現した形而上学の威嚇的で幻想的な客観性）の現前が、思考の慎重な探究に対抗していることをあらわすメタファー。道を見つける、あるいは、指し示す望みが宙づりにされてしまう途切れた小道と道程。こうして、ハイデガーの決め手となる概念のひとつ、開け（Lichtung）がほのめかすのは、ただつぎのような可能性である。すなわち、「合理化の止処《とめど》もない暴威とサイバネティックスのなす拉致（das Fortreissende）」[*55]のさなかに、いまだ真理ではない真理への開かれという意味で、空き地（Lichtung）が開けるということである。哲学の役割、実現されなかったし、おそらく実現されえないであろう役割は、空き地において与えられるもの、隠された意味についての束の間の省察にゆだねられる。哲学的真理はこのような明暗法《キアロスクーロ》にある。そこでは、森の空き地へ突然降りそそぐ光と同じように、思考のことがらそのものが開示されることができる。ハイデガーの省察によれば、詩人のことばと自然との名状しがたい声の聴取の、啓示をまつような一心不乱の注意の瞬間は、思考の自覚的な究極の弱さの状態を、真理の獲得や証明といったあらゆる活動の放棄を告げるのである。

よく見ると、このような状態は、思考の必然的な結果であることがわかる。二十世紀において、理性が力によって征服されるのではなく、理性が力へと変容するのを思考は経験した。合理化と隠遁的瞑想のあいだに見られるのと似た緊張関係が、ウェーバーの著作にあらわれている。そこでは、世界の向こう見ずな成り行きへの厳格な関与（責任、「賢明な指揮官」）は、いくつかの私的な感動、ウェーバー自身が「最微音《ピアニッシモ》」[*56]とよんだものにしかスペースを残してはいない。実存の本来性にハイデガーは最初の哲学的プログラムを基礎づけた――結局、放棄することになった――のであるが、これは、もはや語りえないものであり、世界に剝きだしにされるなら、悪趣味になる。「最微音」、隠遁的瞑想は、自然の、あるいは、神の声を聴くことと同様に、公言されることはない。それらは、ただ詩的―哲学的暗示の徴表としての価値をもつだけである。そこで思考は、乗り越えることができない表現の限界に、おそらくはその果てについに遭遇する。それゆえ、思考がみずからに折り返されることのなかには、哲学的言語が詩へと開かれることにおけると同様に、自覚的な弱さがあらわれている。弱さを思考することは、迷いから覚め、宇宙の喪失を、逃れられない運命として、必然性として受け入れることを意味する。思考は、ニヒリズムの完成のプロセスから離れないこと、それに耐えることを受け入れるのであるが、その際、あらゆる慰めを遠く離れて、支配の本質が示される明暗法のゾーンのみは留保されているのである。

　したがって、弱さの概念があらわしているのは、哲学的論議のフラジャイルな、今日的構成であり、「存在の歴史」としての形而上学の完成のプロセス――ニヒリズムの常態――の認識―受容と、起伏の多い、必然的にあいまいで、断続的な、そのような状態の乗り越えのあいだでのこの論議の動揺である。思考は差異のなかに弱々しく身をおくが、それは、マージナルで、経験的に異なったもの、あるいは、弱いものの推定された価値に特権を認めるという意味ではなく、存在的―存在論的というディレンマの解決不可能性を引き受けながらなのである。とりわけハイデガーの立場は、伝統の復活にも、また技術の領域、機関の支配、力の領域、根底の不在の領域が透明になり、プロジェクトを提供することができるという幻想にも反対する。どんな場合にも、仕組み〔集‐立・徴発性〕(Gestell) の、プロジェクトされて‐いることのプロセスが問題となるだろう。これを制御する、プロジェクトすると、人間は思い込んでいるのである。[*57] ここでのハイデガーの省察は謎めいている。というのも、まさしく技術の主観的―破壊的なプロジェクト性において示唆されているのは、性起 (**Ereignis**) が明らかになるということだからである。これは形而上学の完成の意味を覆すことができるだろう。「我々が存在と人間との布置としての仕組み (**Ge-Stell**) において現代技術世界を通じて経験することは、**Er-eignis** と名づけるところのものの前ぶれ (**Vorspiel**) である。けれどもこれは必ずしもそれの前ぶれに固定しはしない。何故かというと、そこにおいては、それが単なる仕組みの支配を、いっそう始源的に生じること (**Ereignen**) の内へと服従させることの可能性が、語りかけているからである。そのように仕組みを **Er-eignis** からいっそう始源的に生じることへ服従させることは、**Er-eignis** として最も固有なる、――したがって人間だけで決してなしとげえない、――技術世界の支配から奉仕へと技術世界を取り戻すことを、実現するであろう。しかもこの実現は、人間がいっそう本来的に **Er-eignis** の内へ達するところの場面である領域の内部においてである」[*58]。そのような「人間だけで決してなしとげえない」ことにおいて表現されているのは、ハイデガーにとっては、仕組みのプロセスの必然性を根本的に改革するという人間主義的な試みのむなしさである。

性起 (**Ereignis**) に面しての、人間の受動性と弱さの状態の例として、ハイデガーは、はっきりと、倫理に言及している。実際、人間主義的なプロジェクトの可能性を称賛する表現〔観念〕によって、「すべてを人間に帰属せしめ、そしてそれが高度に進めば、技術世界の倫理への要求にまで達する。この観念にとらわれつつ、技術は人間にのみ関わるものであるという見解を、人はみずから強くいだくようになる。人は技術の本質の内において告げている存在の語りかけを聞きおとすのである」[*59]。それゆえ、現代世界の本質の理解をもたらしうるものは、技術の不透明な次元から出発して、倫理を再プロジェクトするという、また技術の克服の人間主義的努力という幻想にはないのである。この幻想では、倫理は、仕組みのプロセスの変異体、その分岐としてあらわれる。今日の自覚的に無頭な哲学によって繰り返し提案されている根拠なき倫理も、形而上学の強い前提の、われわれの時代に釣り合った翻案とみなされる。人間の活動の最小限の調整という、単に操作的ないかなる倫理も、たとえ弱い術語で考えられていたとしても、元来の形而上学的根拠を愚弄する忘却という状態であったとしても、やはり、その失われた根拠のにおいがするのである。

　しかし、弱さの概念は、さまざまに、倫理と結びつけることができ、倫理となることができる。それは、存在論的差異というハイデガー的概念や決定不可能性の状態におかれる省察と同様に、仕組みのプロセスのなかに、その源泉の破壊を要求せずにとどまることを考えさせる。ここで、弱さは、論理的な条件、思考の特殊な構成としてあらわれるだけではなく、パトロジー的とよぶことができるような条件、実存の地平としての弱さを示している。しかし、その弱さは、たとえ経験的パースペクティヴにおいてであっても、技術（自然の想像的なものとしての技術のみならず、人間と社会の想像的なものとしての技術）の世界での人間の状態の本質を物語っている。それゆえ、第二のハイデガーの謎めいた省察におけるように、必然性に束縛されることをいずれにせよ認識している人間の状態は弱いのである。この人間は、シモーヌ・ヴェーユにおけるように、不正へのみずからの寄与を、人間的に可能なかぎり限定しながら、世界とともに弱まることを受け入れる。限定すること、倫理としての弱さは、今日、責任がとる形態でありうるだろう。*60 この弱まることに均衡の回復、正義が対応することができるかどうか、これは、今日、思考が決定しえないことのように思われる。

*1 以下では、このテーマにほとんど触れられないだろう。本稿ではとりわけ、ニヒリズムの哲学の特殊な局面との、シモーヌ・ヴェーユの著作の共鳴、すなわち、弱さというテーマに注目したい。このタイプの論議の欠落が、シモーヌ・ヴェーユに関する文献の主要な欠陥のひとつであるように思われる。彼女の著作は、おそらく、死後に出版されたからだけではなく、断片的で、矛盾した作品というその性格のために、理解の対象というよりも、分け合う対象であった。断片的な書法は、他のどんなそれより、自分のものにすること、引用、操作に適している。シモーヌ・ヴェーユの場合には、このことは、キリスト教への直線的ではない、議論のある接近のみならず、晩年と死の状況によってなおさら容易になった。これらの決定的な局面についても、本稿では介入しようとは思わない。『カイエ』の全巻をいまでは参照できることに注意を喚起するにとどめよう。イタリア語訳はアデルフィ社ではじまった〔邦訳は、『カイエ』1巻山崎庸一郎・原田佳彦訳、一九九八年、2巻田辺保・川口光治訳、一九九三年、3巻冨原眞弓訳、一九九五年、4巻冨原眞弓訳、一九九二年、すべて、みすず書房刊〕。伝記、文献目録、諸版の状態に関する情報は、G. Gaeta, *I "Cahiers". Storia di un'opera postuma*, in S. Weil, *Quaderni*, vol. I, Milano 1982, pp. 11-100 を参照のこと。共感的で波長が合い、徹底的に究明された、不可欠な伝記は、G. Fiori, *Simone Weil. Biografia di un pensiero*, Milano 1981 である。本稿は、ブランショからも着想をえた。とくにシモー

ヌ・ヴェーユに言及したページだけでなく、不幸、忘却、不可能性というテーマのページも参照した。M. Blanchot, *L'entretien infini*, Gallimard, Paris 1969, trad. it. *L'infinito intrattenimento. Scritti sull'insensato gioco di scrivere*, Torino 1977. シモーヌ・ヴェーユの著作を、ニヒリズムと経験の限界というテーマが支配的なコンテクストに位置づけるのはブランショである。

＊2 このテーマは、『カイエ』において頻繁に繰り返される。シモーヌ・ヴェーユにとって、神を知ることは、人間の可能性の領域には属さない。弱々しく呼びかけるのは神であり、そして、人間は弱々しく傾聴する。「かれがわたしを愛していないことはよくわかっている。かれがわたしを愛するなどということがどうしてありえよう。にもかかわらず、わたしの内奥に潜むなにか、わたし自身のある一点は、もしかしたらかれはわたしを愛しているのかもしれない、と畏れおののきながらも考えずにはいられないのだ」（*Quaderni*, I, cit., p. 105. 邦訳『カイエ』3巻四二二頁）。神と人間との相互の隔たりと弱さが、神に関する著作の主なるテーマである。「神は無力である。善を公平に憐れみ深く分配することにおいては別だ。これ以外はなにもできない。しかしそれで充分である」（*La connaissance surnaturelle*, Paris 1950. 邦訳『カイエ』4巻（アメリカ・ノート）一〇〇—一〇一頁）。シモーヌ・ヴェーユにとって、不可能性は、弱さの条件、悪への委譲のひとつの条件を意味する。とはいえ、そこにおいて、傾聴する能力が与えられるのである。「不可能性は神へといたる唯一の扉である。不可能なものを望む。悪を愛する」（*Cahiers*, III, Paris 1974^{2}. 邦訳3巻六二頁）。神への不確かな道として世界の悪が愛されるというこの考えが、どのようにグノーシス派の影響を受けているかに気づいていた。しかし、同様に指摘されなければならないのは、不可能性の概念が、カテゴリーとしての可能なものの分析と結びつけられていることである。そこでは、人間の想像力が現実的なものから解き放たれる。「可能なものは想像力の場であり、したがって堕落の場である。たしかに存在するものを望むか、けっして存在しえないものを望むしかない。より好ましいのは両方を望むことだ。存在するものと存在しえないものはいずれも生成の埒外にある」（*Cahiers*, III, cit., p. 194. 邦訳3巻二七八頁）。可能性と想像力との関係が、シモーヌ・ヴェーユの哲学では、中心となっている。現実的なものの情熱が、ヴェーユにとっては、善の認識のための、おそらく唯一の道である。このことが神秘主義へといた

った思想に、巨大な浸透力をもつ政治的分析がいかにして可能であったのかを説明する。

*3 レヴィナスは、とりわけ、シモーヌ・ヴェーユをユダヤ思想から引き離すことに反対の立場をとった。E. Lévinas, "Simone Weil contre la Bible", *Evidences*, 24, 1952 (*La difficile liberté*, Paris 1963, pp. 160–170). レヴィナスにおける倫理学の基礎づけを分析すれば、ヴェーユのいくつかの立場との明白な関連を示すことができるだろう。両者では、主体が表現において他の主体と同化する行為を制限することが強く気がかりとなっている。同じことが全体主義の批判に当てはまる。他方、シモーヌ・ヴェーユにおけるキリスト教への同意は、教会の世俗的役割の容認を決してもたらさない。それに対して、シモーヌ・ヴェーユと現代のユダヤ思想のいくつかの流れとの関連が明らかになるのは、ハンナ・アーレント、あるいは、エドモン・ジャベスのような著作家において頻出する堕落、放浪、祖国との隔たりといった概念を考える場合である。ブランショも注目しているのは、おそらく自分でも知らぬ間に、シモーヌ・ヴェーユが、ユダヤの宗教的伝統の影響を受けたことである (*L'infinito intrattenimento*, cit., p. 147)。そうした骨の折れる対比を度外視しても、しかし、シモーヌ・ヴェーユの作品が、これらの著者たちとともに、ニヒリズムないし根こぎによって引き起こされた問いへオリジナルな回答を試みているのははっきりしている。これを、M. Cacciari も、"Metafisica della gioventù", in appendice a G. Lukács, *Diario (1910–1911)*, Milano 1983, pp. 115–116 で、ほのめかしている。

*4 当然『城 (*Das Schloss*)』だけではなく、『皇帝の使者 (*Eine kaiserliche Botschaft*)』あるいは『変身 (*Die Verwandlung*)』のようなテクストがとりわけ考えられてよいだろう。

*5 ラザールという名前で、シモーヌ・ヴェーユは、バタイユの小説『空の青み (*Le Bleu du ciel*)』〔伊東守男訳、河出文庫、二〇〇四年〕の中心的登場人物のひとりとなっている。貧民と一体化し、正義の観念を体現するラザールは、その外見のせいで、語り手を不快にさせるが、ついには強迫観念になるほどまでに、語り手を魅了する。「私は一瞬、彼女こそ私がこれまで目にした最も人間らしい存在ではないかと思った。しかしそれでいて今私に向かって来ているのは、不潔極まりない鼠でもあった」〔邦訳一七三頁〕。シモーヌ・ヴェーユに関する多くの文献で、この強迫観念によってとりわけ困惑、かたよった解釈、除去が生じている。マルクス主義者は、シモー

ヌ・ヴェーユの革命的で、労働者的な経験に言及していない著作のすべてを「イデオロギー」とみなす傾向がある。カトリック教徒は、宗教思想において表現される、カトリック的でない極端なものすべてを無視しがちである。哲学に関しては、シモーヌ・ヴェーユの、その思想を直接的に生きるという主張に気分を害しているように見える。結局それでも、バタイユの証言は、もっとも率直で、有意義なもののひとつでありつづける。ごく最近のイタリアの研究業績は、シモーヌ・ヴェーユへの関心がいまだ続いている証となっているが、これほど矛盾していて、いらだたせるような思想を受け入れる困惑と困難さを隠してはいない。わけても以下を参照のこと。A. Treu, “Esperienza di fabbrica, teoria della società e ideologia in Simone Weil”, *aut aut*, 144, 1974; F. La Porta, “Riflessioni su S. Weil, E. Bloch e altri”, *Quaderni piacentini*, 1, 1981; A. Scattigno, “Simone Weil. La volontà di conoscere”, *Memoria*, 5, 1983.

＊6　これらの局面、とりわけ、シモーヌ・ヴェーユの経験の限界の特徴については、以下を参照。M. Blanchot, *L'infinito intrattenimento*, cit., pp. 142 et seqq.

＊7　S. Weil, *Quaderni*, I, cit., p. 261〔邦訳1巻二四八頁〕.

＊8　Ivi, p. 125〔邦訳1巻二六頁〕.

＊9　S.Weil, “L'“Iliade” ou le poème de la force”, in *La Source grecque*, Paris 1953（trad. it. in *La Grecia e le intuizioni precristiane*, Torino 1967, p. 37）〔冨原眞弓訳「『イリアス』あるいは力の詩篇」『ギリシアの泉』みすず書房、一九九八年、五二頁〕.

＊10　Ivi, pp. 31–32〔同前四二頁〕.

＊11　Ivi, p. 22〔同前二四―二五頁〕.

＊12　S. Weil, *Quaderni*, I, cit., pp. 163–164〔邦訳1巻一一四―一一五頁〕.

＊13　Sofocle, *Aiace, versi* 477–478〔木曾明子訳「アイアース」『ギリシア悲劇全集4』岩波書店、一九九〇年、三三頁〕. シモーヌ・ヴェーユの翻訳、「空ろな希望をもって熱くなるような死すべき者には、わたしは軽蔑の念しか抱かない」は、論考 “Perspectives. Allons nous vers la révolution prolétarienne?” *La révolution prolétarienne*, 158, 25 août 1933 (*Oppression et liberté*, Paris 1953, trad. it. *Oppressione e libertà*, Milano 1956）のエピグラフにある。

*14 『バガヴァッド・ギーター』とアルジュナのディレンマの存在は、『カイエ』の鍵となる観点のひとつである。シモーヌ・ヴェーユにとって、力の苦しい受け入れが中心となっているこのテクストは、福音書の正義と贖罪の観念を補完するものである（*Quaderni*, I, p. 233.〔邦訳1巻二〇三頁〕）。

*15 S. Weil, *Quaderni*, I, cit., p. 270〔邦訳1巻二六三頁〕.

*16 S. Weil, "En quoi consiste l'inspration occitanienne?" これは、*Les cahiers du Sud* の特別号（1943）、Le génie d'oc e l'homme méditerranéen において、エミール・ノヴィスというペンネームで刊行された。Cf. *Écrits historiques et politiques*, Paris 1960, p. 79〔松崎芳隆訳「オク語文明の霊感は何にあるか？」『シモーヌ・ヴェーユ著作集II』春秋社、一九八五年、二二六頁〕.

*17 たとえば、M・ウェーバー『職業としての政治（Politik als Beruf）』（trad. it. "La politica come professione", in *Il lavoro intellettuale come professione*, Torino 1948）〔清水幾太郎・清水禮子訳『政治・社会論集』河出書房新社、一九九八年、三八五―四三一頁〕.

*18 *Quaderni*, I, pp. 334-335〔邦訳1巻三五七頁〕.

*19 「『ギーター』とジャンヌ・ダルクの伝説。イギリス軍と戦うことは、女であり羊飼いであったにもかかわらず……、ジャンヌ・ダルクのダールマであったが、しかし、彼女の行動を支配していたのは自然（プラクリティ）であって、神（アートマン）ではなかった（『ギーター』、第一三章、二九）。神を戦いのなかで味方になしうるまで引き下げることはできない。……『イーリアス』のなかでは、神々は味方であるが、しかし、ゼウスはその黄金の秤を手にしている」。また、「『バガヴァッド・ギーター』の精神と、ジャンヌ・ダルク伝説の精神とのあいだの差異、重大な差異。前者は神から霊感を与えられたにもかかわらず戦争をし、後者は神から霊感を与えられたがゆえに戦争をする」（*Quaderni*, I, pp. 272-273〔邦訳1巻二六六―二六七頁〕, 232-233〔同前二〇三頁〕）。

*20 Ivi, p. 274〔同書二六九頁〕.

*21 M・ウェーバー『ヒンドゥー教と仏教（Hinduismus und Buddhismus）宗教社会学論集II』（trad. it. *Sociologia* *della religione*, Milano 1983, vol. II, p. 190)〔古在由重訳、大月書店、二〇〇九年、二六八頁〕。

*22 とりわけ、『政治論集』における「二つの律法のはざま（Zwischen zwei Gesetzen）」(trad. it. "Tra due leggi" in *Scritti politici*, Catania 1970)〔山田高生訳『政治論集1』みすず書房、一九八二年、一六一―一六五頁〕を参照。

*23 T・E・ロレンス『知恵の七柱（Seven Pillars of Wisdom）』(trad. it. *I sette pilastri della saggezza*, Milano 1971)〔田隅恒生訳、完全版全5巻、平凡社東洋文庫、二〇〇八―二〇〇九年〕。

*24 L. Strachey, "The End of General Gordon", *Eminent Victorians*, Harmondsworth 1980.

*25 G. Fiori, *Simone Weil. Biografia di un pensiero*, cit., pp. 281 et seqq.

*26 S. Weil, *Poèmes. Suivis de Venise sauvée. Lettre de Paul Valéry*, Paris 1968〔小海永二訳「救われたヴェネチア：三幕の悲劇」『シモーヌ・ヴェイユ詩集』、いまは、『詩・文学、芸術論集　小海永二翻訳撰集6』丸善株式会社、二〇〇八年、一二九―一八八頁〕。ロレンスにおけると同じように、ここでも、全世界的な哀れみの特殊な局面としての、すなわち、必然性への澄みきった服従としての責任が問題なのである。「救われたヴェネツィア」の主人公ジャフィエは、ヴェネツィア政府を打倒するために陰謀に加わるが、しかし、この都市に対するみずからの憐れみのために、陰謀を密告して、死刑を宣告される。シモーヌ・ヴェーユが〔トーマス・〕オトウェイの戯曲〔「守られたヴェニス（Venice Preserved）」（1682）〕を、とりわけ力の自覚的な断念を強調するように改作したことが肝要である。

*27 *Quaderni*, I, p. 230〔邦訳1巻二〇〇頁〕。

*28 T. E. Lawrence, *I sette pilastri della saggezza* cit., p. 431〔邦訳3巻一二七頁〕。

*29 ロレンスは、『造幣所（The Mint）』（イタリア語訳は『航空兵ロス（L'aviere Ross）』）において、これらの経験をいくつか報告している。ロレンスの運命は、驚くほど、シモーヌ・ヴェーユのそれとパラレルであることがわかる。

*30 S. Weil, *Quaderni*, I, cit., p. 202〔邦訳1巻一五八頁〕。

*31 ベルナール・ド・ヴァンタドゥール（ベルナルト・デ・ヴェンタドルン）のカンソーの最初の詩句の、シモーヌ・ヴェーユによる翻訳〔松崎芳隆訳「オク語文明の霊感は何にあるか？」前掲書二二八頁〕。「ひばりが陽の光

に向かって　よろこびにあふれて羽ばたき舞い上がり　心に満ちてくる甘やかな思いゆえに　われを忘れて落ち来るのを目にするとき、……」(*Les Trobadours*, a cura di J. Roubaud, Paris 1971, p. 128.〔オック語からの邦訳、沓掛良彦編訳『トルバドゥール恋愛詩選』平凡社、一九九六年、七八頁〕)。

*32 S. Weil, "En quoi consiste l'inspiration occitanienne?" in *Écrits historiques et politiques* cit., p. 81〔松崎芳隆訳「オク語文明の霊感は何にあるか?」前掲書二二八―二二九頁〕.

*33 S. Weil, "Réflexions à propos de la théorie des quanta", *Les cahiers de Sud*, 251, décembre 1942. エミール・ノヴィスと署名されている。後の以下を参照。*Sur la science*, Paris 1966 (trad. it. *Sulla scienza*, Torino 1971, p. 173)〔中田光雄訳「量子論についての省察」『科学について』みすず書房、一九七六年、二一五頁〕.

*34 S. Weil, *La science et nous*, trad. it. *Sulla scienza*, cit., p. 109〔中田光雄訳「科学とわれわれ」同前一三七―一三八頁〕.

*35 Ivi, p. 117〔同前一四七頁〕.

*36 Ivi, pp. 118–119〔同前一四八―一四九頁〕.

*37 とりわけ、「ウェルギリウスの死 (Tod des Vergil)」(trad. it. *La morte di Virgilio*〔川村二郎訳『ヘルマン・ブロッホ　世界文学全集7』集英社、一九六六年〕) が考えられる。われわれがここで議論しているテーマにとっては、『詩作と認識 (Dichten und Erkennen)』(trad. it. *Poesia e conoscenza*, Milano 1965) も重要である。

*38 S. Weil, *Sulla scienza* cit., pp. 120–121〔中田光雄訳「科学とわれわれ」同前一五一―一五二頁〕.

*39 人間と宇宙との関係について、『精神の生態学 (Steps to an Ecology of Mind)』(trad. it. *Verso un'ecologia della mente*, Milano 1976)〔佐藤良明訳、新思索社、二〇〇〇年〕で、G・ベイトソンは、このパースペクティヴにもとづき議論している。しかし、とりわけ、G. Bateson, *Mind and Nature*, New York 1980, pp. 227 et seqq.〔佐藤良明訳『精神と自然』新思索社、二〇〇六年〕を参照。

*40 S. T. Coleridge, *The Rime of the Ancient Mariner*, vll. 272–287 (trad. it. di B. Fenoglio, Torino 1964, p. 39).「その船の暗がりの向こうに　わしは海蛇の群を見た。……ああ幸せな生きものたちよ。どんな言葉も　その美しさを言いつくせはしない。愛の泉が心から溢れ出し　思わずわしは彼らを讃えた。情け深い守護聖者の思いやりな

のか、わしは思わず彼らを讃えた」〔上島健吉編「古老の舟乗り」『イギリス詩人選7 コウルリッジ詩集』岩波文庫、二〇〇二年、二三八―二四一頁〕。

＊41 M. Heidegger, *Der Ursprung des Kunstwerkes* (trad. it. *L'origine dell'opera d'arte*, in *Sentieri interrotti*, Firenze 1973, p. 40)〔関口浩訳『芸術作品の根源』平凡社、二〇〇二年、七七頁〕.

＊42 Ivi, pp. 47-48〔同前九一―九二頁〕.

＊43 近代世界との、そして、根こぎとの関係における固定観念というテーマは、とくに、S. Weil, *L'enracinement. Prélude a une déclaration des devoirs envers l'être humain*, Paris 1949 (trad. it. *La prima radice*, Milano 1978²)〔山崎庸一朗訳「根をもつこと」『シモーヌ・ヴェーユ著作集V』春秋社、一九六七年、二二一―三二六頁〕で論じられている。

＊44 S. Weil, *Cahiers*, II, Paris 1972, p. 79〔邦訳2巻一一五頁〕.

＊45 S. Weil, *Quaderni*, I, cit., p. 148〔邦訳1巻九二頁〕.

＊46 この点に関しては、K・レーヴィットが、*Sämtliche Schriften* 2, J. B. Metzlersche Verlagsbuchhandlung, 1983 (trad. it. *Saggi sulla storia*, Firenze 1971) において、似た立場をとっている。

＊47 社会のこのラディカルな批判は、現代文明においてはマージナルな位置をシモーヌ・ヴェーユと共有する、いく人かの著作家に共通している。とりわけ、H. Arendt, *The Human Condition* (trad. it. *Vita activa*, Milano 1964)〔志水速雄訳『人間の条件』ちくま学芸文庫、一九九四年〕とC. Michelstädter, *Persuasione e rettorica*, Milano 1982 をあげておこう。

＊48 S. Weil, *Quaderni*, I, cit., p. 133〔邦訳1巻三七―三八頁〕.

＊49 S. Weil, "L'Iliade poema della forza", *La Grecia e le intuizioni precristiane*, cit., p. 11〔前掲書三頁〕.

＊50 G. Simmel, *Fragmente und Aufsätze. Aus dem Nachlaß und Veröffentlichungen der letzten Jahre* (trad. it. *Diario postumo*, in *Saggi di estetica*, Padova 1970, p. 39)〔土肥美夫訳「断想 日記遺稿より」『ジンメル著作集11 断想』白水社、一九九四年、七二頁〕.

*51 E. Jünger, *Über die Linie*, in *Werke*, Bd. 5, Stuttgart 1960, pp. 247–289.

*52 M. Heidegger, *Zur Seinsfrage in Wegmarken*, Frankfurt a. M. 1967, p. 215〔辻村公一・ブフナー訳「有の問へ」『道標　ハイデッガー全集第9巻』創文社、一九九四年、四八六頁〕.

*53 Ivi, p. 220〔同前四九一頁〕.

*54 M. Heidegger, *Das Ende der Philosophie und die Aufgabe des Denkens*, in *Zur Sache des Denkens*, Max Niemeyer Verlag Tübingen 1969 (trad. it. *La fine della filosofia*, in *Tempo ed essere*, Napoli 1980)〔辻村公一・ブフナー訳「哲学の終末と思索の課題」『思索の事柄へ』筑摩書房、一九七三年、一三八頁〕.

*55 Ivi, p. 180〔同前、同頁〕.

*56 M. Weber, *Wissenschaft als Beruf* (trad. it. *Il lavoro intellettuale come professione*, cit., p. 76)〔尾高邦雄訳『職業としての学問』岩波文庫、一九八〇年、七二頁〕.

*57 この概念については、とりわけ、M. Heidegger, *Die Frage der Technik* (trad. it. *La questione della tecnica*, in *Saggi e discorsi*, Milano 1976, pp. 5 et seqq.)〔関口浩訳「技術への問い」『技術への問い』平凡社、二〇〇九年、三一頁以下〕.

*58 M. Heidegger, *Identitäit und Differenz* (trad. it. "Identità e differenza", *aut aut* 187–188, 1982, p. 13)〔大江精志郎訳『同一性と差異　ハイデッガー選集10』理想社、一九七五年、二五—二六頁〕.

*59 Ivi, p. 11〔同前二一—二二頁〕.

*60 この問題については、*Gelassenheit* (trad. it. M. Heidegger, *L'abbandono*, Genova 1983)〔辻村公一訳『放下　ハイデガー選集15』理想社、一九八二年〕のハイデガーの省察を参照。

「懐疑派」の衰朽

マウリツィオ・フェッラーリス

ニーチェ・フロイト・マルクスの三人組に「懐疑派」という呼び名を与えたのは、ポール・リクールの『解釈について』〔邦題『フロイトを読む　解釈学試論』〕というフロイト論であった。[*1] そこでリクールは、現代の文化に広く普及したある見解を要約しているのだが、その彼によれば、ニーチェ・フロイト・マルクスという、少なくとも元来は方法も意図も異なっていた思想家たちをつなぐ絆は、「仮面剝ぎ」という共通の態度、ラディカルな脱神話化の企図であるという。

「懐疑派」にとって、思考することは解釈することを意味する。だが解釈は「目の眩むような」過程を辿る。「懐疑派」にとっては伝統や通念やイデオロギーだけが欺き、神話化するのではない。「真理」の観念そのものが歴史的な地層形成と神話化の結果であり、修辞・感情・利害関係に由来するのだ。「固有なもの（proprio）」、つまり外観や副次的な派生物としてのメタファーではない真正な意味それ自体が、不明瞭で派生的なものとなり、解釈にさらされる。ニーチェが『哲学者の書』で述べたように、「真理とは、幻想であることが忘れられた幻想であり、使い古されて感性的な力を失ったメタファーであり、刻印を失ってもはや貨幣ではなく金属と見なされるようになった貨幣である」[*2]。広い意味での文化史に属する外的状況の影響もあって、「懐疑派」の思考はとりわけこの二〇年間広く受け入れられた（たとえば、フランスやイタリアにおける「ニーチェ・ルネッサンス」や、あらゆる領域への精神分析の普及などを想起されたい）。

だが他方では、「懐疑派」がいまや衰朽の兆候を示していることはまったく明らかだ。それはおそらく、彼らの成功を決定づけた「文化的」状況がもはや存在しないためだけではない。〔懐疑の解釈学の〕衰朽が明らかになればなるほど、他方で解釈学「一般」（とりわけガダマーの思想）はいまや、哲学的・言語学的伝統に関する、方法を超えた（extrametodica）省察としての「古典的」哲学を総合する地平となりつつあるのだ。

むしろ、以下のような予備的仮説を提起できるだろう。「懐疑派」と密接に結びついた仮面剝ぎの意図を括弧に入れ、自らを哲学的伝統の破壊や超克ではなく、むしろ伝統の記憶と保存として提示したからこそ、解釈学は言語学的・理論的コイネー〔共通語〕という統合的な役割を果たしたのだ、と。「懐疑派」の衰朽とガダマー的な意味での解釈学の隆盛をもたらした「文化史」的な原因がたとえ明らかになろうとも、より理論的な水準では、以下のような問いはいまだ解かれていない。われわれが部分的ながら答えようと試みるのもこうした問いである。すなわち、懐疑の解釈学に内在する限界とは何か。懐疑の解釈学はガダマー的解釈学といかなる関係をもつのか。現代の理論的状況において、ジャック・デリダのグラマトロジーのような解釈学と「懐疑派」の混成は、どの程度まで哲学的なアクチュアリティをもっているのか。

1　仮面剝ぎの限界

フーコーとデリダによる二つの分析が、懐疑の解釈学に内在する限界を明確にするために有益であろう。

まずフーコーは、一九六四年の文章において、[*3] ニーチェ、フロイト、マルクスの実践を脅かす二つの危険を見いだしている。ニヒリズムと教条主義である。ニヒリズムについては、フーコーによれば、「仮面剝ぎ」的解釈を深めることは一つの解釈から別の解釈への絶えざる移行を前提とするため(ある仮面の背後には別の仮面が隠れており、メタファーは無限に連続し、決して終着点に到達することはない)、実は解釈されるべきものなど何も存在せず、解釈学の全過程が自己自身のうちに溶解してしまうという結論に至りかねないのだ。

実際は、このニヒリズム的帰結は懐疑の解釈学だけでなく、解釈学一般を特徴づけている(ガダマーの考察が帯びるいかにもニヒリズム的な特色を想起されたい。ガダマーにとって、「強い」真理の観念は拡散する対話やシニフィエ(記号内容)の集合的交換の中に溶解してしまう。それらのシニフィエはいかなる安定した指示対象にも基づかず、決定的真理に到達することもない)。ただしフーコーによれば、解釈の対象のニヒリズム的な解体は、懐疑の解釈学において典型的なアポリアの様相を帯びる。それゆえガダマーの場合とは異なり、「目の眩むような」傾向をもつ〔懐疑の〕解釈学は病的な特徴を呈するのだ。懐疑の解釈学は、こうして「自己自身の上に自らを巻き込むある種の解釈学」に至る。フーコーによれば、「それはたえず自己言及する言語活動の領域へ、狂気と純粋な言語活動との間の境界領域へと入る」[*4]。

他方では教条主義が、諸解釈のニヒリズム的な自己言及の裏面を成している。ある意味ではそれは、ニヒリズム的な自己言及に対する反作用として成立している。『道徳の系譜学』でニーチェは、禁欲の理想の系譜を記述する際に、「いかなる意味でも、意味の欠如よりはよい」と述べている。様々な仮面に飽きた結果、解釈は、何でもよいからある一つの仮面のもとに留まるか、さもなくば前もって作り上げられた、あらゆるシニフィアン〔記号表現〕がそれぞれ一定のシニフィエに対応するような解釈の格子を利用するであろう。こうしてコード〔記号体系〕が作られ、解釈学は記号論へと姿を変える。

フーコーはさらに続ける。「実際、ある種の記号論に立てこもるある種の解釈学は、表徴=記号の絶対的な実在を信じています。そのような解釈学は、諸解釈のもつ暴力性や未完成であることや無限性を放棄して、指標=兆候（indice）のテロルを君臨させ、言語活動を疑惑の目で見ているのです[*5]」。

ここでふたたびわれわれは、あらゆる懐疑の解釈学が含意する両義性に直面する。それはつねに、解釈の過剰と不足の間で宙づりになっているのだ。仮面を剥ぎ取る理性への訴えかけに必ず潜むこの二重性は、アドルノとホルクハイマーが素描した啓蒙の弁証法によって表現することもできる。「ニーチェはヘーゲル以後に啓蒙の弁証法を認識した数少ない一人であった。彼は、支配に対する啓蒙の弁証法の矛盾した関係を次のように言い表している。われわれは、「啓蒙を民衆の間に行きわたらせて、司祭たちがみな良心に恥じつつその任にあたるようにすべきであり――国家に対しても同様である。啓蒙の果たすべき課題とは、王侯や政治家たちにとって彼らの振舞いのことごとくが意図された欺瞞である〔ことが意識される〕ように仕向けることである……」。他方で啓蒙は、古来より「偉大なる統治の達人たち」の用いる手段の一つであった[*6]」。

ニヒリズムと教条主義は互いに強めあう。仮面剝ぎは自己自身の上に自らを巻き込むか、さもなくばあらたな独断的神話（それはときに、「神話に対する神話的な恐怖」[*7]によって特徴づけられる）を基礎に据えることになるのだ。

そして、フーコーの分析が指摘しているのが懐疑の弁証法の（不可避にせよそうでないにせよ）帰結に示された限界であるとすれば、デリダは――とりわけ、「西洋の形而上学」の核心を成している「白い神話」[*8]の分析において――構成的な機能障害、すなわちここで述べているような仮面剝ぎの企図を本来的に特徴づける矛盾を見て取るのである。

右の段落で見たニーチェの一節について、デリダは「白い神話」のなかで注解している。さしあたりこの一節は、「形而上学の超克」の試みといった観を呈している。きわめて過激な解釈学によってニーチェは、「真理」の概念そのものに潜む形而上学的決まり文句の正体を暴いているように思われる。「真理」が単なるメタファーであることが暴かれるのだ。

だがデリダは反論する。この仮面剝ぎへの意志は、ほんとうに形而上学の歴史と深く密接に結びついていないのだろうか。一見したところニーチェは、臆見や利害関心による汚染を免れた真理の不変の基礎や客観的な真理という立場への信念、つまりは典型的な「白い神話」の正体を、啓蒙主義者風に暴いている。だが実際はこの仮面剝ぎは、脱神話化されようとするものと深い共犯関係にあり、それゆえ「古典的に」形而上学的である。

実際、デリダは以下のように続けている。メタファーの正体を暴き、見かけというヴェールを剝ぐ熱望こそが形而上学でないなら、それは一体何だというのか。ニーチェが言及する貨幣のメタファーよりも、光のメタファー——あらゆる懐疑の解釈学の、そしてあらゆる形而上学の一般的イメージとしての光——を問う必要があるのではなかろうか。そのメタファーは、仮面剝ぎの欲望がわれわれを形而上学から守ってくれるというよりも、実際は、ニーチェとハイデガーの伝統において形而上学の名で呼ばれるものの本質にほかならないことをよく示している。

デリダによれば、「〈形而上学の〉基盤となる〈光と闇の〉メタファー」は、「単に光と闇のメタファーとしてばかりでなく——たしかにこの観点からすれば、西欧哲学の全歴史は、歴史や光学がそう呼ばれるような意味で明暗についての学ではあるのだが——、そもそもメタファーであるという点で〈形而上学の〉基盤なのだ。メタファーとは一般に、ある存在者から別の存在者への移行、あるシニフィエから他のシニフィエへの移行、存在が初めから存在者に服していること（そして存在が存在者のもとでアナロジーによって移動すること）で成り立つ移行である。そのようなメタファーは、言説を形而上学の中にとどめ、どうしようもなく抑えつける根本的な重圧だ。これは宿命であって、それをある「歴史」における、嘆かわしくはあれつかの間の偶発事と考えるのは、また歴史において（in historia）思考が犯した誤りと見なすのは、いくぶん愚かしいだろう。それは歴史そのものとして（in historiam）、哲学における思考の堕罪であり、そこから歴史が始まるのだ[*9]」。

仮面剝ぎへの意志――見かけというヴェールを剝いで光を投げかけること、メタファーの背後に隠れている固有なものへ辿り着くこと――は、形而上学の終焉、ニーチェが言った「自由な精神の正午」ではない。それどころか、あらゆる形而上学の始まりにほかならない。形而上学が形而上学であるのは、「真理」そのものが古いメタファーにほかならないことを知らないからではない。むしろ、固有な発話がもつメタファー的性格に気づいたうえで、みずからの全「歴史」を通じて、メタファー的なものを固有のもの・十全なもの・一義的な概念へと還元しようと試みたからなのである。

このように、もはや啓蒙の弁証法よりも、存在の忘却としての「形而上学の歴史」に関するハイデガーの解釈に深く関わる観点から見れば、懐疑の現象学は形而上学の変遷を成し遂げるものであるように思われる。「暴露する」主体、メタファー的なもの（フロイトのいう意識であれ、イデオロギー批判の対象としての誤った意識であれ）の背後に潜む多重的な深層を多かれ少なかれニヒリズム的に認識する主体、それこそはまさしく、「解釈への意志」が有する力への意志を具現する形而上学的主体である。

2　解釈学の分類表。再構成と統合

以上で示された――それほど逆説的というわけでもない――結論に従うなら、懐疑の解釈学は、自らが仮面を剝ぎ取ろうとしている無邪気で断定的でイデオロギー的な信念にも劣らず、「強く」独断的で形而上学的な思想の典型例である。自己解体に至りかねない帰結（解釈のニヒリズムあるいは教条主義、記号論や構造への硬直化）だけがその理由ではない。むしろ重要なのは、それを力強く駆り立てる仮面剝ぎの企てである。

以上の考察をより明らかにすべく、ガダマーの『真理と方法』が提起した分類表にしたがい、この種の解釈学の様相の分類を試みよう[*10]。ガダマーは自身の解釈モデルの提示に先立ち、おもに美学や、伝統によって引き継がれた芸術作品の解釈に言及しつつ、彼が不十分だとみなす解釈学の二つの様相、つまりシュライエルマッハーによる再構成と、ヘーゲルの歴史哲学が提起した統合について分析している[*11]。過去の作品と解釈学的な関係をもつということは、シュライエルマッハーが提起したようにもともとの歴史的世界を再構成することではない。またヘーゲルのモデルのように、単にその作品を生み出した歴史の目的の中にその作品を組み入れ、思考を通じてその作品と現在の生とを媒介することでもない。

ガダマーの観点からすれば、解釈学的実践としての統合は、絶対精神ではなく本質的に言語的な伝統によって実現される別の媒介を、まさにその伝統によってわれわれに届けられた作品との間に樹立する必要がある。それゆえ解釈学的関係は伝統・伝達・翻訳として成り立つ。作品を生んだ歴史的・精神的世界は時間の経過とともに不可避的に失われてしまうが、その失われたものは、作品についての解釈の歴史（かなりの程度偶然的であり、方向づけられてもいなければ目的論的でもなく、決定的でもない）、すなわち「受容史」によって補完＝統合されるのだ。よって解釈は、解釈の対象としての作品そのものを構成する一部を成している。

したがって「作用史（Wirkungsgeschichte）」の概念には[*12]、作品はそもそも贋作として作られる、つまり解釈が行われる領域はすでにけがされているという想定がある。「仮面剝ぎ」は厳密には不可能なのだ。古いメタファーとしての真理というニーチェの例に戻れば、この観点からは以下のことが帰結するだろう。意味――メタファーの還元、メタファーの後ろに隠れているであろう「固有なもの」の暴露――は構造的に到達不可能である。解釈は、諸々の解釈やメタファーや意味の伝達の歴史的継起の仮面を徹底的に剝ぐというよりは、それらとの間に拡散的な関係を結ぶだろう。

より正確に言えば、懐疑の解釈学をガダマーによる分類の中に組み込むことで、以下の点に気づかされるだろう。歴史的・イデオロギー的・実定的な見かけというヴェールを剝ぐ意志――端的には、形而上学を乗り越えようという意志――は、シュライエルマッハーによる再構成の企図と明らかに類似している。再構成とは、作品の内的・外的な連関をたどり直すことによって、作品の構造のみならず、作品が作られた歴史的世界、すなわち起源を回復するという解釈学的企図だ。実際、懐疑派、とくにフロイトとニーチェに「反形而上学的」慎重さ（ある一定の理論的・道徳的観念を生むに至った結果や変遷に対する強い関心）が欠けているわけではないにもかかわらず、彼らの解釈学は根本的に再構成的な分析を志向しているのである。

フロイト主義の歴史的変遷や、フロイトのメタ心理学そのものが典型的に示したように、実のところ懐疑の解釈学は、自然・直接の原因・直接の刺激・行動の生物学的で超歴史的な起源との間に、直接的でまさしく「形而上学的」な関係を築こうとしているのだ。

したがって、ガダマーがシュライエルマッハーの「再構成的」解釈学に関して述べたことは「懐疑派」にも当てはまる。「結局のところ、解釈学の使命をそのように規定することは、過去の生を復旧し、昔どおりに暮そうとするあらゆる試みと比べても少なからず筋の通らないことである。本来の諸条件をいかに再構成してみても、われわれの存在の歴史性を考えるならば、それはあらゆる復古主義的な試みと同じく無力な企てを始めることである。疎遠な状態から取り戻され、再構成された生は、それが本来あったとおりのものではない。この生は、疎遠化の継続する状況のなかでのみ、第二の成長を経験するのである。……解釈学的作業も理解を本来のものの再構成として考える限り、これとまったく同じで、死滅した意味を伝えようとするにすぎない」[*13]。

目的は異なるものの、懐疑の解釈学もシュライエルマッハーに劣らず再構成の企図へと駆り立てられている。それに比して、ガダマーの提起する統合の企図はよりはっきりと「弱い」実践であり、明らかに、より非決定的で非形而上学的な実践であるように思われる。

ヘーゲルのいう統合と同じく、ガダマーの解釈学もたしかに、復元や決定的解釈やまったき透明さが不可能だという認識から出発している。ただしヘーゲル的（目的論的で、基礎と根拠を与えられた）歴史哲学に取って代わるガダマーの「作用史」概念は、解釈行為に込められた「仮面剝ぎ」の意志をよりいっそう弱めるのだ。解釈はもはや起源の完全な再構成・復元を意図しないし、歴史の「強拍（tempo forte）」を用いて諸々の解釈と変形の基礎を明らかにするわけでもない。それは、解釈の対象とわれわれ解釈者の意識（ならびに〔対象への〕われわれのアプローチ）を同時に変化させるような、多様な解釈の継起――究極的には偶然的な――を跡づけるのだ。

ここで解釈学は、決定的な透明性や議論の余地のない証拠に到達するものとして現れるのではなく、根本的な不透明さに深く浸されていることが明らかとなる。まず、ガダマーによれば「作用史」は、「われわれにとって何が問うに値する研究対象として現れるのかをあらかじめ決定している。そして、もしわれわれが直接向き合う歴史的現象を真実の全体だと捉えるなら、われわれはその半分を、いやむしろ、その歴史的現象の真実全体を忘れることになるのだ」[*14]。懐疑の解釈学が――少なくとも、再構成を企図するシュライエルマッハーの解釈学が――結局のところ歴史主義的幻想に陥り、そのため解釈の主体を条件付けている歴史的状況そのものを問わなかったとすれば、反対にガダマー的解釈学はまさしく、われわれを解釈者として規定する歴史的な諸決定についての意識から出発する。そのため解釈学的「統合」は、何よりもまず暫定的で不安定で一時的な実践である。「歴史的であるということは、けっして自己知に解消されえないということである」[*15]。

このような観点からみれば、懐疑の解釈学のもつ独断性を「弱める」必要性のすべては、ガダマーの企図によって実現されているのではないか、と問うことができるのだ。

3　統合から脱構築へ

懐疑の解釈学がもつきわめて独断的な志向を宙吊りにする不透明さに向かう点で、ガダマーの統合モデルは少なくとも、自らを直接批判にさらすような性質を呈する。ここで重要なのは、それを特徴づける連続性（現在と過去の間だけでなく、伝統の様々な時期の間の）のきわめて明瞭な優越である。連続への傾向は二通りに作用する。第一に、テクスト・文献・記念碑のような伝統の遺産に対する解釈者の到達可能性はほとんど疑われていない。第二に、伝統の遺産としてのテクストと現代の社会的対話の状況との間に生産的な対話を確立する可能性を、ガダマーはあまりに安易に主張しがちである。

二つの傾向は明らかに相関している。ハイデガーの表現を使うなら、ガダマーはあまりに明瞭に伝統を現前化しており、そこに作用する区切りや差異を拙速に消し去ってしまったといえるだろう。[*16] 書かれたテクストの解釈について『真理と方法』で提示された見解は、この点で大いに示唆的である。ガダマーは実際、次のように書いている。「書かれた形式で伝承されるすべてのものは、現在と同時代にある。そこでは過去と現在が独特な仕方で共存しており、現在の意識は書かれた伝統へと自由に接近しうる。というのも過去の諸観念を現在と混ぜ合わせる口頭の伝達にはもはや頼る必要はなく、文章の伝統に直接に訴えかけることで、理解を行う意識は自らの地平を拡大する真の可能性を獲得し、自らの世界に新しい次元を取り入れるのだ[*17]」。

エクリチュール〔文字言語〕がわれわれに伝える過去は、パロール〔話し言葉〕がもたらす現在との偽りの混交や媒介を免れた純粋な理念性として、現在との逆説的な同時性を獲得する。しかもそれは、強い透明性と書かれたテクスト固有の「明証性」によって、要するにコミュニケーションへの意志（ガダマーにとってはそこに疑いの余地はほとんどない）によって特徴づけられる同時性だ。「エクリチュールとしてわれわれのもとに到達したあらゆるもののうちには持続への意志が表われている。その意志こそ、われわれが文学と呼ぶ永続性の独特な形式を作り上げたのだ。文学が産み出すのは、諸々の記念碑と記号の総体だけではない。文学に属するものはむしろ、あらゆる現在との間に特有の同時代性を有するのだ。文学を理解することは、何よりもまず過去の存在へと遡ることではない。むしろ、言説の内容を現在において共有することである[*18]」。

このガダマーの考察の目的は、〔彼の解釈学とは〕反対に、過去としての過去・まったき姿における起源・テクストの著者の意図についての客観的真理を解釈によって再構成しようと求める、再構成の意志に対する反発にあった。ただその際ガダマーは、言語の抽象的な理念性という観点から、書かれたものを伝統の乗り物として定義しようとするのである。さらには以下のように述べられる。「書かれたものにおいて、言語は真の精神性を獲得する。なぜなら書かれた伝統に直面することで、理解する意識は完全に至高の位置に到達するからだ。彼はもはや、外的なものになんら依存しない。読む意識はこうして、潜在的に歴史の所有者となるのである」[*19]。

理解とはもはや過去の反復ではなく、現在の＝現前する意味の共有である。書かれたものの精神性に保障された根本的な連続性が、ばらばらに散らばった（遠くに過ぎ去ってしまい、おそらく完全には理解できない）諸契機を解釈において現前化し、つなぎ合わせる。このようなガダマーによる統合は、次の問いを呼び起こす。すなわち解釈学の主要な課題とは、われわれ解釈者と、われわれが属すると想定する伝統との間に仲介を打ち立てることよりも、むしろこの想定の正当性を疑問に付すことではないのか、という問いであり、したがってまた、伝統に属することは（ガダマーが述べるように）テクストへの「同時代的」接近を可能にするほどに確固たるものであろうか、という問いである。

要するに、懐疑の解釈学が解釈の「目の眩むような」アポリア的側面を強調する傾向があるとすれば、他方でガダマーの統合は過度に平和的な立場であり、解釈学の対象として理解された伝統の遺産との間の、ほとんど疑う余地のない関係として現れる（実際に、逆の方向から統合の問題を検討すれば、すなわちガダマーが――たとえばハーバーマスとの論争において[*20]――どのように二種類の異なる対話を対応させようとしているかを考えれば、この印象は裏づけられる。二つの対話とは、解釈者と伝統との対話と、社会的アクター間で生じる対話である。ここでもまた、伝統は現在ないし現在の対話へと同化される。あるいは逆に、現在がさしたる困難もなしに伝統の軌跡のうちに書きこまれる）。

このような現前化を考慮すれば、グラマトロジーという仮説を立てるべくデリダを促した動機をよりよく理解できるだろう。グラマトロジーはある伝統についての解釈学であるが、それは潜在的にわれわれと同時代的で、透明な読解ができるテクストの凝集した総体ではない。むしろ句切れや不連続についての、そしてわれわれに属することを止めたか、あるいはそもそもわれわれのものであったことのない伝統（traditio）の根本的な不透明性についての分析なのである。この観点にとって、解釈の対象、すなわち何よりもまずテクストは、「真の精神性」ではなく不透明な物質性の状態にあり、「記念碑」あるいは「記号」として、デリダの用語を用いるなら現前不可能な「痕跡」として現れる。解釈学的行為は懐疑派のように過去の再構成を目指すのではなく、ガダマーのモデルのように過去と現在とを統合するのでもなく、反対に、決して完全には知覚できない痕跡やテクストから成る伝統の脱構築を目的とする。

実際、脱構築の根本的な目的はまさに、われわれの解釈をその対象から分かつ差異や隔たりについて思考することである。解釈学の仕事とはこの意味で、答えのない問いである。それは何よりもまず存在論的実践として、理解の対象と理解することとの通約不可能性を告げるものとして行われるのだ。デリダのレヴィナス論によれば、「問いは護持されなければならない……。問いの解放（この属格は二重の意味をもつ）は言葉に表され、護られなければならない。それは問いのままである問いによって基礎づけられた持続であり、そのような問いによって実現された伝統である」[*21]。

ここでは伝統は、解釈学的対象としてのみ、解釈の主題の統一性としてのみ持続する。それはガダマーの場合のように、理解の確実な規準や、（弱められ不透明であるにせよ）解釈行為の「歴史的」正統化をもたらさない。再構成的あるいは統合的解釈学に対してデリダが提起した脱構築は、真正な理解への到達や、事物の核心ではなくとも、少なくとも哲学的キーワードの伝統・集積・目録としての言語の核心への到達という意図の徹底的解体として現れる。

グラマトロジーの目的は伝統の意味や解釈の正統性を明らかにすることではなく、逸脱や余白を導入することによって、すでに確立され実践されている解釈の諸モデルをほどき、解体し、引き離すことである。脱構築の批判的機能は、解釈学とは別の領域、すなわち分析哲学との論争において、ジョン・サールに対するデリダの返答が明らかにしている（彼はデリダを、言語行為（speech acts）論を誤解しているとして批判していた）。デリダが脱構築の正統性を主張しつつ述べるところによれば、「わずかなりとも一貫した言語行為の理論家であれば、少々の時間を割いて以下のようなタイプの問いの前で忍耐強く待つべきであっただろう。すなわち、*Sec* の根本的な問題は真であることだろうか。それとも、真らしく見えることだろうか。それとも、真なることを主張することだろうか[*22]」。

デリダはここで明らかに、「言語分析（linguistic analysis）」の伝統に流布している哲学概念についてのみならず、「懐疑派」やガダマー的解釈学が思考してきた解釈の目的や方法についても、ゲームのルールを変更したのである。

4　エクリチュールの一種としての哲学

いかなる点で「ゲームのルールの変更」なのか。まず、グラマトロジーの内的な仮定によって、〔解釈することと〉書かれたテクストとの間に、またエクリチュール一般の問題との間に新しい関係が持ち込まれる。サールとの論争が明らかにしている（ただしデリダのあらゆるテクストが暗に示している）ように、グラマトロジーは現実の「参照」という問題を、またエクリチュールやテクストの解釈がもつ「基礎づけ」機能を意図明示行為に置き換える可能性を、根本的に括弧に入れてしまう。グラマトロジーはエクリチュールの一典型である。それはグラマトロジーが用いる文体上の方策によるだけではなく、何よりもまず「指示対象」が、われわれを解釈者とする書かれた〈哲学的、「形而上学的」〉伝統だけだからである。つまりデリダは、古典的解釈学の原理である〈書かれた〉言葉のみ（*sola scriptura*）の原理を誇大化し逸脱して用いている。だがまさにこの強調によって、解釈学が暗黙裡に推し進めていた傾向が浮き彫りにされるのだ。

「エクリチュールの一種」としてのグラマトロジーという主張は、最近一冊にまとめられたリチャード・ローティの論考の中心をなしている。[*23] ローティによれば、哲学的伝統のテクスト全体を唯一の指示対象として引き受ける点で、デリダはヘーゲルとともに始まった近代思想の「系譜（lignée）」の最後の追随者となるだろう。それに対して水平的「直線（linea）」はカントに起源をもち、思考とはできるだけ適切な仕方で対象や実在的・自然的世界の構造と関係を結ぶことだとされる。「直線」の伝統にとってエクリチュールとは、デリダがルソーから引き出した表現を用いるなら「代補」にすぎない。そこでは言語活動は、精神と自然の最高度の一致としての純粋な明晰さに向けて、徐々に消え去ることを目指す。そしてデリダがヘーゲル的「系譜」の追随者であるとすれば、ローティにとってカント的な「直線」の現在の追随者は明らかに、アングロ・サクソンの言語哲学者たちである。

ただしローティが続けるように、「ヘーゲル主義者」と「カント主義者」との関係は単に互いを排除し、理解もしないというものではない（実際はそう思われているのだが）[24]。むしろ両者の関係は、認識論的議論が「危機的＝批判的科学」と通常科学との間に置いた区別に、端的に言えば逸脱と正常の差異に似ている。それゆえ、グラマトロジーの寄生状態――ローティは言語分析 *linguistic analysis* との比較で〔グラマトロジーを〕そう呼んだが、この表現は前節の結論に従うなら、ガダマーの解釈学にも適用できるだろう――は単なる「疎外」や途切れた小道としてではなく、一種の実験的な領域、すなわち批判的＝危機的でもあり創造的でもある領域として現れる。ローティは以下のように述べる。「カント主義者と非カント主義者との間の相違は……ものごとをありのままに考える（そして見る）ことを望む者と、……それに対して現在のボキャブラリーを変形することを望む者との相違として考えられる[25]」。

以上の考察に照らして、ガダマー的解釈学と「懐疑派」に対するグラマトロジーの位置づけという問題を再び取り上げてみよう。つまるところ、デリダの仕事の独自な点は以下の三つに要約できるだろう。

第一に、グラマトロジーのもっとも直接的な効果は、すでに見たとおりガダマー的な「連続性」に対する批判である。ある意味でデリダは、「統合」の解釈学に対して、懐疑派による「仮面剝ぎ」の切望を思わせる何かを主張している。たしかにグラマトロジーのような分析はすべて、ある批判的次元においてのみ意味をもちうる。〔ただし〕そのような次元は、グラマトロジーの「建築術」やそれを組織する理論的「体系」そのものの内には存在しないように思われる。書かれた痕跡やシニフィエなきシニフィアン等々に関する学としてのグラマトロジーそのものについて語ること、あるいは――伝統からの逸脱、あるいははっきりと述べられていない伝統の残余としての――差異の理論をそれ自体として提示することにはあまり意味がない（デリダ自身、差異の言い表しがたい本性を強調する際、この点に意識的である）。ガダマー的解釈学の「連続性」との関連でそれよりもはるかに意義深いのはむしろ、均質で翻訳可能なものとして「読んで」しまいがちな伝統に対して適用される、グラマトロジーの脱構築的で批判的な効果である。

だが第二に、この批判的様相は、仮面剝ぎという懐疑派の意図の単なる再現ではない。そうではなく、用語法の発明が仮面剝ぎに取って代わるのだ。その発明はとりわけシニフィアンについての仕事であり、シニフィエについてではない。つまり伝統やそこに属する特定の概念の脱構築を通じて、真正で根本的な意味、本質的な「固有のもの」に到達する可能性は排除される。哲学をエクリチュールの一種へと変形することは結局のところ、文体や用語法上の方策を通じて、また特定の意味論的領域の歪曲や濫用によって、哲学の伝統をたんに可能的ないし蓋然的なものにしてしまい、解釈学的な偶発事を新たに誘発することである。懐疑派に固有の目的である「形而上学」の乗り越えという問題は、デリダによってまさに「批判的＝危機的科学」と「通常科学」の論争のなかに書き写される。たとえば『エクリチュールと差異』のある論考では次のように言われる。「ニーチェやフロイトやハイデガーが仕事を行ったのは……形而上学から受け継いだ諸概念のなかにおいてなのである。ところでそれらの概念は、分子や原子などというものではなく、ある構文とある体系のなかに捉えられているが故に、ある決まったものを何か一つ借用しただけで、全形而上学を出現させてしまう。まさにそのために、これらの破壊者たちは、そこで互いに相手を破壊し合うことになる。たとえばハイデガーは、悪意と黙殺の態度を示すと同時に明晰と幻滅の態度を示しながら、ニーチェを最後の形而上学者、最後の「プラトン派」とみなすことになるのである。ハイデガー自身についても、またフロイトやほかの何人かについても同じような操作を試みることができるだろう。今日これほど広まっている操作もほかにないのである」[*26]。

仮面剝ぎが相次いで行なわれたのは、伝承された言語活動が問題視されずに受け容れられていたためである。それに対して、「エクリチュールの一種として――したがってまた、発明として――の哲学」は、デリダによれば哲学的伝統との間に「ダブル・バインド」の関係を結ぶことを意味する。つまり一方では、徹底的な仮面剝ぎによる「形而上学」の乗り越えの望みは断たれるが、他方では、戯れや用語の変形を伝統に導入することで、仮面剝ぎがむしろ再生産してしまいがちな伝統の独断性を宙吊りにすることが可能になるのだ。

最後に、グラマトロジーの「寄生的」機能がもたらす第三の帰結が残っている。デリダが脱構築と伝統との間に結んだ「ダブル・バインド」の関係は、つまるところ民族学者のものである[*27]。その関係は二重の自覚にもとづいている。第一に、必ずしもわれわれに属しているわけではない伝統をわれわれから分かつ、根源的な断絶についての自覚である。第二に、われわれが偶然用いている言語の不可避性とその決定的な重要性、すなわち「自民族中心主義」の不可避性についての自覚である。解釈の問題を「民族学的」視点から考察することは、この場合、哲学的伝統と現在のわれわれとの断絶という問題に積極的で認識可能な地位を与えることを意味するだろう――しかもこの断絶に、「懐疑派」に固有のまさしく「形而上学的」な誇張を付すことなく、他方ではガダマーのように、現在のわれわれと過去の哲学との根本的な連続性を自明視することもなく。

*1 Cf. *De l'interprétation. Essai sur Freud*, Ed. du Seuil, Paris 1965; tr. it. di Emilio Renzi: *Della interpretazione. Saggio su Freud*, Il saggiatore, Milano 1966, in particolare pp. 46 et seqq. della tr. it. (*L'interpretazione come esercizio del sospetto*)〔久米博訳『フロイトを読む：解釈学試論』新曜社、一九八二年、三七頁以降〕

*2 コッリ（Colli）とモンティナーリ（Montinari）の編による『著作集』にはまだ収められていないが、『哲学者の書』は単著として翻訳されている。この引用については以下を参照。*Il libro del filsofo*, Savelli, Roma 1978, p. 76〔渡辺二郎訳『哲学者の書　ニーチェ全集第3巻』理想社、一九六五年、三〇二頁〕.

*3 "Nietzsche, Freud, Marx", *Cahiers de Royaumont*, 6, Ed. de Minuit, Paris 1967（一九六四年ロワヨーモンで開催されたニーチェに関する国際会議の記録）, pp. 182–192〔大西雅一郎訳「ニーチェ・フロイト・マルクス」『思考集成II　文学／言語／エピステモロジー』筑摩書房、一九九九年、四〇二―四二二頁〕.

*4 "Nietzsche, Freud, Marx", cit., p. 192〔邦訳四一五頁〕.

*5 *Ibid.*〔同前〕

*6 Max Horkheimer, Theodor W. Adorno, *Dialektik der Aufklärung*, Querido Verlag, Amsterdam 1947, tr. it. di Lionello Vinci: *Dialettica dell'illuminismo*, Einaudi, Torino 1974^{4}, p. 53〔徳永恂訳『啓蒙の弁証法：哲学的断想』岩波文庫、二〇〇七年、一〇四頁〕. 強調は引用者による。

*7 *Ibid.*, p. 37〔邦訳六六頁〕.

*8 "La Mythologie blanche", *Poétique* 5, (1971), in Jacques Derrida, *Marges de la philosophie*, Ed. de Minuit, Paris 1972, pp. 247–324〔藤本一勇訳『哲学の余白』法政大学出版局、二〇〇八年、下巻八三―一七一頁〕. とりわけ最終節の「形而上学――メタファーの止揚」を参照。

*9 "Force et signification", *Critique* (193–194) (juin-juillet 1963), in *L'écriture et la différence*, Ed. du Seuil, Paris 1967; tr. it. di Gianni Pozzi: *La scrittura e la differenza*, Einaudi, Torino 1971, p. 34〔若桑毅ほか訳『エクリチュールと差異』法政大学出版局、一九七七年、上巻五〇―五一頁〕.

*10 Hans Georg Gadamer, *Wahrheit und Methode*, Mohr, Tübingen, 1972^{3}; tr. it. di Gianni Vattimo: *Verità e metodo*,

＊11 Bompiani, Milano 1983^{3}〔轡田収ほか訳『真理と方法：哲学的解釈学の要綱』法政大学出版局、一九八六年―〕. とりわけ、「解釈学の課題としての再構成と統合」と題された項を参照。*Verità e metodo*, pp. 202-207〔邦訳二四一―二四八頁〕.

＊12 とりわけ、「作用史の原理」の項を参照。*Verità e metodo*, pp. 350-363〔邦訳四七〇―四八〇頁〕.

＊13 *Op. cit.*, p. 205〔邦訳二四五頁〕.

＊14 *Op. cit.*, p. 351〔邦訳四七一頁〕.

＊15 *Op. cit.*, p. 352〔邦訳四七三頁〕.

＊16 ガダマーによる芸術作品の解釈ならびに彼の解釈学一般における連続性のモデルの優越については、以下を参照。Gianni Vattimo, "Estetica ed ermeneutica", *Rivista di Estetica*, n.s., 1 (1979), pp. 3-15.

＊17 *Verità e metodo*, tr. it. cit., p. 448.

＊18 *Ibid.*, p. 450. 強調は引用者による。

＊19 *Ibid.*, p. 449.

＊20 たとえば、以下に見られるガダマーのハーバーマスへの応答を参照。"Rhetorik, Hermeneutik und Ideologiekritik", *Kleine Schriften*, vol. I, Mohr, Tübingen ; tr. it. parziale di Autori Vari, Marietti, Torino 1973, pp. 55 et seqq.〔斉藤博ほか訳『哲学・芸術・言語：真理と方法のための小論集』未來社、一九七七年、九〇―一一六頁〕

＊21 Jacques Derrida, "Violence et métaphysique. Essai sur la pensée d'Emmanuel Lévinas", *Revue de métaphysique et de Morale* 3 et 4 (1964), in *L'écriture et la différence*, tr. it. cit., p. 100〔『エクリチュールと差異』上一五五頁〕.

＊22 "Limited Inc. abc ...", *Glyph* 2 (1977), p. 15〔高橋哲哉ほか訳『有限責任会社』法政大学出版局、二〇〇二年、九六頁〕.

＊23 Richard Rorty, "Philosophy as a Kind of Writing. An Essay on Derrida", in Id., *Consequences of Pragmatism* (*Essays: 1972-1980*), University of Minnesota Press, Minneapolis 1982〔室井尚ほか訳『哲学の脱構築：プラグマティズムの帰結』御茶の水書房、一九八五年〕.

＊24 たとえばサールは、デリダとオースティンの論争を二つの伝統の対比として考える可能性を否定し、問題は言語行為論に対するデリダの単なる誤解にあると主張する。以下を参照。John Searle, "Reiterating the Differences (reply to Derrida)", *Glyph* 1, 1977, pp. 198-208〔土屋俊訳「差異ふたたび：デリダへの反論」『現代思想：総特集―デリダ』一六巻六号、一九八八年、七二―八三頁〕.

＊25 *Consequences of Pragmatism*, p. 107〔邦訳二五七頁〕.

＊26 "La structure, le signe et le jeu dans le discours des sciences humaines", (1966), *L'écriture et la différence*, tr. it. cit., p. 363〔邦訳下巻二一七頁〕.

＊27 グラマトロジーの企図はまさに、エクリチュールなき社会という問題に関するレヴィ＝ストロースの「自民族中心主義」をめぐる議論から生れている。以下を参照。Jacques Derrida, *De la grammatologie*, Ed. de Minuit, Paris 1967, pp. 149 et seqq.〔足立和浩訳『根源の彼方に：グラマトロジーについて』現代思潮社、一九七二―一九七六年、二〇八頁以降〕

ハイデガーにおける lucus a (non) lucendo としての開かれ＝空き地

レオナルド・アモローゾ

わたしは目を転じ、
言いがたく、神秘に満ちた、
聖なる夜を見下ろす。

ノヴァーリス*1

1　光の形而上学と開かれ＝空き地

光のメタファーは、西洋の形而上学全体をライトモチーフとして貫いている。例としては、次のものを想起すれば十分だろう。プラトンの洞窟の神話やイデアの世界の太陽としてのアガトン〔善〕、アリストテレスが光のイメージで思考したヌース〔理性〕、アウグスティヌスや中世哲学における神の光、闇の王国に対する光の王国の闘いとその勝利としてのヘーゲル弁証法、最後に、ニーチェにおける太陽のメタファーである。

光のメタファーはいまやステレオタイプとなり、日常語となって久しいが、これによって何が思考されているのだろうか。真理、存在、神である。真理はわれわれに物事をあるがままに見せてくれる明るさとされる。あらゆる事物の基盤・本質である存在は、見ることを可能にするだけでなく、何よりもまず地上の生そのものを可能にする光に似ている。あらゆる存在者のなかでもっとも「物的」でないものとしての光は、至高の存在者として考えられた存在につねにもっともふさわしいイメージである。そして至高の存在者としての存在とは神であり、それに接近する方法も、光としての神の顕現の教義である神学にせよ、「神の光があふれ出る」経験としての神秘主義にせよ、ひとしく形而上学的となるのだ。

光の形而上学は、真理・存在・神を何よりもまず明るい光であり、すでに現前していていつでも手に入る明るさとして考える。現在の存在論や、マルティン・ハイデガーの言語や思想には、[*2] ある面では光の形而上学に回帰しているものの、他面ではその暗黙の前提を問いに付し、その相貌を変えるような、一つの言葉が見いだされる。これからわれわれが導きの語（Leitwort）として追究するこの根本語（Grundwort）が、開かれ＝空き地（Lichtung）である。[*3]

リヒトゥングはドイツ語では「森林の中の草地（Waldblöße）」と同義である。**ein Holz lichten** とは森を間引くこと、つまり木を倒して開かれ＝空き地を開くことを意味する。意味論的・語源学的にはともかく、少なくとも形態論的には、開かれ＝空き地（Lichtung）と光（Licht）には、日常的にはあまり感じられないにせよ明らかに親近性がある。開かれ＝空き地と光にはいかなる関係があるのか。おそらく、**ein Holz lichten** は本質的には森に光をもたらすこと、光がそこを照らすようにすることを意味するのではないか。したがって、光へ開いている場としての開かれ＝空き地は、単に光にあふれる場を意味するのではなく、まさに間引きによって光へ開かれた場だろう。よって開かれ＝空き地の本質的な特性は明るさだけではなく、それと相補う、間引きの前の暗やみであろう。明るさと暗さのこの対立的な結びつきは、次の事実からも示される。つまり、森林の中の草地としての開かれ＝空き地は境界に囲まれたものとして、また、それよりも生い茂って暗い森によって隠されたものとして規定されるという事実である。

この点については言語学がいくつか示唆を与えてくれるだろう。開かれ＝空き地と光のあいだに語源的連関はあるだろうか。ドイツ語以外の言語で、「森林の中の草地」の概念と「光」の概念を表現する言葉の間に語源的連関、少なくとも形態論的な親近性はあるだろうか。もしあるとすれば、暗やみとの関係も含意されているのだろうか。「森林の中の草地」・「光」・「暗やみ」という三つの概念の間にありうると推測される関係は、たとえば言語についての考察ではっきりと主題化されたことがこれまでにあったのだろうか。

ドイツ語の **Lichtung** はかなり新しい単語だが、きわめて重要で文化的にも実り豊かな家族史ともいうべきものを有している。[*4] この単語は実際、高地ドイツ語で「(聖なる) 森」を意味する **loh** ——今日でも **Waterloo** や **Oslo** のような地名の形態学的要素として残っている——に関係している。中期の高地ドイツ語では、たとえば神秘主義者の用語で、**liehten**（古期高地ドイツ語では **liohtan** あるいは **liuhtan**）という動詞の使用が確認されている。「照明＝啓示」を意味する名詞 **in-liuhtunge** はその派生語である。[*5] しかし **liehten** は中期高地ドイツ語の終わりごろには消滅し、**leuchten** がより多く使われるようになる。現在の **lichten** は十八世紀の造語であり、名詞 **Licht**（「光」）と形容詞 **licht**（「明るい」）から作られている。そして **licht** と **lichten** から、十九世紀に名詞 **Lichtung** が派生した。この名詞は、「錨を上げる」・「出港する」を意味する **lichten**（「軽い」という意味の **leicht** や、「軽くする」という意味の erleichtern と関連している）の派生名詞として海上で用いられた表現 Lichtung と同義である。ここにはまた、フランス語で「森や林の中の空き地ないし草地」を意味する clarière（現在では clairière）からの借用も関わっている。この clarière は明らかにラテン語の clarus〔明るい、明瞭な〕から派生した単語であり、それゆえここでも、森の中の草地は明るさとの関連で考えられているのである。[*6] 最後に、英語の clearing を挙げることができるだろう。この語はドイツ語の Lichtung と、「森の中の草地」の意味にせよ、「間引く、片づける、明るくするなどの行為」の意味にせよ、同義である。

2 Lucus a (non) lucendo [*7]

つぎに古典語を検討すると、Lichtung と驚くほど類似した語が見つかる。ラテン語の lucus である。[*8] 実際にこの語も Lichtung と同様、まさしく造林に関する表現であり、しかも明らかに、光（lux, lucere）の意味場に属する様々な表現と形態論的な関係がある。ただし lucus はふつう「（聖なる）小森」と訳されるから、森の中の草地というより小さな森であろう。だがここでは以下の点に注意する必要がある。『ラテン語集成』によれば、lucus は「vox prisca quae tamquam theod. Lichtung locum liberum arboribus saeptum significasse videtur〔古い語で、ちょうどドイツ語の Lichtung のように木に囲まれた空き地を意味するものであったと見られる〕」とされる。ドイツ語の Lichtung と同様に、おそらく lucus は、木に囲まれた空き地を意味する古い単語だったのだ。[*9] lucus の元々の意味はリヴィウスによる次の一節が示している。「Lucus ibi frequenti silva et proceris abietis arboribus saeptus laeta in medio pascua habuit〔そこには茂った森と高いモミの木に囲まれた**lucus**があり、その中央には青々と茂る牧草地があった〕」(24, 3, 4)。ここでは、高い木が生い茂った森に囲まれた**lucus**が語られている。**silva**〔森〕に**saeptus**〔囲まれた〕**lucus**は、**silva**とのきわめて複雑な関係のうちにある。**silva**は**lucus**を囲み、隠し、含み、保護する。[*10]なお**silva**は、**frequens**〔茂った、密な〕という形容詞を付けて用いられるのが一般的である。セルヴィウスがヴェルギリウスの注解において**silva**と**lucus**（さらには**nemus**）を区別して述べたところによれば、この形容詞はまさに**silva**の本質を表現している。「**Interest autem inter nemus et silvam et lucum; lucus enim est arborum multitudo cum religione, nemus vero composita multitudo arborum, silva diffusa et inculta**〔nemus, silva, lucusは互いに異なる。lucusは神聖な多くの木々のことであるが、nemusは整然と並んだ多くの木々を、silvaは雑然とした未墾の多くの木々を意味する〕」(Ad Aen., I 310)。**silva**は、何よりもまず密集し、錯綜し、未墾であるという点で**lucus**や**nemus**と区別される。だが**lucus**は完全に不毛の地ではない。そこには木や葦があるのだ。しかし**lucus**の密度は絶対的な概念ではなく、もっとも密集した状態である**silva**との関連で考えられている。つまり**lucus**は、**silva**との相対的密度によって規定されるのだ。おそらく、**lucus**と光や明るさの関係も、**lucus**が完全に開かれて日当たりのよい空き地ではなく、またまったくの暗やみに包まれた森林でもないという意味で、相対的である。

lucusと光ならびに暗やみとの関係は、ラテン語学者による語源学において、やがて諺となった次の問いとともに長らく論じられてきた。[*11] **lucus a lucendo aut a non lucendo ?**〔lucusの語源は明るいことであろうか、それとも明るくないことであろうか。〕伝統的な語源論は、**lucus**が**lucere**から反語として派生したと考える。**lucus**はほとんど、あるいはまったく光を持たないからである。この語源論を初めて主張したのはウァッロの『ラテン語文法』である（紀元一世紀半ば）。「Lucus eo dictus putatur, quod minime luceat〔lucus は、決して明るくないということに由来すると考えられている〕」(240, 5)。のちのラテン語学者はこの理由づけを、ほぼつねに同じ言葉（「quod minime luceat」あるいは「quod non luceat」）をもちいつつ、反語による語源の教科書的な例として繰り返した。[*12] だがすでにクインティリアヌス（I 6, 34）が、lucus について、反語による語源の正当性を疑問視していた。こうして古典語の文法学者に、lucus は光の不在ではなく、むしろ光の現前のゆえにこそ lucere から派生したのだという仮説の道が開かれる。この可能性を示したのはセルヴィウスである（ただし彼自身はそれを他人の説であり、自分は支持していないと述べている）。はるか後にはイシドルスが、伝統的な語源論に対立するものの、それと同じくらいもっともな説として提示した。[*13] 右の論者はいずれも、lucus の明るさをその宗教的特性と関係づけている。ただし正確には、その明るさは啓示をもたらす神の光ではなく、文化の松明の光である。「林間の空き地」という lucus の元来の意味や、その密度と暗さが silva との関係で考えられている可能性を考慮すれば、lucus の光は森の中で道が広くなっている場所に注ぐ、柔らかな光だと推測しうるだろう。

だがわれわれの主題にとって重要なのは、ローマの文法学者による語源学的考察が、lucus と光ならびに暗やみの二重の関係を主題に据えているということだ。まさに言語的水準（具体的には修辞の領域）において、この二重の関係が意識されていた証拠をさらにいくつか挙げることができる。最初の例は撞着語法である。lucus の語をとくに宗教的意味でよく用いたヴェルギリウスは、こう書いている。「Nulli est certa domus, lucis habitamus opacis〔誰にも確たる家はない。われわれは lucus に住む〕」(Aen.6, 673)。このような撞着語法（ただし lucus は lux そのものではないから、厳密には矛盾しないのだが）に加えて、

lucus と光ならびに暗やみの錯綜した関係を示唆する語源に因んだ文彩（*figura etimologica*）の例が見いだせる。カトーは、式文を伴う供犠の後でなければ、lucus を「（完全に）開く（conlucare）」ことは許されない、と語っている（R. rust., 139）。この禁止の歴史的・宗教的意味は考慮に入れないとして、ここで興味深いのは lucum conlucare という表現である。これはある特殊なタイプの語源に因んだ文彩である。というのも、lucum conlucare は lucus を本質的に lucus たらしめることを何ら意味せず、むしろまったく反対に、その本質の破壊を意味するのだ。lucus conlucatus〔完全に開かれた lucus〕はもはや開かれ＝空き地（Lichtung）ではない。それは、光と暗やみの関係、lucus の存在に必要な両者の均衡が修復不可能なまでに失われている点で、不毛の平野なのだ。

3　リヒトゥング、現存在と存在、無と差異

ハイデガーがラテン語の lucus とその伝統的な語源論について指摘した一節がある。「われわれはある特異なタイプのヒューマニズムを考えている。この語は最終的に、一種の「不合理な説明〔lucus a non lucendo〕」となる」（PW 94＝九三）。一見すると、彼がこう述べたのはまったくの偶然であるように思われる。というのもハイデガーは人間中心主義的で主観主義的な形而上学の表われとしてのヒューマニズムへの異議を明言しており、彼の立場を「ヒューマニズム」的と規定するには、ヒューマニズムの慣例的意味を完全に覆す必要があるからだ。lucus が伝統的な語源論によれば lucere の反語として派生したように、彼のヒューマニズムは反語である、というわけだ。ただし考慮しなければならないのは、

ハイデガーの立場が単純な「反ヒューマニズム」(それは形而上学の乗り越えではなく単なる転覆であり、したがって形而上学内部での対立である) ではないという事実である。しかも lucus のもともとの意味は、ハイデガーの思想の唯一ではないにせよキータームの一つである、ドイツ語の Lichtung に完全に対応している。この二つの与件を考慮すれば、ハイデガーが lucus a non lucendo という表現をたまたま挙げたわけではないと推定できる。それはむしろ、ハイデガーの「特異なタイプのヒューマニズム」と深く関連しているように思われる。このヒューマニズム (もしこの言葉を使いたければ) は人間にはあまり関係がないし、とりわけ「存在者の主人 [Herr]」(PW 90＝八四) (単に現前していて、つねに手に入れられる明るさとしての光の主人) である人間にはなんら関係がない。むしろそれは、歴史的な脱-自 (geschichtliche Ex-sistenz) という人間の本質に関わっている。さて、このような意味での人間の本質とは、存在の開かれ＝空き地に住むことである。人間は光の主人ではなく、その本質は、開かれ＝空き地の明るさに関わっている。しかも lucus a non lucendo という表現が示唆するのは、存在の開かれ＝空き地はすでに与えられた単なる明るさではなく、(ラテン語の lucus がそうであったように) 暗やみとの間に本質的で厄介な関係をもっているという事実である。したがって、ここで重要なのは人間の脱-自と開かれ＝空き地の関係を考察し、また lucus a non lucendo としての開かれ＝空き地そのものの厄介な本質を検討することである。この二つの視点はもちろん関連しあっている。

現存在が開示されていること (Erschlossenheit) は、ハイデガーの『存在と時間』においてすでに、開き明けられていること (Gelichtetheit) とか開かれ＝空き地と呼ばれていた。現存在は、「世界内存在としては、それ自身において開き明けられている。しかも、他の存在者によってではなく、それ自身が開かれ＝空き地を存在する〔ist〕ことによって、そうなのだ」（SZ 133＝上二八九）。「現‐存在の名を負う存在者は、〈開き明けられて〉いる。このように現存在が開き明けられていることを構成する光は、この存在者がときおり放つ明るさの力や光源として客体的に存在しているものではない」（SZ 350＝下二六一、また SZ 147＝上三一八―三一九、SZ 170＝上三六三）。したがって現存在は、他の存在者によってではなく、自らの存在のなかで「開き明けられている」のだ。現存在は存在論的な存在者である。つまり現存在は、自身の存在や、自らとは異なる存在者の存在との出会いへ開かれている。というのも、自らの存在のうちにある現存在にとっては、まさにこの存在そのものが問題であるからだ。存在との関係は現存在の本質であり、それによって、現存在が存在の問題を自らに提起すること――前存在論的にであれ、はっきりと存在論的にであれ――も可能となる。現存在が開き明けられていること、つまり現存在の開示は、実存者としての人間の「存在論的視野」である。それは時間性として脱‐自的に展開する（参照、SZ 408＝上三七〇―三七二）。

さて、現存在の「開き明けられた（gelichtet）」開示には、「開き明ける（lichtend）」ものとしての存在の歴史、すなわち運命（Schickung）や共同運命（Geschick）を意味する歴史（Geschichte）が対応する。[*14] 開かれ＝空き地は存在の開かれ＝空き地であると同時に、存在との関係としての現存在はまさしく存在の到来の場であるから、それは現存在の開かれ＝空き地でもある。現存在の「現（Da）」とは存在の開かれ＝空き地である（参照、PW 69–72＝四四―五〇）。開かれ＝空き地は人間が通常住む場所ではないし、[*15] 開かれ＝空き地に生起する、現存在との関係（Bezug）としての存在の抜け去り（Entzug）は、存在それ自身にとって非本質的なものではない。[*16] 開かれ＝空き地はむしろ、存在と現存在が互いに帰属しあう場所である。エポケーとしての存在の歴史性と現存在の脱自的開示は、単に対応しているだけでなく、「同一（das Selbe）」なのだ。

ただし、人間の本質は世界内存在としての実存であり、人間は何よりもまず存在者との「実存的」関係のうちにある。ここで人間と存在の関係は、いかなる役割を担うのだろうか。「存在者を超えて、ただし存在者から離れず、むしろ存在者の方から、さらに別のものが生起する。全体としての存在者の只中に、ある一つの開かれた場が本質存在する［west］。ある一つの開かれ＝空き地が存在するのだ。この開かれ＝空き地は、存在者の側から考えれば、存在者よりも存在している。したがって、この開かれた中心は存在者に囲まれているのではない。逆に、この開き明ける中心それ自身が、われわれがほとんど知らない無のように、あらゆる存在者を取り囲んでいるのだ」（H 41＝五三）。開かれ＝空き地は、無と同じようにあらゆる存在者と異なっており、存在と同様にあらゆる存在者以上に「存在している」。開かれ＝空き地は運命（Schickung）の、すなわち存在からの送り届けの場であるのみならず、無（Nicht）による無化（Nichtung）の場でもある（参照、PW 112-4＝一三一―一三五）。この二つはハイデガーによれば、「同一」である。無化は実際、殲滅（Vernichtung）でもなければ否定（Verneinung）でもなく、むしろ、奇妙な仕方で存在者を差し示すと同時に、それを宙づりにすることである（参照、WM 34＝五二）。開かれ＝空き地の無化は、存在者の戯れの領域を開く。だがもし思考が無を忘却すれば、存在者は必然的に対象へと硬直し、そうして彼らの存在は恒常的な現前、明白で疑いようのないものとして考えられてしまう。無による無化を通じてのみ、存在者の「高み」としての存在に近づく道が開かれるのだ。「不安の無の明るい夜においてはじめて、[*17] 存在者そのものの根源的な開かれ［Offenheit］が到来する。それは存在者であり、無ではない」(WM 34 = 五二―五三)。無は、存在者の無としては、対象化のできない地平であり、開かれ＝空き地の暗やみであり、そこでしか存在者は現れることはないのだ。

だが、存在者の舞台としての開かれ＝空き地について考える場合、次のことも忘れてはならない。存在者の本質が有する根源的な「否定性」は、たとえそれだけが存在者の現われを可能にするとしても、同時に全面的な顕示(Aufklärung)の可能性も排除する。「存在者のただ中の開かれた場、つまり開かれ＝空き地は、つねに幕が上がっていてそこで存在者の演劇が上演されるような不動の舞台ではけっしてない」(H 42 = 五四)。

眼差しによって存在者を把握する可能性(あくまで可能性にすぎない)は、眼差しによって開かれ＝空き地を見通すことの不可能性に基づいている。存在者の可視性の地平としての開かれ＝空き地それ自身は、光に照らされる存在者ではない。この意味で、開かれ＝空き地は隠れたままであり続ける(たとえば以下を参照。VA 233, SD 78–79 = 一三五―一三八)。この事態はさしあたり次のようなイメージで説明しうる。開かれ＝空き地という存在者の舞台には、決して照らされることのない暗い背景も含まれるのだ、と。

たしかに、光の形而上学はこれまで存在者しか検討しなかった(存在や光は思考されないまま、自明なものとしてじかに提示される。参照、WM 7 = 六―七)。だがもしハイデガーの開かれ＝空き地が光の形而上学を乗り越えようとするならば、開かれ＝空き地がけっして光に照らされる存在者ではないからといって、以下の可能性を否定すべきではないだろう。すなわち、開かれ＝空き地が何らかの仕方で兆候を見せる可能性、さらには思考がそれを――もちろん、単に存在者としてだけではなく――検討する可能性である。まず次のような点で、ハイデガーの観点と、光の形而上学との相違は明らかである。開かれ=空き地の舞台には存在者以外が現れることはけっしてない。形而上学の表象はここでとどまる。それに対してハイデガーの想起は、開かれ=空き地へ——むろん視覚の直接的な対象ではなく、地平としての——と向かうのだ。*18

どのようにして存在は、開かれ=空き地への自らの到来を知らせるのだろうか。開かれ=空き地において、「存在者とは別のものとして」はたらく[walten]無は、「存在のヴェールである」(WM 51 =八二)。「開かれ=空き地」においては、「あらゆる真理の本質存在を隠すヴェール、しかも隠すものとしてのヴェールを現れしめるヴェールがなびいている」(VA 29 =四六)。開かれ=空き地に現れるのは存在者だけであり(参照、PW 75 =五六—五七)、存在者だけが現前しうる。だが現れる存在者は存在するものとして、存在のもとにとどまる。存在そのものは現れず、決して光に照らされることはないが、現れる存在者との差異として自らの到来を知らせる。その「現われ」はつねに、存在者における差異化された「開かれの可能性」としてのみ生じる。「存在は、自らを存在者へと開きつつ抜け去る」(H 311 =三七五)。ハイデガーが、存在による「宙づり」や存在者の無などと記述していたことは、いまや存在が「開き明けつつとどまること[lichtendes Ansichhalten]」であり、存在者との差異であることが明らかになる。差異は、存在者の側から考えれば一つの無である。無は存在者として現れるのではなく、二つの存在者の違いとして現れるのでもない。差異は、それが存在者の現れの本質的領域——それ自身が明らかになるべきものとしての開かれ=空き地——を指し示すかぎりで、存在者の見かけ上のあらゆる同一性を「宙づりにする」無である(参照、US 126 =一四九)。*19

存在とは宙づりにする差異であり、「開き明けつつとどまること」である。そのような意味で、存在は「エポケー」(H3 11 =三七六)である。存在者たちの世界全体は、つねに「エポケーとしての存在の開かれ=空き地」(SG 143)からのみ現れる。エポケーとしての存在の本質は歴史［Geschichte］のエポケーを示す。存在は抜け去ると同時に自らをエポケーへ差し向ける［schickt sich］のだ。「存在の歴史［Geschichte］において何が生じる［geschiet］のか。……何も生じず、生起が生‐起させるのだ［das Ereignis er-eignet］。始原は——開かれ=空き地を最後まで持ちこたえることによって——別れを告げる」(N II 485 = II四七六)。

4　暗い光。自然と聖

ここまでわれわれは、ハイデガーにおける開かれ=空き地を、とりわけ存在の抜け去り(Entzug)——現存在との関係であると同時に存在者との差異である——について検討しつつ、不合理な説明(lucus a non lucendo)として解釈してきた。存在はハイデガーにおいてもなお光のイメージによって思考されるのだが、もはやそれは、伝統的な光の形而上学のようにまったき明るさ、たえず現前していつでも手に入るような、すでにそこにある光ではない。まばゆい光ではなく、本質的に暗やみと関わっているという意味で、それはむしろ暗い光である。このように、伝統的な形而上学における「光」にはっきりと対置された開かれ=空き地の本質は、ヘルダーリンの「詩人として語ること」との「思考の対話」を通じて新たな含意を帯びることになる。そこで論じられるのは、自然と聖の「経験領域」に向かう開かれ＝空き地の詩的—思想的経験である。
「想起（Andenken）」という詩でヘルダーリンは言う。

恵み給え
暗い光に溢れた
香り立つ一盃の酒を。（vv. 25–27）[*20]

ハイデガーは以下の一節で、暗い光というワインのメタファーについて注解している。ここには光の形而上学に対するハイデガーの立場がとくに明瞭に表われているので、全体を引用しよう。

暗い光が否定するのは、明晰さではなく過剰な明るさである。というのも明るさは、明るければ明るいほど、見ることを徹底的に拒否するのだから。あまりに燃えさかる火は目をくらますが、それだけでなく、過剰な明るさは姿を見せるものをすべて飲み込むため、暗やみよりもいっそう暗い。単なる明るさのもつ輝きは、明るさだけが見ることを保証するかのような外見をもっているために、かえってあらゆる描写を危険にさらす。詩人が願うのは、明るさを和らげる暗い光を授かることである。しかし和らげるとは、明るさの光を弱めることではない。実際、暗やみは隠れたものの出現を開示し、そうすることによって、そこに隠されているものを守るからである。明晰さに対して暗やみが守るのは、明晰さがその輝きのなかで与えようとするものの充実である。ワインの暗い光は思慮を失わせるのではない。それはむしろ、単純に数えられるものすべてがもつ明晰さの単なる輝きを超えて、思慮を高みへと、もっとも高いところの近くと、高める。同様に、満ちた杯はけっして眩惑をもたらすものではない。泥酔ではなく、陶酔すべきなのだ。……陶酔は透き通る明晰さのなかへ高まる。そこでは隠されたものの深さが開かれ、暗やみが明晰さの姉妹として現れる（EH 119–20＝一六二）。

ここで「暗い光」は「明るさの過剰」や「過剰な明るさ」と対置されているが、後二者は光の形而上学のまったき明るさと同一視して差し支えないだろう。越えていること（Über）はそれ自体としてヒュブリス〔傲慢〕である。独力で「見ることを保証するかのような外見をもつ」明るさの思い上がりである。光の形而上学は開かれ＝空き地の暗い地平を完全に無視する。存在者を優位に置くことによって無が忘却されるのだ（参照、WM 22–3＝三三一―三三二）。

ヒュブリスは限度を破ること、つまり過剰（übermaß）、度を過ごすことである。だが限度はどこにあるのか。限度は絶対的概念として考えるべきであろうか、あるいは、それは暗い光と――すなわち、光と同時に暗やみと――関係しているのであるから、相対的な関係として考えるべきだろうか。それは人間の本質にとって外的な基準として与えられるのだろうか、あるいは人間の本質の中にあるのだろうか。この問いに対する答えは、ヘルダーリンの詩「優美な青の中に」の数行に関するハイデガーの注解に見て取れる。[*21] 人間の脱‐自は「詩人として住むこと」であり、それはハイデガーによれば、自らに割り当てられた次元＝広がり（Dimension）、すなわち天と地の間を測ることである（VA 188 et seqq.）。[*22] 尺度＝限度を用いて測ることによって、人間は詩人として住む。そしてこの尺度は、知られずにいる神が、自らにとって外的なものの中へ、すなわち天へと開かれるための方法である。「天への神の現れは、隠れているものを見せるべく覆いを取ることである。だがそれは、隠れている状態から隠れているものを引きずり出そうとするのではなく、むしろ単に、隠れているものを隠れている状態で守ることによって見せるのだ」(VA 191)。この覆いを取りつつ隠れることは、すでに見たとおり存在者との差異としての存在の抜け去りであるが、人間が詩人として住むために用いる尺度も、まさしくそうして成り立っている。尺度は直接的に与えられていて、ただちに目にすることのできるものではない。というのも尺度は、すでに照らされており確かなものとなっているのではなく、むしろ光と暗やみの戯れ、開かれ＝空き地に住むこととしての人間の本質が不可避的に巻き込まれる戯れのなかにあるからにほかならない。**nulli est certa domus, lucis habitamus opacis.** ヘルダーリンの言葉でいえば、地にはいかなる尺度もない。なぜなら地は本質的に、人間が詩人として、つまり「測りつつ(maß-nehmend)」住むこと(それは同時に天を仰ぎ見ることである)によって初めて規定されるからだ。「だが天は単なる光ではない。その輝かしい高みはそれ自身、あらゆるものを迎え入れる広大な暗やみである。天の甘美な青は深遠さの色である。天の輝かしさは、知りうるすべてのものを包み隠す、入りと明けの薄明かりである。この天が尺度である」(VA 195)。このように人間の脱-自は、尺度を用いて測るという意味で「詩人」的である。この事実は、開かれ＝空き地に住むこととしての人間の本質をより詳細に規定している。実際、「人間は詩人として住む」という試論の二つの鍵概念である「次元」と「尺度＝限度」はいずれも、開かれ＝空き地の本質的な特徴をより仔細に明らかにするための試みだと考えられる。次元とは「開き明けられていること［gelichtet］」（VA 189）[*23]、間の場（Ort des Zwischen）、つまり差異の新たな呼び名であり（差異と開かれ＝空き地との関係は前述のとおり）、尺度とは、隠れているものを指し示すと同時に覆いを取ることだ。このように隠れつつ覆いを取ることの場、視覚では理解できないその場をよりよく規定することはできるだろうか。ハイデガーはこの場を以下のように記述している。「天において、そして天の下、地上に輝き栄えるものはすべて、鳴り、香り、のぼり、近づく。だがそれだけではなく、遠ざかり、落ち、嘆き、沈黙し、色あせ、暗くもなる」（VA 194）。この記述はわれわれがふつう「自然」と呼ぶものに完全に対応している。だが「自然」はここでは「存在者の特定の領域」（EH 56＝八〇）を意味するのではなく、存在そのものを暗示している。ラテン語の nascor から派生した「自然」という語には、いまだにギリシア語のピュシスの特徴が残っている。ピュシスはもともと、「光のもとに到来すること、のぼること、自らを開示すること、しかも上昇すると同時に光のもとに到来し、そうすることによって、それぞれの存在者に現前性を与えるもののうちに閉じこもること」である（同前）。ギリシア人にとっては、ピュシスは自らのうちに閉じこもりつつ開くこと、覆いを取りつつも隠れていなければならないことである（参照、VA 263）。ヘラクレイトスの断片 123 がこの点を示唆している。ピュシス・クリュプテスタイ・ピレイ〔ピュシスは、隠れることを好む〕。ハイデガーの翻訳では、「現われること〔覆いを取ること〕は、隠れることを好む」（VA 262）。ギリシア人にとってのピュシスは、ハイデガーの開かれ＝空き地、lucus a non lucendo に対応する。「ピュシスとは、開き明けることの開かれ＝空き地が生起することであり、したがって、光の炉であり光の住まいである」（EH 56＝八一）。

存在者の特定の領域ではなく存在そのものを示す語としてのピュシスは、ギリシア語の動詞ゼーンの意味で生そのものである。ゼーンは「光のうちへのぼることを意味する」(VA 266)。同様に、接頭辞のザは単なる強調ではなく、「まさしく開かせることを意味する」(同前)。ハイデガーはこの点に関して、ピンダロスが自然の聖なる場(山、草原、河岸)を示すために用いた形容詞ザテオスに言及している。「これらの場がとりわけ聖的であるのは、輝くものを現れさせることにおいてのみ、開くからである」(同前)。lucusとしての開かれ=空き地は、これらの場(Orte)を集めた場所性(Ortshcaft)そのものである。

「自然」と「聖の場」の詩的—思想的経験である開かれ=空き地に「汎神論」というレッテルを貼るのは誤解を招くだろう。こうして経験された自然は、ヘルダーリンによれば[*24]「神々さえ超越して」おり、ハイデガーが強調するように、「「この力強いもの」は、神々とは異なったものでありうるのだ。開かれ=空き地としての自然のうちで初めて、あらゆるものが現前しうる」(EH 59 =八四)。まさしくこの意味で、自然は聖なるものである。「聖は自然の本質である。夜が明けることとしての自然は、目覚めにおいて本質を現わす」(同前)。

開かれ=空き地は現前をもたらす聖なる次元である。現前させること(Anwesenlassen)とは、抜け去りつつ自己の覆いを取ることである[*25]。

光を越えて「最も高いもの」は、光を発する開かれ=空き地それ自体である。私たちは、母国語の古い用語にしたがって、純粋な開き明け[das reine Lichtende]を「晴れやかさ[die Heitere]」と名づけるが、この純粋な開き明けこそ最初に、あらゆる「空間[Raum]」や「期間[Zeitraum]」に、開示されたものを「明け渡す［einräumen］」、つまりここでは、付与するのである。とりわけ晴れやかさは、その明るさのなかであらゆる明晰なものがくつろぐ明澄さ［claritas］であり、その厳しさのなかであらゆる高いものが立つ高貴さ［serenitas］であり、そして、その戯れのなかで自由に解き放たれたすべてのものが揺れ動く快活さ［hilaritas］である。晴れやかさはすべてを傷つかず健やかな状態に保ち、所有する。晴れやかさは根源的に健やかにする［heilen］。それは聖なるもの［das Heilige］である（EH 19＝二四）。

開かれ＝空き地の聖が「光を越えて」いるという事実は、それが光そのものよりも「さらに根源的」であることも意味する。「光が初めて開かれ＝空き地を作ったのでは決してない。逆に光は開かれ＝空き地を前提としている」（SD 72＝一二五）。

5　開かれ＝空き地と「隠れていないこと」

ハイデガーは伝統的な光の形而上学を乗り越えようとするにあたり、真理や神のように、それによって存在が思考されてきたメタファーを単に拒否したのではない。むしろ深めたのだ。光のメタファーが、存在や至高の存在者である神を絶えざる現前として考えてきたとすれば、ハイデガーは開かれ＝空き地へ、すなわち隠し・囲み・守る（birgt）視界の暗さによって明るさが規定される、あの根源的で対立を宿した次元へと向かう。存在の光よりも根源的なのは、ハイデガーによれば存在の生起の開かれ＝空き地である。すなわち、人間の本質との関わり（Bezug）にして存在者との差異でもある、存在の抜け去り（Entzug）である。神の光よりも根源的なのは、ハイデガーによれば、聖なるものの次元の覆いを取りつつ隠すものとしての開かれ＝空き地である。

それでは、真理の光についてはどうだろうか。この場合でも、開かれ＝空き地はより根源的な次元であり、その内部で初めて真理という何ものかが生じるのだろうか。そのとおり、しかも存在の光や神の光の場合よりはるかに深い意味においてすらそういえるのだ。なぜならアレーテイアとしての、隠れている状態から隠れていない状態に至ることとしての、つまり本質的に暗やみと関わる光に照らされることとしての真理の本質そのものが、開かれ＝空き地の本質にほかならないからだ。

『存在と時間』でハイデガーは、ギリシア語のアレーテイアという単語を「欠けていることを示す表現」として解釈している。それはア－レテイア（「隠れていないこと（Un-verborgenheit）」）であると同時に、アエテ（「隠れていること」）にとどまるのだ（SZ 222＝上四六二）。したがって、「真理（Wahrheit）」という語に隠されている真理の根源的な本質は、まず現存在の開示（Erschlossenheit）、現存在が開き明けられていることによって表現され、続いて存在者が覆いを取られること、存在者が開き明けられることによって表現される。

現存在の開示と存在者が覆いを取られることを、後にハイデガーはそれぞれ「開き立つこと（Offenständigkeit）」、「開き明けること（Offenbarkeit）」と呼んでいる。これらは、単一の出来事の、ひとしく根源的で相補う二契機である。現存在は、存在者に巻き込まれ、経験へと自らを開く限りで開き立っている（offenständig）。存在者は、現存在が近づきうる限りで、現存在に姿を見せる限りで、開き明けている（offenbar）。だが本質的な規定としての開き立つことと開き明けることとは、互いを開かれ＝空き地の開け（das Offene）という第三者へと差し向ける。現存在が開き立つことは、存在者へ関わり入ること（Sicheinlassen）であり、その本質において「存在者を存在せしめること」である（WW 15＝二三〇）。したがってここで問題になっているのは単なる存在的関係ではなく、存在論的関係である。存在せしめることとしての関わり入ることとは、単に存在者だけに関わるのではない。それは何よりもまず存在の場に、すなわち「開けとその開かれに」関わる。「そこにはあらゆる存在者が入り立ち、彼らは開かれそのものへもたらされる。この開けは、西欧思想の始原において、タ・アレテア、隠れていないこととして把握された」（WW 16＝二三〇—二三一）。このなかで初めて、何ものかが生起しうるのだ。この関わりの領域が、存在の開かれ＝空き地である。「この開かれ＝空き地に付けられた名が真理である」（WW 29＝二四四—二四五）。

開かれ＝空き地は、「真理（Wahrheit）」というよりも、隠れていることから生起する隠れていないことの領域、すなわちアレーテイアの「翻訳」である。その経験が古代ギリシアの「賢人」たちの思想を規定したのだ[*26]。だが、アレーテイアという語のもつ含意すべてを開かれ＝空き地という言葉で「翻訳する」ためには、いくつかのことを検討する必要がある。開かれ＝空き地は、現前の現象（Anwesensgeschehen）として真理が現象する（Wahrheitsgeschehen）領域という意味で、場所性である。だがそれをすでに与えられた場として考えてはいけない。開かれ＝空き地は lichten という動詞の意味を保持しているから、開けが開かれることである。しかもここには、暗やみと光の（隠れていることと隠れていないことの）本質的関係が関わっている。というのも開かれ＝空き地は、保護し・隠し・囲む

（一語で言えば birgt）抗いがたい暗やみから光の中に到来することを示唆しているからだ。この二つの側面はいずれも **lucus a non lucendo** という表現――語源としてではなく、lucus の本質的な起源という意味で――によって思考しうる。ヘラクレイトスの断片16に見られる「決して沈まないもの」を「常にのぼるもの」――後に **Lichtung** として翻訳される表現だ――に置き換えるためにハイデガーは二つの条件を提示しているが（VA 265）、これは開かれ＝空き地を **lucus a non lucendo** として思考するための条件と同様である。われわれは、**lucus** を暗やみから（**lucus *a non* lucendo**〔lucus は、光らないのでそう呼ばれる〕）、しかも動詞的に（**lucus** *a* non *lucendo*〔lucus は、光らないのでそう呼ばれる〕）考えなければならないのだ。

形而上学に典型的な光のメタファーは、たとえ光をすでに与えられていて手に入れられる明るさではなく、照らすことだと考えたとしても、開かれ＝空き地の本質を表わすにはふさわしくない。実際、「開き明けること［Lichten］は単に明るくしたり［Erhellen］照らすこと［Belichten］ではない」（VA 269）。それは開かれ（Freie）[*27]へもたらすことでもある。これは、すでに現前しているものを、すでに現前している空いて自由な（frei）場に置くという意味ではない。むしろ開かれ＝空き地それ自体が、現前の現象としての真理の現象の、自由な明るい開けが開かれることなのだ。「したがって、開き明けること［Lichten］は、明るくする［Erhellen］とか場を空ける［Freilegen］以上のことである。開き明けることは、思考し集めつつ開かれへもたらし［sinnende-versammelnde Vorbringen ins Freie］、現前を可能にすることである」（VA 268）。「開かれ＝空き地は現前しているものを照らすのみならず、何よりもまずそれらを集め、現前へと導き、隠す［birgt］のだ」（VA 270）。

アレーテイア、隠れていないこととしての開かれ＝空き地の想起は、光の形而上学における真理のメタファーを「さらに根源的に」考え、思考されざるその本質的根源へ連れ戻すことによって、それを「乗り越える」。ここでは「開かれ＝空き地という意味でのアレーテイア、すなわち隠れていないことは、真理と等置することはできない。むしろアレーテイア、すなわち開かれ＝空き地として思考された隠れていないことが初めて、真理の可能性を与えるのだ。なぜなら、真理それ自身が、存在や思考と同様に、開かれ＝空き地の領域においてのみ、真理がそうであるものでありうるのだから」（SD 76＝一三二）。[28] このように、隠れていないこととしてのアレーテイアは開かれ＝空き地であり、そこでのみ真理のような何ものかが生じうる領域を開くのだから、真理「以上」である。

開かれ＝空き地、つまり根源的な意味におけるアレーテイアを lucus a non lucendo として思考することは、暗やみとしての秘密（Geheimnis）の意義を際立たせる。それは「ある特定の秘密」ではないし、単なる「限界」でもない。むしろ、「一般に、そのようなものとして人間の現存在を貫き支配する、唯一の秘密（隠されたものが隠れていること）」（WW 21＝二三七）である。しかも人間の実存を貫き支配する次元としての秘密は、同時に、覆いを取ることすべての源でもある。秘密は「思考されるべきものにおいてわれわれを呼んでいる」。秘密は、「われわれが開かれ＝空き地という語で示そうとしているものの本質存在［das Wesende］にほかならない」（VA 272）。まさに秘密が隠れているものであるかぎり、覆いをさらに取る可能性はすべてそこにしまわれているのだから、秘密は「空ける＝自由にするもの」である（VA 29）。それにふさわしい人間の態度とは、「秘密への開かれ」（G 24＝二八）、すなわち、そのつどごとにわれわれに出会うものに対して自らを関わり入れる用意である。

ハイデガーは秘密を、「前‐本質的な本質」や真理の「非‐本質」とも呼んでいる（WW 21＝二三七）。秘密は開かれ＝空き地を貫き支配し、人間は開かれ＝空き地のなかを「過ちながら」動く。というのも人間はつねに真理へ向けて歩んでおり、覆いを取ることはすべて、（それに「先立つ」にせよ「同時」にせよ）覆い隠すことを含意しているからだ。真理の開かれ＝空き地はこのように、二重の覆い隠しによって貫き支配されている。「真理が真理それ自身として本質存在するのは、覆い隠す拒絶が、まず拒絶としてはあらゆる開かれ＝空き地に不断の起源を割り当て、しかし偽装としては、過ちに陥れる容赦しない厳しさをあらゆる開かれ＝空き地に割り当てる限りである」（H 43＝五五）。この隠れていないことと隠れていることとの本質的関係を強調するために、ハイデガーは大胆にも次のようにさえ断言する。「真理はまさにその本質において、非‐真理である」（同前）[*29]。後には次のように定式化される。隠れていること（レーテー）は「アレーテイアの核心である」と（SD 78＝一三七）[*30]。

6　開かれ＝空き地の地域と、論究の杣道

ここまでわれわれは、ハイデガーにおける lucus a non lucendo としての開かれ＝空き地のいくつかの本質的特徴について、光と暗やみのメタファー的領野を検討しつつ概観してきた。ハイデガーにおける開かれ＝空き地は、光の形而上学のメタファーを「乗り越え」ること、つまりそれをより根源的に考察するための試みであった。本質的に動詞的で両義的な開かれ＝空き地こそ、その内部で初めて存在の光、聖なる光、真理の光が輝きうるような、もっとも根源的な次元なのである。

しかしLichtungやlichtenという語は光の意味場のみならず（光との関係はむしろ自明ではない）、ここまでほとんど検討しなかったものの、造林に関する語彙にも属している。最後期のある論考でハイデガーは、lichtenという動詞は、「明るく〔hell〕する」よりも「軽く〔leicht〕する」（すなわち自由で空いて開かれたものにする）という点で、「lichtにする」ことを意味するとはっきり主張している（参照、SD 72＝一二四）。ここで彼は何よりも、「開かれ＝空き地〔Lichtung〕と光〔Licht〕の差異」（SD 72＝一二五）、また「開かれ＝空き地のメタファー」と光の（「プラトン的」）形而上学のメタファーとの差異を強調しようとしたのは明らかだ。「光なくしてはいかなる外観〔Aussehen〕もありえない。このことはすでにプラトンが知っていた。だが開かれ＝空き地なくしては、いかなる光も明るさもないのだ」（SD 74＝一二八）。この差異は、光の形而上学がつねに「「見ること」の並外れた優位」（SZ 171＝上三六四）を主張していたのに対して、ハイデガーは自らの想起の思想の本質的特徴として、聴くことをますます強調するようになった（US 175-6＝二一〇―二一一）という事実にもよっている。したがって「開かれ＝空き地は光と暗やみのために空けられているだけではなく、反響したり反響が止んだり、音や音が鳴り止むことのためにも空けられているのだ」（SD 72＝一二五）。開かれ＝空き地の「静けさの場」という呼び名もまた、「静けさの音」（US 30＝二八、US 215-6＝二六二―二六三）、「静かな呼び声の集まり」（US 215＝二六二）――本質の言語にして、言語の本質である――を指し示している。

ハイデガーが形而上学的な光のメタファーとの相違として強調しているように、開かれ＝空き地は造林の意味場に属している。このこともまた、開かれ＝空き地と言語と解釈学の間の連関を示している。*31

すでに述べたとおり、lucusの相対的な密度や暗さは、それを囲むsilvaとの対比によって規定されている。同じことが開かれ＝空き地にも当てはまる。「森の中の空き地［Waldlichtung］は、古いドイツ語で茂み［Dickung］と言われた、密生した森との区別において経験されている」（SD 72＝一二四）。まず、森は現存在が投企されていること（Geworfenheit）のイメージであり、あらゆる人間の経験に含まれる、抗いがたい視界の暗さであると考えられる。ここに生じる思考はけっして外的な客体化ではない。思考する者はつねにすでに存在に巻き込まれているからだ。存在論的な巻き込まれを意識することは、実存の問題を通じて存在の問題を提起するために『存在と時間』が用いた新しい方法を規定している。この著作で同じく重要なのは、解きほぐすこと（Auflockerung）である（SZ 22＝上六八）。それは形而上学が実体へと硬直化させてきたものを、ふたたび関係へと解きほぐすのだ。開かれ＝空き地ではなく石化した森――存在しているもの（seiend）としてではなく存在者（Seiende）として固定された、命なき存在者からなる石化した森――という場から思考されてきたものを、である。

存在論的―実存的な巻き込まれを意識した思考は、決して確固たる外的な観察地点を提供しない。むしろそれは、本質的に道であること（Weghaftigkeit）を特徴とする。[*32] かかる思考の方法＝道にはいかなる側面があるだろうか、それは森や開かれ＝空き地といかなる関係にあるのだろうか。

杣とは森の古い名称である。杣にはいくつもの道があるが、それらはしばしば草木に覆われており、森の奥で不意に途切れてしまう。それらは杣道［Holzwege］と呼ばれる。……木こりや森番はこれらの杣をよく知っている。彼らは、杣道を辿るとはどういうことか知っているのだ（H 3＝三）。

ただし杣道は、否定的な意味での誤った道ではないし、目的地のない道でもない。森の中心という目的地があり、そこで杣道は途切れるのだ。[*33] この森の中心が開かれ＝空き地にほかならない。しかもそれは、自らの住まいを捨てたのちに到着する外部の目的地や遠く離れた場ではなく、つねにすでに近くにあるのだが、森の奥深くに分け入ったとき、まれに、しかもきまって突然に見つかる場である。

ハイデガーの思想がもし一本の道だとすれば、それは「……へ向かう道」ではなく、「……の中への道」、「存在の近さへの道」である（PW 93＝九二）。これは第一には、人間がつねにすでに、その本質において存在との関係にあることを意味する。ここでは運動は移動というよりは深化である。[*34] 第二に、「……の中への道」としての道は、目的地へ到達するための単なる手段という非本質的なものではなく、むしろ目的地がいわば道そのものの中にあるのだ。「思考の中に絶えずとどまり続けるものは、道である」（US 99＝一二二）。[*35] これは道が本質的に地域（Gegend）に属することを示している。この地域という語は、「思考が考えるべきものに向かい合い（gegnet）、それを解放するからこそ、まさにそう名づけられているのだ。思考は、その地域のなかのさまざまな道を歩みつつ、その地域のなかに住みつく。ここでは、道は地域に属している」（US 179＝二二五）。地域への運動は、地域の運動、すなわち道を開くことである。道は森を「間引く」こと――こうして森は開き明けられる（gelichtet）――によって開かれる。この開き明けることは開かれ＝空き地の多様な側面――間引くこと、空けること、明るくすること、光と暗やみに同時に属すること、開かれていることと隠されていること――を示すもう一つのイメージである。「かいつまんで言うなら、われわれに向かい合うもの［das Gegnende］としての地域［Gegend］とは、解放をもたらす開かれ＝空き地である。そこでは、開き明けられたもの［das Gelichtete］が、自分の身を隠すものと一緒に、開かれへ［ins Freie］到達する。解放しつつ隠すもの［das Freigebend-Bergende］としての地域は、道を開く運動［Be-wëgung］であり、この運動において、地域に属するいくつもの道［Wege］が生じるのだ」（US 19＝二三八）。

開かれ＝空き地の、道を開く＝運動する（be-wëgend）地域は、「われわれ自身がすでに巻き込まれている、錯綜した関係」（US 242-243＝二九八）である。これは、ハイデガーがすでに「解釈学的循環」の名で語っていたものを新たに記述し直したものである。思考はこの「錯綜」を捨象したりそれを取り除こうとしたりすべきではなく、むしろ自らをその中に置き、そこに自らの場を見つけることを学ぶべきである（ibidem）。すでに解釈学的循環について次のように言われていた。「決定的に重要なことは、循環の外に出ることではなく、ただしい仕方でその中に入っていくことである」（SZ 153＝上三三一）。これは言語のなかに「住む」ことを学ぶにつれて実現される（参照、US 38＝三七）。実際、解釈学的経験の根本的特徴は、その言語的性格である。ここでは言語は道具ではなく、解釈とコミュニケーションの次元という意味で、「媒体」である。解釈学的循環は言語によって限界づけられている（「思考の道はすべて、多かれ少なかれ知覚できる仕方で、しかも非日常的な仕方で、言語を通って導く」（VA 9＝一七））。言語との関係においてわれわれは、解釈学的循環の基礎となる存在論的な巻き込まれを経験する。「われわれは、言語を全体として見わたすことはできない。なぜなら、われわれは根源的な語り［die Sage］をくりかえして語ることによってのみ語りうるのであり、したがってわれわれは、根源的な語りの中に巻き込まれているのだ」（US 265＝三二九）。「われわれが根源的な語りを聴くことができるのは、われわれがその根源的な語りに帰属しているというたったひとつの理由によるのである」（US 255＝三一五）。

可能性を与えるが、それ自身を見わたすことはできない地平としての言語とは、その本質において、開かれ＝空き地のうちで「本質存在する」ものである。「根源的な語りは」、現前と不在の舞台としての「開かれ＝空き地の開かれを支配し、組み立てる」(US 257＝三二八)。[*36]

開かれ＝空き地を想起するこの思考、開かれ＝空き地に応えて語る(ent-spricht)この思考にはいかなる特徴があるだろうか。それはもちろん、明確に述べること、まったき啓示、暗やみの除去ではない(lucus conlucatus はもはや決して lucus ではない！)。むしろこの思考は、「測りながら」詩を書くことと密接に関係している。すでにわれわれは、詩を書くとは「天の現われの明るさと響きを、暗やみや他者の沈黙とともに一つに集める」(VA 195)ことだと知っている。暗やみを取り除くのではなく、保つのだ。その暗やみが「光に対して守るのは、光がその輝かしい現われにおいて与えようとするものの充実である」(EH 119＝一六二)。

光の形而上学が自らを「啓蒙」(「啓示」・「啓蒙主義」)として理解するのと同じく、「開かれ＝空き地」を想起する思考は、配‐置(Er-örterung)という意味での Erörterung(「論究」、ただし文字通りには「位置づけること」)として自らを理解する。配‐置は「場を」「指し示し」、「観察する」。他方で、場とは「集めるもの」であり、「あらゆるものを取り込み、その取り込んだものを保ち続ける。ただしその方法は、箱の中にしまって蓋をするようなものではなく、集めたものをくまなく照らし輝かせ、そうすることではじめて、それを本質へと解き放つのだ」(US 37＝三六)。配‐置としての論究は、語られたことを語られていないことのうちに位置づける。そうして語られたことを曇らせるのではなく(重要なのは、蒙昧主義的に啓蒙主義に対立することではない！)、むしろそれを、独特の仕方ではあれ輝かせる。すなわち、語られたことをその可能性のうちに——それを開き明けられたこととして隠し守る、暗い関わりの領域のうちに——位置づけることによって。光と暗やみがこうして出会う配‐置としての論究（Er-örterung）の場（Ort）に、lucus a non lucendo としての開かれ＝空き地は存在するのだ。

＊この文章は、『哲学年報 Philosophisches Jahrbuch』第九〇巻第一号、一九八三年にドイツ語で掲載された拙論「ハイデガーにおける「lucus a (non) lucendo」としての「開かれ＝空き地」」を、いくぶん修正・加筆のうえイタリア語に訳したものである。貴重な助言をくれたフリードリッヒ＝ヴィルヘルム・フォン・ヘルマンとウーテ・グッツォーニに、また有益な示唆をくれたトマス・ブサルプに、そして文献学の観点からきわめて有意義な助言をくれたアンドレア・アラゴスティに感謝を申し上げたい。

＊1 〔今泉文子訳『夜の讃歌・断章・日記　ノヴァーリス作品集第3巻』ちくま文庫、二〇〇七年、一〇頁〕。

＊2 以下ではハイデガーの著作を、次の略号で示す。

SZ = *Sein und Zeit*, Niemeyer, Tübingen 1972〔細谷貞雄訳『存在と時間』ちくま学芸文庫、一九九四年〕.

WW = *Vom Wesen der Wahrheit*, Klostermann, Frankfurt 1976〔辻村・ブフナー訳『道標　ハイデッガー全集第9巻』創文社、一九八五年〕.

PW = *Platons Lehre von der Wahrheit. Mit einem Brief über den „Humanismus“*, Francke, Bern 1954〔渡邊二郎訳『「ヒューマニズム」について』ちくま学芸文庫、一九九七年〕.

WM = *Was ist Metaphysik?*, Klostermann, Frankfurt 1969〔大江精志郎訳『形而上学とは何か　ハイデッガー選集1』理想社、一九五四年〕.

H = *Holzwege*, Klostermann, Frankfurt 1952〔茅野・ブロッカルト訳『杣径　ハイデッガー全集第5巻』創

文社、一九八八年〕.

EH = *Erläuterungen zu Hölderlins Dichtung*, Klostermann, Frankfurt 1971〔濵田・ブフハイム訳『ヘルダーリンの詩作の解明　ハイデッガー全集第4巻』創文社、一九九七年〕.

VA = *Vorträge und Aufsätze*, Neske, Pfullingen 1978〔小島・アルムブルスター訳『技術論　ハイデッガー選集18』理想社、一九六五年〕.

SG = *Der Satz vom Grund*, Tübingen 1958.

G = *Gelassenheit*, Neske, Pfullingen 1959〔辻村公一訳『放下　ハイデッガー選集15』理想社、一九六三年〕.

US = *Unterwegs zur Sprache*, Neske, Pfullingen 1971〔亀山・グロス訳『言葉への途上　ハイデッガー全集第12巻』創文社、一九九六年〕.

N = *Nietzsche*, 2 voll., Klostermann, Frankfurt 1961〔圓増・ミュラー・シュミット訳『ニーチェ　ハイデッガー全集第6−1・6−2巻』創文社、二〇〇〇―二〇〇四年〕.

SD = *Zur Sache des Denkens*, Niemeyer, Tübingen 1976〔辻村・ブフナー訳『思索の事柄へ』筑摩書房、一九七三年〕.

VS = *Vier Seminare*, Klostermann, Frankfurt 1977〔大橋・ブロッカルト訳『四つのゼミナール　ハイデッガー全集別巻第1』創文社、一九八五年〕.

ここに挙げたイタリア語版の訳文を引用文中で大きく変更した場合、参照記号は［ ］に記した〔イタリア語訳についての参照指示は省略〕。なおしばしば、同じく［ ］内にドイツ語の原語を示した。「存在」と「現存在」の語は、イタリア語の訳者が大文字を使用している場合でも、小文字で用いた。最後に、リヒトゥングの語については、ハイデガーからの引用文中の訳語をドイツ語に代え、［ ］のなかにイタリア語の訳者が採用した訳語（もちろんいずれも正当であり賢明である）を示すのが適切だと考えた〔イタリア語訳は省略〕。というのも、本章で問われるのはまさにリヒトゥングの概念であり、したがってその訳語も問題となるからだ。ハイデガーのイタリア語訳者の間で訳語についての一致がなされていないので、なおさらである（おそらくそのことが、ハイデガーの思想におけるこの概念の重要性を覆い隠してしまっている）。キオーディはリヒトゥングをほぼつねに「明るみ（illuminazione）」と訳している。カラッチョロとカラッチョロ・ペロッティはつねに「明るい草地」として、ヴァッティモはそのつど「開かれ（apertura）」・「明るみ＝開かれ（illuminazione-apertura）」・「照らされた開かれ（apertura illuminata）」・「広がり（slargo）」などと訳し分けている。マッツァレラは「草地（radura）」と訳しているが、ドイツ語のままにしてあることが多い。私見としては、本章の考察にもとづけば、リヒトゥングはラテン語的にlucoとすれば（やや凡庸だが）うまくイタリア語に訳せると思う。よって、ここで筆者が訳したハイデガーの引用文では［luco］と記した〔省略〕。

*3 ハイデガーは（光の）形而上学に対するアンチテーゼとして自らの思想を提示しているわけではない。彼が追求する乗り越え（Überwindung）とはむしろ形而上学的な言語や思考のVerwindung、つまり「受けいれ深めること（accettazione-approfondimento）」（VA 68）、あるいはAuflockerung（「解きほぐすこと」、SZ 22＝上六八）である。開かれ＝空き地の概念によってなされているのも、まさしくそれにほかならない。ハイデガーは光の形而上学をその暗く不明瞭な基礎から問い直し、光（その中で形而上学は存在者を把握する）の非‐存在的な根源を想起させようと試みている。その根源そのものは存在者ではないのだ。実際、形而上学は「存在者を存在者として思考する。存在者が何であるかと問われる際はつねに、存在者そのものが視界にあるのだ。形而上学的表象にとって、このような視界は、存在の光によって可能になる。光、すなわち、このような思考が光として経験するものは、それ自身としてはもはや、この思考の視界には到来しない」（WM 7＝五―六）。形而上学を乗り越える思考の課題は、この光をまるで存在者であるかのように見る対象とするのではなく、光の暗い起源を想起させることである。

伝統的な光の形而上学（とりわけアリストテレスとヘーゲルの）と、ハイデガーによるその乗り越えについては、以下を参照。Werner Marx, *Heidegger und die Tradition*, Kohlhammer, Stuttgart 1961（とくにpp. 63 et seqq., pp. 148 et seqq.); Id., *Das Denken und seine Sache in Heidegger, Freiburger Universitätsvorträge zu seinem Gedenken*, Alber, Freiburg-München 1977（とくにpp. 25 et seqq.）.

シェリングにおける光の形而上学とハイデガーの開かれ＝空き地との関係（この点については、ハイデガーの *Schellings Abhandlung über das Wesen der menschlichen Freiheit* (1809), Niemeyer, Tübingen 1971 を参照）は、さらなる研究を要するだろう。

＊4 以下の点については、Kluge, *Etymologisches Wörterbuch der deutschen Sprache* と Grimm, *Deutsches Wörterbuch* の Lichtung と lichten の項を参照。

＊5 Lexer, Mhd. *Wörterbuch* の項を参照。

＊6 Wartburg, *Französisches etymologisches Wörterbuch* の clarus の項を参照。

＊7 〔おもに本節で扱われる古典語については、北海道大学大学院准教授の川嵜義和氏にご教示をいただいた〕。

＊8 さらに、ギリシア語の語根レウクやインド＝ヨーロッパ語の語根 loka- にまで時代をさかのぼることもできるだろう。それどころか、インド＝ヨーロッパ語の lokah の意味場について論じることはわれわれの主題にとってきわめて興味深いであろう。というのも、「空間」、「世界」、「空」などと訳せるこの表現は、たんに聖なる森を意味するのみならず、インド最古の宇宙論の鍵概念でもあるからだ。Cf. Jan Gonda, *Loka. World and Heaven in the Veda*, N. V. Noord-Hollandsche Uitgevers Maatschappy, Amsterdam 1966.

＊9 以下をも参照。Ernout-Meillet, *Dict. etym. de la langue lat.*, s.v. また Daremberg-Saglio, *Dict. des antiquités grecques et romaines*, s.v.: "Le bois sacré était aussi une clarière dans un bois"〔聖なる森は森の中の空き地でもあった〕.

＊10 これらの意味すべてを、ラテン語の saepio はよく表現している。この語のもつ多様な暗示的意味はイタリア語の単語一語では表現できない。ドイツ語では動詞 bergen をこの意味で用いることができる。ハイデガーがこの動詞を（複合語の entbergen や verbergen、さらには Entbergung や Verbergung、Verborgenheit や Unverborgenheit とともに）、ほかならぬ開かれ＝空き地との関係においてきわめて頻繁に用いるのは偶然ではない。

＊11 われわれの主題にとって、これらの文法学者の科学的正しさは副次的な問題である。ここでかれらの語源学的考察を引用する理由は、その科学的価値のためではなく、言語に関するこれらの考察がしばしば豊かな哲学的意義をもち、文化的にも重要だからである。

*12 以下を参照。Charis. I 276 K.; Diomed. I 462 K.; Don. IV 402 K.; Pomp. V 228 K., V 260 K., V 311 K.

*13 セルヴィウスによれば、"Lucus autem dicitur quod non luceat, non quod sint ibi lumina causa religionis, ut quidam volunt"〔lucus は明るくないことに由来するのであって、ある者たちが考えるように、敬虔さのゆえにそこに光があるからではない〕(Ad Aen. I, 441, p. 144 T.-H.). イシドルスによれば、"Lucus est locus densis arboribus saeptus, solo lucem detrahens. Potest et a conlucendo crebris luminibus dici, quae ibi propter religionem gentilium cultumque fiebant"〔lucus とは生い茂った樹木に囲まれ、地面から光を奪っている場所のことである。そこに土地の人々の宗教心と文化的な洗練さゆえに生じた満ち溢れる光によって明るく輝くことに由来するという可能性もある〕(Orig. XIV 8, 30. Cfr. anche XVII 6, 7).

*14 『存在と時間』以降のハイデガーは、それまで現存在の開かれを意味していた開かれ=空き地の語を、存在そのものを示すために用いている（参照、PW 76-7 =五八―六二)。これは大まかに言って、転回以降のハイデガーが存在論的‐実存主義的分析から存在の歴史の想起へと重点を移したためであると説明できる。現存在と存在の関係はハイデガーの思想のまさしく核心をなしているが、重点は現存在から存在へと移っていくのだ。だがこの説明には、現存在と存在を隣り合った二つの存在物として解釈してしまう危険がある。それによってまさに本質的なことが見失われかねない。つまり、存在は存在者ではないし、現存在は他のものと同列の存在者ではなく、自らの存在において存在そのものと関わるのだ、ということである。

*15 たとえば、SG 146 を参照。「存在の共同運命において存在から差し向けられるものとして、われわれはまさにわれわれの本質によって、存在の開かれ=空き地のうちにある。だがわれわれは、呼びかけられることなしにそこにいる何者かとしてでは決してなく、存在者の存在によって呼びかけられた者としてそこにいるのだ」。

*16 たとえば、SG 157 を参照。「存在の開かれ=空き地を作り、そこに住むためには歴史的［geschichtlich］人間が必要である限りにおいて、存在の共同運命［Geschick］はそれ自身、西洋の人間の本質的歴史［Wesensgeschichte］であり続ける。運命的な［geschickhaft］抜け去り［Entzug］としての存在はそれ自身が、人間の本質との関係［Bezug］である」。

*17 ヘルダーリンを思わせる（参照、**Heimkunft, v. 1**）この撞着表現に注意されたい。ハイデガーの思想は不合理な説明としての開かれ＝空き地の想起であるから、光と暗やみを同時に指し示す撞着的言語に頼らざるを得ないのだ（後に触れる「暗い光」をも参照）。「明るい夜」としての夜については、**VA 195**をも参照。「夜はそれ自身が影であり暗やみ［**Dunkle**］であって、単なる暗がり［**Finsternis**］では決してありえない。というのもそれは影として、光と深い関係にあり、光から投げられたものであり続けるからだ」。したがって影は「単なる光の欠如」ではなく、むしろ「隠れた輝き［**Leuchten**］の、謎めいてはいるがあらわな証言」である（**H 104, n. 13**＝一三四）。

*18 地平が「対象とわれわれの表象作用の方から、しかも、対象とわれわれの表象作用への眼差しのうちでのみ」（**G 37**＝五八）思考され、しかも「地平を地平たらしめているものは、いまだ決して経験されない」（**G 37**＝五九）とすれば、「地平」について語ることは容易に誤解をまねきかねない。存在者の眼差しのうちでのみ把握された地平は、「われわれを取り囲む開かれの、われわれに向けられた一つの側面にすぎない」（同前）。われわれが存在者を表象する開かれ＝空き地の明るい舞台は、それよりも大きくて暗い森によって、すなわち開かれ＝空き地とわれわれを同時に含む地域によって囲まれているのだ。だからこそハイデガーは、「とどまりつづける広がりであり、すべてのものを集めつつ自らを開くことによって、このなかで開かれは、あらゆるものをそのままに現れさせることができるのであり、またそう促されている」（**G 40**＝六四―六五）という意味の「地域（**Gegend**）」ないし古語の**Gegnet**を、地平が本質的にとどまるものを名づけるために選んだのだ。開かれ＝空き地としての地域については後述。

*19 「地平」について語ること（前註を参照）とまさしく同様に、「差異」について語ることもまた、形而上学的な表象＝再現前の圏内にとどまる危険を冒しかねない。というのも、存在者との差異としての存在は結局のところ、たとえ否定的に（「差異として」）ではあれ、つねに存在者によって規定されるからである。まさしくそれゆえに、ハイデガーは自らの思考の道程の終局で、「形而上学的形態」（**SD 36**＝六四）としての差異からも存在からも同時に離れ、生起（**Ereignis**）に回帰したのだ。この離反はいまや、形而上学の乗り越えを断念し、したがって

「形而上学を自らに委ねる」(SD 25 = 四八) ことを意味するが、思考の任務は引き続き、形而上学的な光のメタファーによって「語られていないこと」を求めることである。すなわち、今もなお「問われるべき」なのは、「メタファーとして光を用いることで何を言おうとしており、しかし未だに言えないでいるのか、ということである」(SD 50 = 八九)。光の形而上学において「思考されていないこと」としての開かれ=空き地は、思考の「問題(Sache)」であり続けるのだ。

ハイデガーの思想のこの帰結については、次の拙論を参照されたい。**"Il problema dell'essere da 'Sein und Zeit' a 'Zeit und Sein'"**, ***Teoria* I, (1981), 1.** ここでは先の帰結が、ジャンニ・ヴァッティモが提起した「弱い存在論」との一種の「対話」として論じられている。

*20 〔川村二郎訳『ヘルダーリン詩集』岩波文庫、二〇〇二年、二〇〇頁〕。

*21 神は知られていないのか?
むしろ、神は天のように開かれているのか? 私はこちらを信じる。
それは人間の限度である。功多く、ただし詩人として、人間はこの地上に住む(vv. 29-33)。

*22 ハイデガーはかつて、このような天と地の「対置」を、「大地」と「世界」の間の「根源的な争いの対置」と呼んだ(H 43 = 五六)。かかる争いこそ、開かれ=空き地の開かれにおける、光と暗やみの、開かれと隠れていることの戯れにほかならない。「開かれたものには一つの世界と一つの大地が属する。しかし、世界とは単に開かれたものであって開かれ=空き地に相当する、というわけではないし、大地とは閉じられたものであって隠れていることに相当する、というわけでもない。……世界と大地はそれ自身において、その本質にしたがって互いに争っているし、争いうる。このようなものとしてのみ、世界と大地は開かれ=空き地と隠れていることの争いの中に入るのだ」(同前)。したがって、天と地の(『杣道』によれば世界と大地の)争いは、開かれ=空き地の「争いあ」う本質を示している。だがここで問題になっているのは二つの要素の対立だけではない。むしろそれは、四つの要素からなる対立の一側面である。「四方域(Geviert)」の一体性において、世界は開き明けつつ生起するのだ(参照、VA 173, VA 268,「開かれ=空き地の生起が世界である」)。四方域の「単純さ」のなかで、光

と暗やみの戯れとしての開かれ＝空き地は、すぐ後で見るように、何よりもまず天にとどまる。この点については、VA 171 をも参照。「天とは太陽の通り道、月の軌道、星の輝き、季節、日中の光と薄明かり、夜の暗さと明るさ、天候の良し悪し、空の深い青と流れる雲である」（強調は引用者）。

＊23　測られる次元と開かれ＝空き地の関係については、SD 15 ＝二九以下ならびに SD 73 ＝一二六をも参照。

＊24　しかし今は夜明け！　待ちくらした末私は見た　その到来を。
目にした神聖なものを　わが言葉たらしめたい。
時よりも古く　西方東方の神々さえ
超越している　自然そのものが
今　物具の打ち合う音とともにめざめた。（Wie wenn am Feiertage..., vv. 19–23, 川村二郎訳『ヘルダーリン詩集』岩波文庫、二〇〇二年、四二頁）

＊25　聖なるもののこの詩的・思想的経験が、同じく暗い光のメタファーをよく使う神秘主義や否定神学にきわめて親近的であるのは明らかだ（SD 51 ＝九一をも参照）。だがハイデガーの観点によれば、神秘主義は形而上学的な表象様式にとどまっている。ここでは仔細には立ち入らず、以下の点だけを指摘しておこう。ハイデガーの開かれ＝空き地は光の形而上学の純粋な明るさのみならず、啓示や眩惑という神秘的経験（たとえば、フアン・デ・ラ・クルスにおける暗い夜を想起されたい）とも決定的に異なるのである。

＊26　アレーテイアの本質的に両義的な経験には、プラトンの洞窟の神話の痕跡も見出せる。「この「比喩」が一般的に「比喩」でありうるのは、存在者が隠れていないことについての、ギリシア人にとっては自明な根本的経験、すなわちアレーテイアによって、それがあらかじめ規定されているからに他ならない」（PW 33）。

＊27　ハイデガーによれば、まさにこの「開かれ空いた空間へともたらすこと（Ins-Freie-Bringen）」という意味において、自由（Freiheit）は開けへの現存在の開示として「真理の本質である」（WW 13 ＝二一七）。開かれ＝空き地と自由の関係については、VA 28–29 ＝四五―四六をも参照。

＊28　引用した箇所のイタリア語訳本文では、おそらく単純な過誤によりこの一節の中心的な一文が抜けている。

*29 ハイデガーは付けくわえる。「真理の本質は非真理であるという命題は、真理が根本的に虚偽であるという意味ではない」（H 43 ＝五五）。入りこみ、統治し、「道を開く＝運動する」秘密としての根本的で真正な非－真理は、虚偽とは別の何かであり、はるかに根源的な現象である。そうした非－真理は明らかに、虚偽やあらゆる「存在的」な非－真理の可能性の──いやむしろ、それらの可能性の唯一の──存在論的条件でもある。ただしいくつかの箇所でハイデガーは、以下のようにも考えているらしく思われる。すなわち、真正な非－真理（秘密）は、あらゆる「存在的」な非－真理の可能性のみならず、その必然性をも自らのうちに有している。そのため開かれ＝空き地の暗やみは光を取り囲むだけでなく、いわば飲み込んでしまうであろう。開かれ＝空き地の想起としてのハイデガーによる光の形而上学の乗り越えは本来、「啓蒙主義的」形而上学に反啓蒙主義として対置されるものではないのだが、そのように誤解（あるいは意図的に悪用）される危険を冒している。

*30 数年後にハイデガーは、アエテーではなく、ト・エオンがパルメニデスにおけるアレーテイアの「不動の核心」である（VS 133 ＝一二二以下を参照）と断言している。このことは、前註で示した混乱との関わりからも興味深い。

*31 言語と解釈学の問題に関するハイデガー読解については、以下を参照。Gianni Vattimo, *Essere, storia e linguaggio in Heidegger*, Edizioni di "Filosofia", Torino 1963, esp. pp. 105–197. ハイデガーの解釈学的審級を練り直し発展させる可能性については、いまや古典となっているハンス・ゲオルグ・ガダマーの哲学が参照されるべきである。

*32 『杣道 Holzwege』、『言葉への道程 Unterwegs zur Sprache』、『道標 Wegmarken』などのハイデガーの著書の題名を想起すれば十分だろう。「存在のトポロジー」としてのハイデガーの解釈学的思想が本質的にもっている「道であること（Weghaftigkeit）」については、次を参照。Otto Pöggeler, *Der Denkweg Martin Heideggers*, Neske, Pfullingen 1963.

*33 ハイデガーと、『杣道』のイタリア語翻訳者であるキオーディとの書簡集を参照（キオーディによる『杣道』序文で言及されている。Presentazione a M. H., *Sentieri interrotti* cit., pp. IX–XI）。キオーディは以下のように述べている。「ハイデガーは一九六三年一月二九日の書簡で、『目的地なき道』というイタリア語版の題名を拒否した。

＊34　彼が明言したところでは、杣道には目的地があるのだ。それはまさに、薪［Holz］のある森の中心である」。

＊35　参照、US 199＝二四一。「道というものは、われわれに深く関わっているところ、われわれがその領域のなかにすでに住み着いているところへ到達させようとする。おそらくこう問われるだろう、それではどうして、すでにいるところへ道はまた連れて行こうとするのか、と。答えは以下の通り。われわれがすでにいるといわれる場所でのわれわれのあり方は、同時に、本当にいるとは言えないあり方なのだ。というのもわれわれは、自らの本質にかかわり、それに訴えかけてくるものに、まだ到達していないのだから」。たとえば、US 256＝三一七以下をも参照。言語への道は、（われわれと道そのものがすでに属している）言語の地域へとわれわれを導く。

＊36　PW 70＝四六をも参照。「言語とは存在それ自身が、開き明けつつ、しかも隠しつつ［lichtend-verbergende］到来することである」。また US 215＝二六二によれば、「根源的な語りは、「存在する（ist）」を思考する可能性を開き解放すると同時に、隠す」。

ウィトゲンシュタインと空回りする車輪

ディエーゴ・マルコーニ

一九三〇―一九三一年、ウィトゲンシュタインは「検証主義にちょっとした関心を寄せて」いた。[*1] 彼はシュリックやワイスマンとともに、シュリックが提示した定式（「命題の意味はその検証方法である」）における検証の原理についてかなりくわしく論じたが、そこでは、発話の有意味性の基準は検証可能性であると考えていたようだ。[*2]〔ただし〕誤解を避けるために、まず以下の点をはっきりさせておくのがよいだろう。ウィトゲンシュタインの検証主義は、彼が論理実証主義のプログラムの原理や動機に深く同意したことを意味しないし、[*3] それは論理実証主義者特有の哲学的主題系にもさほど似ていない。何よりもそこには、ウィーン学団の検証主義を特徴づける認識論的性質が見られないのだ。[*4] ウィトゲンシュタインにとって、命題の意味はその検証方法であるという主張は、物理学をはじめとする経験科学の手法によっては真偽を決定できないような発話を除外すべく、有意味性の範囲を限定することと同じではなかった。むしろこの主張は、さまざまな種類の発話の真偽を決定することができるような、数多くの手続きについて問うことを意味したのである。それは基本的には、「命題を理解するとは、それが真であるならいかなることがらが成り立つか知ることを意味する」[*5]という、すでに『論考』（4.024）で展開されていた立場を、具体例を通じて、きわめて一般的で認識論的に中立的な仕方で分節化するというものであった。

　このような限定が必要だとはいえ、たしかにこの時期ウィトゲンシュタインは、ウィーンの哲学者たちが提起した観点からもまた検証について論じている。そして、本稿の題にある「空回りする車輪」（leeflaufende Räder）という奇妙な表現が少なくとも四回用いられているのもこの時期である。「空回りする車輪」とは「いかなる方法によっても検証することができず、それゆえいかなる意味ももたない」発話である（*WWK*, p. 65, 邦訳九二頁、強調は引用者による）。

　用例の一つを見ると（*WWK*, p. 47, 邦訳六三頁）、文脈からしてウィトゲンシュタインは、その表現を自分で考えたと思っているようだ。たしかに、彼が「再発明」したのかもしれない。ただし興味深いことに、『論考』の著者が明らかによく知っていた文章に、空回りする補助的歯車（leergehende Nebenräder）というほとんど同じ表現が見られるのである。それはヘルツ『力学原理』の「序論」[*6]だ。ヘルツはこの表現を、力学体系の記述の多くに見られる部分的冗長性を批判する際に用いている。ヘルツの認識論において自然の本質的特徴は、科学の体系としての「像」に反映されるのだが、ここで彼が問題にするのは、力学の体系が十分に引き締められているかどうか、つまり自然の本質的特徴に非本質的で恣意的な特徴を付けくわえていないかどうか、である。答えは以下のとおりだ。「次の点は否定できない。すなわち、われわれの力学が物理的問題を扱うために導入する力は、きわめて多くの場合、現実の事実を記述することが問題となるところで、いつも空回りする補助的歯車でしかないということだ」(p. 14, 邦訳三〇頁)。この事実は、もともと力学と歴史的に関係が深いもっとも単純な関係を扱う場合には明らかではないが、天体力学に移行するやいなや「力」は直接的な経験の対象であることをやめ、過去の経験から未来の経験を導き出すための補助的な概念になってしまうのだ。

　力の概念に対するヘルツ流の批判によれば、この概念は多くの場合、像としての機能を欠いており、観察可能な現実ないしは経験の対象に対応していない。空回りする補助的歯車という表現が適宜かたちを変えつつ用いられているのはこの文脈である。ここで私は、ヘルツの批判を科学史や認識論の観点から分析するつもりはない。私の関心はもっぱら、「空回りする車輪」という表現の意味にある。上に引いた一節の数頁前でヘルツは、力学を事実に適用することが適切な成果を生んだことを認めた上で、次のように主張した。すなわちこの科学の難点は、「物のあいだの関係に対応する関係」を見出せず、むしろ、像として適切に機能している要素に対して「非本質的な特徴」――力学の「表象形式 Form der Darstellung」(p. 10, 邦訳二七頁)――を付けくわえなければならなかった点にある。ヘルツが力学について指摘した重層的決定や部分的矛盾は、像としての側面にではなく、恣意的な側面に存在するのだ。『論考』の著者であれば、それらは象徴体系のなかの恣意的なものにかかわっている、と言っただろう。力学の内容を表象する形式には冗長な部分があり、しかもその冗長な要素こそが概念の混乱と理論的矛盾の場なのである。これは力の概念にも、いやむしろ力のさまざまな概念にも当てはまる。もっとも単純なケースを除いて、力の概念は事実に対応しない理論的構築物であり、まさしくそれゆえに、曖昧で矛盾に満ちた理論的意義を担っていることが多い。この意味で、力の概念は「空回りする車輪」なのだ。

ヘルツの表現はマッハの関心を惹いたにちがいない。マッハはきわめて重要な仕方でそれを引用しているからだ。[*7] ただしマッハは、力の概念が説明のために大いに有意義であることは認めており、ヘルツが指摘した困難は、力学の表現が正確さと明快さを欠く点に由来すると考えていた。マッハの科学理論はヘルツよりも明快である。マッハにとって、ある理論的概念が観察可能なデータを直接的に説明可能であることは、科学的正当性の必要条件ではない。もっとも重要なのは、個々の概念と観察可能なデータとの関係ではなく、むしろ概念の集合（概念図式）と観察可能なデータとの関係である。たしかに、各々の概念図式の内部ではそれぞれの理論要素がある機能を果たすはずであり、その意味で他の概念と〔歯車のように〕「かみ合う」はずだ。しかしこれは、（ヘルツが望んだように）その要素がそれぞれ事実を「反映する」必要がある、ということではない。ニュートン的な絶対的空間・時間・運動は力学によって退けられるのだが、それは単に、こうした概念が原理的に観察不可能な現象──「経験の中で示すことの不可能な、単なる思考上の物」（p. 246, 邦訳上三五六頁）──にかかわるからというだけではないし、説明のために同じくらい有用であり、なおかつ「疑わしい」（p. 249, 邦訳上三六〇頁）概念を廃した、別のさらに単純な概念図式が利用できるからというだけでもない。むしろ重要なのは、こうした概念が、それらを含む概念図式そのものにとって不要な付属物となっていることである。この図式において観察されたデータを体系化するのに役立つ要素は「絶対的」概念を用いないが、概念を用いるとはデータを体系化することにほかならない。たとえばあらゆる変化から独立した時間としての絶対的時間は、定義上、物理的運動という経験的に確認可能な運動の──つまり、他の運動との関係において与えられ、確認され、測定されるかぎりでの運動の――表象には使用できない。絶対的時間は物理学の時間の概念を、(誤解された)「直観的意義」によって豊かにすべく導入される。だが、物理学における絶対的時間と相対的時間の概念的連関は経験とは関係がない。絶対的時間はデータを表象するために仮定しなければならない存在物ではなく、表象体系の形而上学的付属物にすぎないのだ。

以上からわかるとおり、マッハのもっている「空回りする車輪」の理論は、ヘルツと同じものではない。ヘルツのいう「空回りする車輪」は観察にとって空虚な概念である。マッハが論じる冗長性とは、説明機能を欠く概念の特徴、つまり検証不可能な発話においてのみ生じるような、あるいは仮に検証可能な発話において生じたとすれば、まったく不必要なものを含んで表現された概念の特徴である。実際には、このようなマッハの語法には多くの問題がはらまれている。だがさしあたっては、冗長・非本質的・観察可能な内容を欠く・記述の文脈から除去しうる・検証不可能な発話を生み出す、などといわれる言語学的―概念的要素に関する考察の伝統の存在、ならびに、この考察と「空回りする車輪」というヘルツの表現との関連を強調しておけば十分だろう。

この表現を実際にヘルツから受け継いだのかどうかという文献学的問題は措き、ここでは「空回りする車輪」に関するウィトゲンシュタインの分析の内容が、この伝統に位置づけられるかどうかを見てみよう。『考察』の冒頭でウィトゲンシュタインは、「空回りする車輪」を、「われわれの言語において」、「表象にとって非本質的」な「部分」と定義しているようだ(*PB* 1)。しかもその際、他の語とあわせて、まさしくヘルツがこの表現とともに用いた語(「無意識的」、「表象」)が用いられている。ただし一九二九年十一月のウィーン学団との対話についての記録では(***WWK*, p. 48**, 邦訳九二頁)、「空回りする車輪」

は検証不可能な主張のことである。また、その直後に挙げられた「空回りする車輪」の一つと思われる例については、否定が無意味になる発話というきわめて重要な観念が提示される。さらに、明らかにウィトゲンシュタインとの対話から引き出されたワイスマンの『諸原理』によれば、「空回りする車輪」は現実の＝現在の経験に対する記述としての価値をもたず、可能性としてありうる経験についてのみ価値をもつ概念的要素である。したがって、『論考』で採用され、意味は異なるが『考察』でも維持された対象の存在という仮説は、空回りする車輪を含んでいる。なぜなら対象とは単に現実化された知覚である（センス・データ〔感覚与件〕ではない）のみならず、ありうる知覚経験に関わっていると考えられているからだ。ある意味で、対象とは傾性（disposizioni）の物的＝客体的な相似物である。よって、空回りする車輪には少なくとも四つの特徴がある。表象にとって非本質的な言語的要素、検証不可能な発話、否定が無意味となる発話、現実の経験と無関係な概念的要素、である。この四つの特徴には、いまのところかなり漠然としているものの、経験に対する「中立性＝無関心」という一つの観念が共通している。第一の特徴は実在（*reale*）を表象する機能を欠くため表象にとって本質的でない言語的・概念的要素のことであり、第四の特徴は現実＝現在（*attuale*）を表象する機能を欠いた要素のことだ。経験によって確かめられないのが第二の特徴であり、経験によって否定することができないのが第三の特徴である。「空回りする車輪」は事物の実際のあり方には無関係である。言語が何よりもまず表象機能をもつかぎり——一九二九—三一年のウィトゲンシュタインはまだおおむねこの観念枠組のなかにいた——空回りする車輪は冗長な言語的要素なのだ。この観点からすれば、「空回りする車輪」の概念を導入することには、『論考』が日常言語について述べたオプティミズム（「われわれの日常言語における命題はすべて、そのあるがままの現実においてすでに、論理的に完璧な秩序を与えられている」5.5563）を緩和する効果があった。実際にウィトゲンシュタインは次のように言う。「われわれの言語は、ただその統語法を理解し、なおかつ空回りする歯車を認識すれば、秩序あるものとなる」（WWK, p. 48, 邦訳六五頁、強調は引用者）。

だがここでただちに、「空回りする車輪」は冗長であるだけでなく、誤解を招くのではないか、という問題が生じる。われわれがすでに知っているように、「空回りする車輪」は識別されなければならない。この前提にあるのは、「空回りする車輪」は必ずしもそのようなものとして現れるわけではなく、何か別のもの、つまり「正常な」言語的・概念的要素に見えるということだ。「私はただ思い出すことだけができる」（WWK, p. 48, 邦訳六五頁）という発話は、（「彼の歯の痛みを私は感じることができない」などと同じく）別様でもありうる状況を記述しているように見えるし、「知覚されていないときでも物は実在している」発話は、われわれの知覚経験について述べているように見える、などである。ただし実際には、これらの発話は見かけとは別ものである。最初の発話は別の状況と入れ替え可能な状況について記述しているわけではないし、第二の発話はわれわれの知覚経験について述べているわけではない。「空回りする車輪」の概念は見かけと実在を新たな仕方で区別する。[*8] 空回りする車輪は歯車のように見えるものの、そこには「かみ合う」動作という、歯車の本質的な特徴が欠けている。こうして「空回りする車輪」は、言語において、実際に生じているもの（もし何か一つでも生じると仮定すれば、だが）とは別の機能を果たすように見えるのだ。

このような見かけと実在の分離の形式は、『論考』で採用されたものと比較してみると有益だろう。

ウィトゲンシュタインが論じているように（4.0031）、『論考』の分離は本質的に、また何よりもまず、発話の文法形式と論理形式とのラッセル的な区分に関わっている。「言語は思想を変装させる」（4.002）。つまり、ある言語表現の真のアイデンティティはしばしばその文法的形式によって覆い隠されている。そのアイデンティティを取り戻すのが論理分析の役目だ。ただし、文法形式が論理形式を覆い隠す基本的な方法と、それに対応する論理分析の役割は、少なくとも三つに区別する必要がある。第一に分析は、誤解を招く文法形式によってその論理的な正しさが覆い隠されているような発話や表現に適用される。これは、「われわれの日常言語」を構成する発話の場合であり、「そのままでも秩序だって」はいるが、ただちに明晰というわけではない。分析は文法的な混沌と無意味の「背後にある」秩序と論理的な正しさを示し、日常言語を再建するのだ。

実のところ、この最初の役割において論理分析がしているのは、自然の発話から、自然の文法形態が覆い隠している論理的な関連を直接に表現できる人工言語への翻訳である。ここで注意すべき点は、日常言語に取って代わる特権的言語――絶対的に明晰であると同時に、実在の表象に絶対的に適しているような言語――が存在するか作られうるという、フレーゲ、ラッセル、初期の論理実証主義などにひろく共有されていた観念にウィトゲンシュタインがなんら与していないことである。『論考』の著者にとっては、自然言語そのものが特権的言語なのだ。ただしそれは、自然の発話の真のアイデンティティを明らかにする論理分析によってこそ把握しうる。自然の発話から論理分析が作り出した人工的な翻訳は、自然言語の不完全な点を修正するのではなく、いわばその真理の一部を成しているのだ。この立場によってウィトゲンシュタインは、西洋の形而上学的伝統におけるあの潮流――その最初にしてもっとも有名な代表者はおそらくアリストテレスである――、常識や世論のなかの真理を示すことを哲学の役割とする潮流に位置づけられる。この形而上学潮流にとって、哲学とは人々が自然に述べていることを別の語で言い換えることにほかならない。「別の語で」という表現は、この立場の形而上学的特徴をよりいっそう明らかにしている。それに対して、「矯正する」形而上学は常識に取って代わるものであり、実在とのあいだに特権的な関係をむすぶ言語、本質的に事物に近く、しかも事物に忠実な言語によって表現されなければならない。

だが〔第二に〕『論考』の論理分析は、このような〔自然の発話を〕弁明する役割にくわえて、選別する役割ももっている。つまり、形而上学のように見かけ上は正しい発話の論理的な不正確さを暴き出す役目を果たすのだ（4.003, 5.4733）。形而上学的発話は文法形式をつうじて記述的な発話に結びつけられているため、記述機能を欠くだけでなく、実際にはいかなる機能ももたないことが、文法形式によって覆い隠されてしまう。これらの発話は、統語論的そして／あるいは意味論的な形式の不備ゆえに、無意味（unsinning）として分類される。

第三に論理分析は、記述的機能をもつかのように見えるものの実際の機能は記述的ではない発話に対して適用される。たとえば、数学の命題（6.2）や論理学の命題（6.112, 6.14）がそうである。ここでもまた、見かけ上の意味と、実際には意味を欠くこととの区別が問題となる。ただし意味を欠くこと（Sinnlosigkeit）であってUnsinnigkeit〔無意味〕ではない）は、言語においていかなる機能ももたないことと同じではない（この点は『論考』の内的一貫性に関する周知の問題を提起するが、本稿では深く立ち入らない）。したがって、論理分析の第三の役割は、このような発話に真正な機能を取り戻してやることである。

『考察』における哲学的分析は「空回りする車輪」を識別する役割を担うのだが、それは『論考』で規定された論理分析の三形態のいずれとも厳密には同一ではない（より正確にいえば、『論考』が論理分析に与えた三つの役割のいずれも厳密には受け継いでいない）。まず指摘する必要があるのは、『考察』の著者でありシュリックとワイスマンの対話者である彼にとっては、日常言語に取って代わる特権的な言語が存在しないばかりか、日常言語のもつ本質的な適切さを明らかにすることができる言語もまた存在しないということだ。ウィトゲンシュタインは、「われわれが現実に知っているもの、すなわち現象を表現する」「第一次言語」が存在するという発想に対してはっきりと反論している（*WWK*, p. 45, 邦訳六一頁、*PB* 1も参照）[*9]。彼は特定の目的にとっての人工言語の有用性は認めていたものの、「現実の事態を考察し始めるやいなや、この記号体系はわれわれの現実の言語よりもはるかに不利である」（*WWK*, p. 46, 邦訳六二頁）と指摘している。「本質的にはわれわれは一つの言語しかもっていない。それは日常言語である」（*WWK*, p. 45, 邦訳六一頁）。この立場は『論考』と別のものではないが、重点の置き方が異なっている。いまやウィトゲンシュタインは、日常言語が人工言語への翻訳によってなんらかの恩恵を受けるとは考えていない。分析に与えられる役割はもはや翻訳ではなく、「空回りする車輪」の識別である。

他方で、「空回りする車輪」をそのようなものとして識別することは、統語論的―意味論的な形式の不備（『論考』の分析の第二の役割）を指摘したり、見かけ上の記述的機能によって隠された真の機能を認識すること（第三の役割）と同じではない。「空回りする車輪」はたとえば形而上学の命題のように冗長ではあるが、その冗長性はもはや論理学的―意味論的にではなく、むしろ認識論的に解釈されているのだ。いまや問題は、名と対象との間の意味論的連関を（あるいは識別可能な論理形式を）欠いているために生じる、事実との無関係性ではない。むしろ、確証や反証の手続きを行うことができないために、事実に対して無関係となることが問題なのだ。ここで考慮しなければならないのは、操作主義的な意味での感覚的・道具的な種類の手続きだけでなく、発話の真偽が事実（いかなる種類であれ）に依存する際の媒介となる手続きすべてである。ただし、（この段階では）「空回りする車輪」は、『論考』においてトートロジーや数学的命題がそうであったように、見かけとは別の言語機能をもつ表現として指摘されることはない。したがって「空回りする車輪」は――冗長性という点では無意味として規定された表現と似ているし、以下で見るとおり、さらに後期のウィトゲンシュタインの思想では、意味を欠いた表現の特徴の多くを受け継ぐのだが――、『論考』でいわれるような意味の欠如でも無意味でもない。実際、意味の欠如であれ無意味であれそれらは論理学的な特徴であるが、すでに述べたとおり、「空回りする車輪」は認識論的に特徴づけられているのだ。「空回りする車輪」に関する理論は、ウィトゲンシュタインの思想のいわば「認識論的段階」において、有意味な発話と無意味なそれとの境界画定を論じたものである。それはウィトゲンシュタインの言語に関する考察において、論理学が中心を占める段階が終わったことを意味する。大半の日常言語にとって論理分析はもはや必要不可欠とは考えられていないし、それは誤解を招く発話を暴き出すことができるとも考えられていない。つまり、命題の「完全な分析」という理想ないし神話は危機に瀕しているのだ。この理想は、有効な哲学的手続きを生み出すためには役に立たない。同様に、「現在の経験のみが実在である」という発話のなかの「現在の」という語が「意味のない修飾語」(*PB* 54)、すなわち空回りする車輪であることを理解するためには、『論考』の意味での論理分析はあまり役に立たない。それよりも、私が今朝実際に起きた(あるいは起きなかった)という事実や、私が覚えていない出来事が起こった(あるいは起こらなかった)という事実のように、直観的には右の主張の真偽を規定しているように見える事実(もしもこの主張の見かけが誤っていなかったなら、たしかにそれらの事実によって真偽が規定されるだろう)が、実際は真偽に無関係であることを知ることのほうが重要である。そこに含まれているように見える事実的価値をもった発話を〔実際には〕なんら含んでいないことが明白であるなら、その主張は明らかに「空回りする車輪」として識別される。ある発話が真となる条件を確認する手段によって——いやむしろ、そのような手段が発見できないために——、その発話は「空回りする車輪」として特徴づけられるのである。

このように「空回りする車輪」が現実とのあいだに認識論的な連関を欠いていることを強調する点で、ウィトゲンシュタインはマッハの観点により近いところに位置づけられる。『論考』の立場は、少なくとも無意味性が意味論的な連関の欠如に結びついている点で、明らかにヘルツの観点の方に(そして当然ながらフレーゲの『意義と意味』に)近い。一方では『論考』の構想に対するヘルツの深い影響を、他方では一九二九—三一年における論理実証主義の「マッハ的」主題とのかかわりを思えば、これはきわめて当然のことである。

ただし「空回りする車輪」の理論は、いうなれば初期カルナップ流の経験的有意味性の理論にもとづく批判だと単純に特徴づけられるものではない。第一に、すでに示したとおりウィトゲンシュタインは、数学的な発話のように、経験的に証明できる事実・直接的データ・その他の経験主義的な認識論の要素のいずれも指示することなく検証される発話にも、検証の概念を適用している。そしてこの観点は、「言語ゲーム」という表現をめぐってのちに展開される、言語についての多元主義的考察を先取りしている。「空回りする車輪」の理論は、事実的有意味性の理論――ここで「事実」という表現の意味は、「数学的事実」をも含むほどに拡張されている――に属しているのだ。

だが第二に、いまやウィトゲンシュタインは、「空回りする車輪」が記述の一部として冗長であることは、言語においてその存在が解釈されるための妨げにはならないことに気づいている。言語から「空回りする車輪」を排除することはさして問題ではなく、記述機能とされるものの本性を暴き出したうえで、なぜそれが存在するのかを説明することが重要なのだ。たとえ明確な機能をもたないとしても、ウィトゲンシュタインは「空回りする車輪」が「何か別のものをほのめかしている」はずだと述べている。それがほのめかしているのは、今とは違うあり方もできるようなデータではない。それは空間のなかにある何かではなく、それ自体が一つの空間であるような何か、「つまり、言語によっては正当に明らかにすることができない何かだ」(*PB* 54)。

言語によって「正当に明らかにすることができない」ものとは、『論考』によれば、言語と現実を結びつける表象形式であった(したがって、『論考』においてこの形式を特徴づけようとしている命題そのものもまた無意味となる)。『考察』では、言語表象の形式的特徴が文法を構成しており、それらの特徴をまとめる原理が文法規則であるとされる。さらに後の時期になると、周知のとおり「(言語)ゲームの規則」という言い回しがもっとも多く見られるだろう。このような表現の変化は、『論考』のあまりに図式的で一般化しすぎた写像理論を放棄したこと、そして(一九二九―一九三一年にはいまだ中心的であった）言語の表象機能の特権性を放棄したことと無関係であるどころか、むしろ逐一対応している。すでに『文法』と『青色本』において、実在の記述はある一つの特殊な言語ゲームでしかないのだ。

だがさしあたっては、『考察』とウィーン学団との対話に話題を限定しよう。もし「空回りする車輪」が記号の偶然的な結合であるならば、それらの結合の中に「ある意味で真でもある」（*PB* 54）ものがある、と述べるのは困難だろう。他方では、もしそれが文法規則を明示的に表現していれば、哲学の役割は「無意味な記号の結合を排除するための〔言語の〕規則によって……世界の本質を把握する」（同前）ことなのだから、「空回りする車輪」の中には正当でないものは何もない。ただし実際は、「空回りする車輪」は記述的内容を欠いた――その意味で冗長な――言語要素であるにもかかわらず、そうした内容をもっているように見える（だから誤解を招く）。しかもその一方で、それは不適切かつ不正確な仕方で文法規則を定式化しているのだ。ここで問題になっているのはまさしく、「形式語法」と「内容語法」というカルナップ的区分である。「空回りする車輪」とは、「内容語法」によって表現された規則なのだ。しかも、ウィトゲンシュタインが「独断論」という表現によって内容語法にきわめて似たものを指示していたという事実は（**WWK, pp. 183–184,** 邦訳二六一―二六四頁）、カルナップの寛容の原理を想起させずにはいない。この原理によれば、独断論的に振舞うとは、実際には言語表現の使用の規則であるものを、何ものかについての疑う余地のある意見として提示することを意味する。

ただし、このように「空回りする車輪」と文法規則の「内容的」表現とを同一視することは、この時期のウィトゲンシュタインの哲学的立場にかなりうまく当てはまるように思われるものの[*10]、彼のテクストと完全に合致するわけではない。何より、テクストから読み取れる主張はこれほど明確ではない。わわれわれが右で参照したテクストは、実際、ウィトゲンシュタインの思想がやや混沌としていた段階のものであり、分析的で安定した規定は少ない。われわれは、言語の冗長性という観念をきわめて深い再定式化へと導き、ときには見かけと実在を区別する議論そのものを疑問に付すであろう道のりの出発点にいるのだ。この歩みを辿りなおしてみよう。

すでに見たように、一九二九―一九三一年にウィトゲンシュタインは、命題と事物の状態との論理形式上の同一性という観念や、対象と名の一対一の対応という観念にもとづく『論考』の写像理論を実質的に放棄していたものの、表象機能を特権化する言語理解にいまだ与していた。ウィトゲンシュタインにとって、いまだに言語は、何よりもまず記述的発話の総体である。少なくとも、記述こそ言語のまちがいなく「健全な」部分である。ただし「実在」と言語のこの部分との関連は、もはや論理的―意味論的な用語ではなく、認識論的な用語で表される。他方でウィトゲンシュタインは、とりわけ数学的言説についての考察を通じて、経験主義的認識論の原則にはなじまない存在的（ontici）領域を「実在」に含めれば「実在」との関連について論じられるような、一部の言語をも考慮に入れるようになる。ウィトゲンシュタインが実質的にこのような拡張を行ったのはすでに見たとおりだが、同時に彼は、数学的言説では言語の完全に内部にある検証手続きによらなければならないことにも気づいた。このことは、表象機能の特権性（少なくとも、常識の存在論という意味での）をしだいに後退させる。要するに、言語のある領域の自律性、「外的実在」や物理的自然等からの検証の基準の独立性が明るみに出るのだ（その一方で、同じく少しずつではあるが、「生活形式」に対する複雑な依存があらわになる）。こうして、これらの領域にも空間を与えることができるほどに広い言語理解の必要性が生まれる。われわれがすでに知っているように、この言語観は「言語ゲーム」という表現をめぐって形成されるだろう。

ただし〔「言語ゲーム」という表現が登場する前にも〕すでに、数学的言説についての考察が、「空回りする車輪」と直観的に同一視しうる表現を特徴づけることを可能にしている。すなわち「計算の散文」に対するウィトゲンシュタインの批判（*WWK*, pp. 149, 164, 邦訳二一四、二三五頁）は、やがて無限についての数学的理論とともに、とくに三九年の『講義』で論じられるのだが、それは数学的言説一般（あるいは、あらゆる数学的言説）にみられる「空回りする車輪」を特徴づけたものと考えられる。ただこの場合、「外的事実」に無関係な言語要素はもはや問題ではなく、重要なのは、ある機械装置の車輪の色のように「非本質的」な言語要素（*WWK*, p. 164, 邦訳二三五頁）、いいかえれば、集合論における「無限」の語のように、数学の有効な手続きにとって冗長な要素である。

したがってここでは、冗長な表現の概念はマッハ的ないしヘルツ的な特徴をすべて失っている。事実に基づく検証可能性にとっての冗長性や空虚な表象は、冗長性のきわめて特殊なケースにすぎない。重点は、ある言語表現が属している（あるいは属しているように見える）言説を構成する規則と、その表現が無関係であることに置かれるのだ。ここからウィトゲンシュタインの最後期を特徴づける無意味の理論が展開し始める。この新しい観点からすれば、ある言語表現のもつ「無関係性」は、もはや一般的にではなく、それぞれの言語ゲームとの関係において定義される。つまり空回りする車輪が属する「機械装置」（参照、*PU* 271）は、もはや、確証や反証の手続きが可能であるという意味での実在でなければ、全体としての言語でもなく、多かれ少なかれ言語的記号と対象によって構造化された集合体としての言語ゲームである。それ自体として冗長な表現は存在しない。存在するのは、実際には属していないのに属しているように見えるという意味で、ある言語ゲームにとって冗長な表現である。このような表現はゲームの「手」のようにみえるが、実際はゲームの他の要素をまったく変化させない（たとえば、もしこれらの表現が発話されたとしても、他の要素の真理条件をいかなる仕方でも規定しない）[*11]。クイーンに恐ろしい顔を描いても、チェスのゲームに何ら変化はない。同様に、一一歳の少年が$\aleph_0$の掛け算をできるということは、彼が途方もない量の仕事をやってのけることと同じではない（*LFM*, pp. 31, 141–142）。「$\aleph_0$」は数をかぞえるゲームの「手」のように見えるが、実際はそうではない。

最後期のウィトゲンシュタインの哲学において、無意味はつねに、ある言語ゲームに属しているように見えるものの、実際は属していない表現として特徴づけられる。見かけと実在の区別は〔一般的にではなく、個々の言語ゲームとのかかわりとして〕相対化されつつ繰り返される。無意味は「象徴を、その用法がない場所で、ある種の用法に類似させて表現することから生じる」（*LM*, p. 274, 邦訳三九頁、また参照、*PhGr* 81）。ここで、ある表現がゲームの「手」ではないという意味で言語ゲームに属していないことには、少なくとも次のような可能性がある。（a）それはこのゲームの手ではない。別のゲームの手だからだ。（b）それはこのゲームの手ではない。このゲームの規則だからだ。（c）それはこのゲームの手ではない。このゲームの規則を破っているからだ。たとえば、「c7のポーンがクイーンに成る」というのはaの意味で、チェスのゲームの手ではない。「ビショップは斜めにしか動けない」というのは、bの意味において手ではない。「白のクイーンがキャスリングする」というのは、cの意味において手ではない。実際、この三つの可能性はいずれもウィトゲンシュタインによって検討されている。おそらくcの意味が、明確に述べられた最初のものである。「無意味であるとは、統語法に反するということだ」、とウィトゲンシュタインはすでに一九三〇年に述べている（*WWK*, p. 220, 邦訳三一七頁）。ただしaの意味もそれほどはっきりとではないにせよ、この時期の文章に表れている。たとえば『考察』の9でウィトゲンシュタインは、「ある事物はもう一つの事物と同じ程度に同一である、と述べることは無条件に不条理というわけではない。というのも、確信をもってそう言う人は、その瞬間に「同一」という語によって何かを言おうとしているからである……しかし彼はその際、この語を「2＋2＝4」の場合とは異なった意味で使用していることを知らないのである」と指摘している。このような例では、見かけと実在の区別をふたたび提起しようとする傾向（「彼は知らない」）と、人々が示した言語表現への愛着に対する人間学的な関心の傾向（「確信をもって」）との間に、重要な緊張が見て取れる。ある一節でウィトゲンシュタインは、「これはそれと同じくらい同一である」のような文脈で「同一」の語を用いることには誤りの要素が含まれると繰り返している（たとえ誤りが、いわば非‐客観化されており、誤っているのは、いかなる象徴でもって何をすべきか「知らない」話者だけだとしても、また、「見かけ」――この文脈での「同一」という象徴の実際の規定はそれに反している――が欺くのはその利用者だけであり、言語共同体全体ではないとしても）。しかし別の節では彼は、ある観点からすれば意味を欠く言語表現であっても、何らかの機能を間違いなく果たすよう使われていると認めている。[12] ある種の「慣例」（*GM*, p. 23）について、すなわち記述的な観点からすれば他の表現と違いのない表現形式に対して人々が表明する「深い必要」についての指摘も、このような視点から理解しうる。特徴的な例は独我論者の言語である。彼は事実問題についてはわれわれと食い違うわけではない（*BB*, p. 59, 邦訳一〇九頁）が、〔独我論的な発話という〕「ある種の形式を使うよう、抗いがたく誘惑されている」のだ（*BB*, p. 60, 邦訳一一〇頁)。

見かけと実在の区別を、それぞれの言語ゲームとの関連という相対化されたかたちで繰り返そうとする傾向と、そのような区別は還元主義に至る道であるとして拒否しようとする傾向との間の緊張は、「形而上学」、つまりウィトゲンシュタインが論争を挑んでいる伝統的哲学を検討する方法において、とりわけ特徴的な仕方で明らかとなる。形而上学はときには無意識の混乱として扱われ(*BB*, p. 35, 邦訳五九頁 ; *Z* 458)、ときには「言語の限界に突進しようとする」(*WWK*, p. 68, 邦訳九七頁)やみがたい傾向の結果だとされる。前者の理解によれば、形而上学はタイプbの無意味の典型例とみなされる。それは規則をゲームの「手」であるかのように、表象が従わねばならない規範を表象の一部であるかのように、表現するのだ。この観点にとって形而上学の特徴は、事実に関する検討と概念的検討の区別を抹消しようとする傾向であり(*Z* 458)、ある語がもっている文法的あいまいさを、科学的問いの形式で表現することである(*BB*, p. 35, 邦訳五九頁)。それに対して後者の観点からすれば、ある規則を記述的な(すなわち、何ものかの「本質」に関わる)発話形式で表現したり、文法の問題をモノの問題であるかのように提示することは、ある仕方での自己表現への執着を表しており、必要に基づいているのだから(「本質の深さには、慣習の深い必要が対応している」[*GM*, p. 33, 邦訳六二頁])、人間学的に理解することができる。ウィトゲンシュタインは、とくに『確実性について』という覚書きのなかで、ある優越する観点に立ち、それぞれの言語ゲームに属するものを割り当てることはもはや重要ではないと主張する。われわれが好むだろうものとは異なる表現形式への執着は非難を受けるかもしれないが、中立的観点からすれば誤りだと証明されたわけではない。「空回りする車輪」の運動は生活形式の一部になったのだ。[*13]

こうして確認できるように、最後期のウィトゲンシュタインの哲学において見かけと実在の区別は一方で相対化され、他方ではためらうことなく捨て去られる。空回りする車輪の理論、あるいはその理論の構想は、見かけと実在の区別を言語表現に適用することで有意味性と無意味性の境界画定の一般理論を提示しようとする最後の試みであった。したがってまた、言語のなかにある本質的に誤解を招く部分と本質的に誤解を招かない――よって「物自体に近い」――部分を決定し、哲学的言説の形而上学性（伝統的哲学という意味での「形而上学」ではない）を救おうとする試みであった。だがこの試みは、あるがままの言語に対するウィトゲンシュタインの忠実さや、あらゆる言説のうちに生活形式の一側面を見て取ろうとする意図と衝突する。それは明らかに、ある人間学的観点への移行を意味しており、そこでは何よりもまず、ある言語表現が実際に使われているということが重視されるのだ。

本稿のもととなった論文は、*Epistemologia* 誌（一九八〇年）に掲載された。

*1 P. M. S. Hacker, *Insight and Illusion*, Oxford University Press, Oxford 1972, p. 161〔米沢克夫訳『洞察と幻想：ヴィトゲンシュタインの哲学観と経験の形而上学』八千代出版、一九八一年、一五〇頁〕.

*2 この点については以下を参照。*Ludwig Wittgenstein und der Wiener Kreis* (= WWK), Suhrkamp, Frankfurt 1967, p. 47〔黒崎宏訳「ウィトゲンシュタインとウィーン学団」『ウィトゲンシュタイン全集五』大修館書店、一九七六年、六四頁〕; *Philosophishce Bemerkungen* (= *PB*), Suhrkamp, Frankfurt 1964, par. 27, 166 ecc.〔奥雅博訳「哲学的考察」『ウィトゲンシュタイン全集二』大修館書店、一九七八年〕ウィトゲンシュタインの他の著作からの

引用は次のように略記する。*T*＝*Tractatus logico-philosophicus* (è citata l'edizione italiana, Einaudi, Torino 1964)〔野矢茂樹訳『論理哲学論考』岩波文庫、二〇〇三年〕; *LM*＝Moore, G. E. *Wittgenstein's Lectures in 1930–33*, in *Philosophical Papers*, Allen & Unwin, London 1959〔藤本隆志訳「ウィトゲンシュタインの講義 1930-33 年」『ウィトゲンシュタイン全集一〇』大修館書店、一九七七年〕; *PhGr*＝*Philosophische Grammatik*, Blackwell, Oxford 1969〔山本信訳「哲学的文法1」『ウィトゲンシュタイン全集三』大修館書店、一九七五年、坂井秀寿訳「哲学的文法2」『ウィトゲンシュタイン全集四』大修館書店、一九七六年〕; *BB*＝*The Blue Book*, Blackwell, Oxford 1958〔大森荘蔵訳「青色本・茶色本」『ウィトゲンシュタイン全集六』大修館書店、一九七五年〕; *GM*＝*Bemerkungen über die Grundlagen der Mathematik* (è citata l'edizione italiana, Einaudi, Torino 1971)〔中村秀吉・藤田晋吾訳「数学の基礎」『ウィトゲンシュタイン全集七』大修館書店、一九七六年〕; *LAE*＝*Lectures and Conversations on Aesthetics, Psychology, Religious Belief* (è citata l'edizione italiana, Adelphi, Milano 1967)〔藤本隆志訳「美学、心理学および宗教的信念についての講義と会話」『ウィトゲンシュタイン全集一〇』〕; *LFM*＝*Wittgenstein's Lectures on the Foundations of Mathematics*, Harvester, Hassocks 1976; *Z*＝*Zettel*, University of California Press, Berkeley-Los Angeles 1970〔菅豊彦訳「断片」『ウィトゲンシュタイン全集九』大修館書店、一九七五年〕; *PU*＝*Philosophische Untersuchungen*, Suhrkamp, Frankfurt 1969〔藤本隆志訳「哲学探究」『ウィトゲンシュタイン全集八』大修館書店、一九七六年〕(出典が頁数ではなく番号で示されている場合、邦訳の頁数は併記していない).

*3 たとえば一九二九年にウィトゲンシュタインは、ワイスマンに次のように書いた。「「形而上学の拒否」！ あたかもそれは何か新しいものであるかのようですね」（以下で引用されている。*WWK*, Prefazione di B. McGuinness, p. 18, 邦訳二三頁）。

*4 たとえば*PB* 166でウィトゲンシュタインは以下のように述べる。「構造のなかにわれわれが見て取る算術的関係が等式を検証するのであるが、この関係の等式に対するあり方は、直接与件が自ら検証する日常言語の命題に対するあり方と同じである」。さらに、「命題は、自らがいかに検証されるかを語る。本来の命題の一般性を算術

における一般性と比較せよ。それは異なった仕方で検証されるのだから、異なった一般性である」。このように、ウィトゲンシュタインが扱っているのは、ある種の「算術的経験」（構造のなかの関係を「見て取る」こと）という、論理実証主義のいう経験とは明らかに異なる経験であり、さらには一般的に、経験主義的な仕方ではない（したがって操作主義的、感覚主義的、物理主義などでもない）検証の可能性である。

＊5　以下をも参照。*PB* 148 また *PU* 136。

＊6　H. Hertz, *Die Prinzipien der Mechanik*, Leipzig 1894〔上川友好訳『力学原理』東海大学出版会、一九七四年〕.

＊7　E. Mach, *Die Mechanik in Ihrer Entwicklung Historisch-Kritisch Dargestellt*, 1883, tr. it. Boringhieri, Torino 1977, p. 274〔岩野秀明訳『マッハ力学史』ちくま学芸文庫、二〇〇六年、上四〇〇頁〕.

＊8　見かけと実在の区別、ならびにその「根本的な哲学的重要性」については、以下を参照。C. Perelman, e L. Olbrechts-Tyteca, *Traité de l'argumentation*, P. U. F., Paris 1958, tr. it. Einaudi, Torino 1966, pp. 437 et seqq.

＊9　ウィトゲンシュタインはあるときそう思いついたと述べているが、おそらくそれは、あらゆる有意味な命題は、現象主義的に解釈された意味での要素命題の真理関数として表わしうる、という主張について論じた際のことである。

＊10　この解釈は以下で主張されたものである。*Il mito del linguaggio scientifico*, Mursia, Milano 1971, pp. 102–103.

＊11　ウィトゲンシュタインは、この新しい意味での「空回りする車輪」の例を、「私的言語論」を論じた際に特徴づけている。とりわけ重要な例は、「私的な箱」である。「各人が箱を一つもっていて、そのなかにはわれわれが「カブトムシ」と呼ぶような何かが入っている、と仮定しよう。だれも他人の箱の中を見ることはできない。各人は、自分のカブトムシを見ることによってのみカブトムシが何であるか分かる、と述べる。――このとき、各人とも自分の箱の中に違うものをもっているということは当然ありうるだろう。それが絶えず変化している、と想像することさえできるだろう。――だが、この人たちの「カブトムシ」という語に、一つの慣用的用法があったとしたら？――そのときは、その慣用はある一つのものの表記の慣用ではないだろう。箱の中のものは、いかなる場合でも言語ゲームの一部ではない」（*PU* 293）。ここで指摘すべき点は、（a）いかなる機能をも果たさな

いのは「カブトムシ」の語という言語要素ではなく、実際の事実、つまり箱の偶然的な中身である。(b) 修正のための介入、「治療」は、ある表現を言語から除去することではなく、絶対的な空虚さあるいは機能の欠如を同定することでもない。むしろ、「ある事物の指示」という見かけ上の役割と、「この人たち」が現実にその表現に与えている実際の役割とを区別することである。『考察』のなかで「空回りする車輪」に関連のある他の箇所として、以下を参照。216, 251, 252, 414, 567–568.

＊12 ただし、このような議論の妥当性に対する疑念として、参照、*PU* 511.

＊13 還元主義に対する反論は、とくに精神分析の対話療法に関して行われる。それは、彼によれば「『本当はこうだ』という文章」を用いる。「それはすなわち、君が無視するように説得された、ある種の差異が存在するということである」(*LAE*, p. 94, 邦訳一八一頁)。続けてウィトゲンシュタインは、ムーアのお気に入りでもあるバトラーのモットー、「あらゆるものはそれがある通りのものであって、別のものではない」を引用している。同様の反論は、一般的なかたちでもなされている。「何かを何かに還元することは、断じてわれわれの仕事ではない」(*BB*, p. 18, 邦訳四七頁)。

雪国に「城」が静かにあらわれるとき
（語りえない風景を前にした語りへの傾倒）

ジャンピエロ・コモッリ

1　二重の雪の謎

ある日のブレンナー峠。夜は更け、人気の少ない大型列車が国境の駅に止まる。外にはもう誰の姿もないようだ。すっかり春だというのに、大粒の雪が舞いおちる。無人の車両の窓から、税関吏が話しながらゆっくりと雪のなかを歩いているのが見える。線路の脇に立つ巨大な建物の、そう多くはないが煌々と光る窓のむこうにも、制服の人間がちらほら見える。夜のとばりが降りて真っ暗な屋根の上には、入りくんだ山の塊が迫っている。黒々とした森に覆われた山々が国境線上に広がる。ひとりの重い足音を想像してみる。居並ぶ建物のひとつで、何もない廊下を進み、駅舎と反対側の窓を開け放つ。そうしてこんもり茂る森に降る雪を無言で眺める。まるで雪になにかを探し、なにかを見つけたかのように。……

するとと突然（まさしくなんでもない、ありきたりでお馴染みの国境の峠の）風景は、別の光に照らされ一変する。雪がはるか遠くから降ってくるか、あるいは情景が彼方へと吹き上げられるかのように。……奇妙な、緊張した雰囲気がただよい、反響するささやきや、われわれにむけられた無言のメッセージにまで気付いてしまうようだ。……雪にこめられたメッセージはいったいどこからやってくるのだろうか。

わたしにとって答えは単純明快だ。とはいえ同時に新たな疑問が生じ、わたしは次第に困惑し、そこから先には進めないようなところまで来てしまう。まずは明快な答えとは以下である。窓を開け放つ税関吏の姿は、最近カフカの『城』で読んだ覚えのあるイメージをデフォルメの上再現したものである。雪の降る闇の晩、測量士Kは、薄暗い「縉紳館」に着く。すると二階の窓が開け放たれ、Kはある男をみとめる。「高官」の一人である。顔を出して空を見つめている。サスペンスの雰囲気、伝えられなくても決定的な事柄の雰囲気がする。……

このようにブレンナー峠の闇と建物は、カフカの描いた景色を思い出させる（たまたまいまカフカにとらわれているのだが）。なんとなく想像してしまうのだ、もし「城」の村に鉄道の駅があったならば、目の前にあるこの駅に似ているだろうと。現実の雰囲気を小説になぞらえてしまう（自分もそうなのだが、純朴な読者は、本と人生を重ね合わせたがるものではなかったか）。ブレンナー峠の雪は、わたしを魅了する。雪が、「城」から降ってくるあの雪のように感じるからだ。

つまり二重の雪なのだ。今ここに降る雪をながめつつ、あたかも『城』に描かれた雪を自分の目でようやく見ているように感じるのだ。二つの情景は完全な二重写しとなり一致する。わたしはあそこにいると同時にここにもいることになる。……たしかにここにいることはわかっているのだが、あそこにいると思い描き夢想するのだ。自分の経験はこんな方法でしか言い表せないのだろうか。おそらくそうなのかもしれないが、一方で決してそうとも言えない。実際、経験をこのように具体的に表現すると、二重の雪のフィギュールはある決定的な謎という意外な様相を帯びはじめる。不可解との境界線上にあるような謎かけである。わたしの情景はもろくくずれ、予想もしない人物が想像に登場する。……いったいなにが起きているのか。理解するためにはなるがままにしておかなければならない。経験が歩む道の通過点ひとつひとつに付き合わなくてはならない。

2 同語反復としての現実、アイデンティティ、倦怠

国境に停車中の、誰もいない車両のなかにいる。お決まりの手続きのせいで待ち時間は延びてしまう。この場所はひとつも新鮮味がなく、かえってなにもないことが際立ってしまう。ゆえにわたしを取り巻く現実は予測可能でかなり具体的に感じられ、「なんともいえない」、ありふれた国境越えの風景だと言えよう。こう言えばわかってもらえるだろうか。「国境を越えるために待たされている。日が改まってこの旅行について聞かれたらこう答えるだろう。国境で長いこと待たされたんだよ」、と。……いわゆる自分の表現のなんでもない物質性、思考がからまりつく現実のこうした具体性は、同語反復の宝庫である。短く描写すると、わたしはだらしなく身体を窓のガラスにもたれかけている。退屈で死にそうで

ある。このようにわたしのアイデンティティは現実のなかで揺るぎなく、(列車で旅をしなければならないからここにいるというように) わたしはわたしでしかないが、そう言われるとなると残念に感じる。

3 いわゆる雰囲気

ところが別の風景である『城』の世界を意識すると、わたしのまわり (さらにわたしのなか) の現実が雰囲気を帯びる。いったいこの雰囲気とはなにか。第一に感覚の移動、もしくは感覚の分裂である。ここにいると同時にあそこにもいるとは、ここにいる感覚がよそにおかれることである。ここにいる感覚をあそこまで探しにいかねばならなくなる。というよりもむしろ二重の感覚なのだ。現実はそのまま存続するが、不透明で同語反復的な意味にとらえられる。しかも同時にあらわれるか連想されるもうひとつの意味によって現実は照射される。そこでは当然なるものが魅力的で、問題を含み、謎となる。わたしは緊張し興奮する。彼方にある城の、ごく近くにありながら、それでもとらえきれない存在をどこにいても感じてしまうからである。倦怠はたちまち消え、ここにいることの理由をみつける感動がとって代わる。わたしがここにいるのは、よそに人々がいるのと同様に、ここにもいられるからである。それによそで人はどのように考え、物事は看取されるか理解できるよう感じる。まだここにいるにしても、ここにいる (だけ) よりも、あそこに (も) いるようにし、現実の同語反復から脱する。わたしが旅行者としてのアイデンティティをもつのは、まさにこの二重の意味の連想をするからだ、と (いくらか気持ちを高ぶらせて) 納得する。

4 読者の身体を包む本のフィギュール

上気させる理解が、単に概念的であったり感情的であったりするわけではない。つまりいくら感情が高ぶっていようとも、思索としてわたしに与えられるわけではない。直接的に「わたし」全体に対してうったえるようなのだ。それゆえ特にわたしの身体にうったえるのだろう。わたしに（「わたし」そのものに対して）むけられるのはフィギュールである。「縉紳館」に赴くKの姿を目の前に確認する。あの雪の冷たさを肌で感じる。こうしたフィギュールがわたしの身体を包み、手で触れられるほどである。わたしはKと一体化する（そのように感じているだけではない）。わたしが待っているのと、彼が『城』でひたすら待っているのは似ている（同じではないが）。私の身体は、それまで同語反復的な倦怠に萎えていたのに、いまやどう動くべきかわかっている。そこで列車のなかを前や後に歩きはじめる。緊張と悦びによる新たな調和のとれた歩みでもって。やっと今になってわかったのだ。うまく待ち時間を過ごすには（待ち時間に意味を見出し、ある感覚や姿勢までも見つけるためには）、記憶を用いねばならない。Kがどうやって待機時間を過ごしていたのか想像をふくらませなければならない。ことわっておきたいのは、Kのフリをするありきたりな夢想とは違うということだ。わたしはわたし自身を忘れているわけではない。それどころかわたし自身をより記憶しておくために、（身体も使って）Kを思い出すことまでしなければならないのだ。

5　記憶のきっかけ

本のなかで出会ったイメージは、その後記憶に集積される。しかしそれから、ふとしたきっかけで、思いがけないフィギュールとして再現される。このきっかけは、記憶のきっかけでもある。実際、日常のどのような出来事であっても、そこに自分の知性では予期できなかった隠れた類似性を直観しつつ、(プルーストなら「無意思的記憶」と呼ぶはずの)記憶、あるきっかけで、日々の時間にリズムを刻み込む。知性によっては単調な死した時間としかとらえられなかった待機を、記憶は別の待機と類似させ、さらに邂逅という生きた時間に変容させる(わたしは待っているあいだ、同じく待機状態にあるKに出会う)。

6　記憶の番人

さて、記憶から切り離された知性は、本のイメージを独自のフィギュールとしてみなしても構わないとしている。われわれから独立し、われわれとは無関係の本に閉じ込められている。そうした場合、たしかに本は知性を相手にしても、「わたし」を相手にはしない。むしろ知性の方が、本を詮索し、内側に入りこんで、「わたし」と無関係なものとして解釈するのだろう。けれども知性が記憶のまわりに留まるなら、記憶の番人は本のページを繰ってもよい。そこから閉鎖的でない知がひきだされるだろう。

この知は絶対的であって、特別な配慮やきっかけを図る必要もない。逆に、いわゆる下方にむけて開かれた知である。窮屈な日常生活や、身体の単純な運動に開かれている。記憶に留められた本のフィギュールは、回帰しつつ、なんでもない列車の通路を歩く方法や、なんでもない雪に視線をすべらす方法を教えてくれる。なんでもないということは、偶然、無作為である。ブレンナー峠を「城」に結びつけ、ここをあそこにつなげる出来事は、状況の偶然性に依存する。本によって「開かれた」知は、いわば偶然の、予測不可なたったひとつの知である。よって恣意的なのだが、無契的ではない。記憶は実際にことあそこのアナロジーをとらえたのだから。いまやわれわれは、こころや、想像、知性が、あそこの呼び声や誘いに応じる（なんとも歓迎すべき）努力をすべきと感じている。アナロジーをとらえるとは、実際に次のようにささやく声が（身体という「わたし」の悦びから）届くのを聞くことなのだ。「ここはあそこのようなもの。あそこからのメッセージを聞いて適応できるのなら、ここでだってうまくやっていけるだろう……」

7　現実を解釈する

そうやって応じることの意味はどこにあるか。現実の解釈（日々の経験の解釈）が、同語反復によって（明白なるものを知り、「言うべきことはあまりない」と知って）止められていても、可能となり、少なくとも「深まる」ことがある。われわれをとりかこむ現実に、本つまり語りにおける現実という別の現実が二重写しされる場合である。（「わたし」の全体を与えてくれる）グローバルで開かれた知が語りに作用するため、現実の解釈はわたしのアイデンティティの（歓迎すべき）修正を迫る。つまり、ここにいる意味はあそこに求めなければならない。わたしの思考は以下をたどる。いまここで遭遇する雪にはもともと意味などなく、わずらわしいだけだ。しかしこの雪はある本で語られた雪に似ているようだ。その本はスリルや面白さ、物語にあふれている。だからわたしはここにはない意味をあそこに求めなければならない。わたしが生きる現実を理解するために。意味の二重化は、つまるところ現実を解釈し、わたしのアイデンティティを変化させる作業なのである。

8　思考の迷走

しかし思考がこの結論にいたったとたん、急にそれ以上続かなくなってしまう。あたかも思考がどこかで経験と切り離されて、だいぶ前からあてのない小径を無為に進んでしまったかのようである。いまや引き返す必要がある。もう一度経験を探しにいかなければならない。……『城』における雪の意味とは、あそこに潜む意味とはなにか知るために。正直なところ、わたしにはまったく理解不能だ。眼前にはブレンナー峠の景色が広がるが、見えないものの『城』の景色がきらめいて存在すると感じる。たしかにこうした一切がわたしを感動させる。しかし感動を解釈しようとすると、ブレンナー峠に『城』の景色という意味を与えてしまい、二重の存在といった感覚はなくなり、「城」の雰囲気は消え去り、思考はたちまち対象を失って暗闇を迷走しはじめる。闇だけがある。広大で神秘的な闇に視線をむけるのをやめ、わたしは確かな経験にただ身を委ねる。……

9　忘れえぬ風景の思い出

わたしは、二重の雪のフィギュールによって、『城』の景色に接近し、魅了され悦びを得る体験をした。小説の各頁にこめられた無言のメッセージが、ようやく、次から次へと聞こえてくるかのようであった。そして『城』に常に惹かれる理由が、舞台の描写や景色の雰囲気であり、絶対に忘れられないものにあることが腑に落ちた。そうとも……雪に埋まるあの小径、窓からつららの垂れ下がった無数の小屋、終わりなき凍夜にはさまれたあまりに短い昼間……それに居酒屋の広間、そこにこもる腐ったビールの匂い。樽を囲んで座る農民たち、Kが眠るはずの藁袋。……これらすべてが、Kにまつわる話や、食堂の女たちや「城」の執事とのはてしないやりとりが展開する背景や環境を作り上げている。しかし、いったいなぜかくもさえない環境や、荒れた風景などが意外にも忘れえぬものとなるのだろうか。悠久の美を備え、この上なく魅力的ですらあるのだろうか。

10　解釈されない風景

なぜなら、わたしもようやくわかったのだが、その風景は絶対的な謎であるからだ。常に解釈が加えられる登場人物の行為や言葉とちがって、『城』の風景は解釈されることがない。ただそのまま存在し、そこにあるだけなのだ。いかなる正当性も必要としない世界の構成要素なのだ。とても重厚な要素であるのはまちがいなく、実に寒々しく、人をよせつけない場所なのだ。しかしKはなんとしても離れようとしない。一度、恋人のフリーダにこう言ったことがある。「留まるという意志のほかに、なにがわたしをこんなに暗い村に留めるというのか」。なんとも脆弱な理由である。なにも説明したことにならない不穏な同語反復である。なにも語らず、同語反復しか用いないことで、その風景が魅力と神秘性を帯びる。語るべきことがたくさんあるところで沈黙するようなものである。これは、雪、凍りついた寂しい小径、木の掘立小屋に、いいえなさの存在や、解き明かされないままの謎、神秘の存在を感じることを意味する。言葉を発さずにいること、沈黙が謎めいた感覚をよびおこすことは、思考が自然に理解できるだろう。しかし、この沈黙が、『城』の最も深い神秘、なによりも視線をひく神秘であったと、ブレンナー峠で立ち往生してようやくわかったのである。

11 反転した風景

この理解は、思考によってではなく、むしろある感覚や印象によって決まったのだった。なぜだかわからないけれども、神秘とはそのようなものらしい。「そうらしい」とはつまりなにかしら偶然の、独特なものということなのだ。無契的でないにしても。それでは有契性とはなんなのか、どこにあるのか。わたしの確信は経験にのみ依っているのだが、それは感覚や予感や感情にある。感情とは、国境の峠にゆっくり降る雪をながめながら抱くものだ。よその景色の存在をここに見る感動は、近づいていく感覚、あたかも『城』の神秘の意味に触れなんとする感覚のおかげである。「城」に似た景色にひたり、同じ空気を吸ってこそ、風景が小説の神秘の核心をなすのであって、神秘の意味をつかむことができるというものだ。やはり『城』でも風景の意味は語られない。しかしわたしはたまたま似たような景色にでくわし、あそこに欠けていて戻してあげるべき意味をここにみつける。……意味はここに求めなければならない。つい一瞬前までは無意味なものと映っていたここに……意味の存在が感じられるのだ。けれども思考がその意味にむかったとたん、意味は背後にまわってしまう。……どこにむかうにせよ、思考は常に反転、反射した景色のなかにあるのだ。一方で、現実の風景、意味の風景はただただ闇、空白、沈黙のようだった。……ここにきて思考は迷走しはじめる。……

12 空白

思考がある概念から別の概念へ進み、またそれぞれの表現に進む際に、感覚の分裂は、思考が頼るべき堅固な土台を構築せず、空白を生んでしまったことは認めざるをえない。闇につつまれた底なしの領域である。二つの雪の二重写しとはもちろん単なる同化ではない。二つのフィギュールには差異があるのだ。確かにそうだろう。しかし、それゆえに謎となるのだ。この差異に思考はむかい、消えるのである。あるフィギュールから別のフィギュールへ、いわゆる意味の移動が不可能であるかのように。いくら二つのフィギュールがお互いを認め合い、一方が他方との類似に留まらなければそれぞれ意味を持ちえないようであっても。言い換えれば、この空白は思考にとって表象不可能である。思考が描きうるのはブレンナー峠や「城」であって、類似や差異である。底なしの裂け目ではない。思考はここもしくはあそこにあるが、意味はここ「と」あそこにもある。さらには両者の「あいだ」にもあると言えるかもしれない。その「あいだ」は、一種の純粋な差異であり、表現する内容をもたない。それは二つの景色のあいだで夜に紛れ込む漆黒の裂け目のようなのだ。……

13　歓喜の感覚としての差異

ではどうすればよいのか。実は、思考の堅固な土台が失われたため、私はある安堵の感覚に囚われている。その安堵ゆえに、あいだに明確な差異があるにもかかわらず、二重の景色から、悩みどころか歓喜や感動を覚える。わたしは魅了されるだけでなく、その二重性を通して「城」から発せられる無言のメッセージが届く気がする。おそらく、わたしはここ「と」あそこを同時に思い描けない、つまり差異を想像できない、ということが肝心なのだろう。それでも差異を感じるのだ。「わたし」の全体を取り巻く歓喜という姿で差異は迫ってくる。ここ「と」あそこに同時にいるような感覚がわたしにはある。この感覚は、思考の迷走にかまわず続く歓喜なのである。思考が意味の空白しか認めない一方で、まさにこの歓喜が意味の存在をわたしに知らせ続けるのだ。「Kの村にいるようだ」と歓喜はわたしに伝える。「ここではものごとがこうなり、むこうではああなる。この辺では似ているがむこうでは異なる」と思考が告げる。思考に欠けていて言葉にならないのは、「どのように」違うかということである。この「どのように」は「あいだ」と同様に、思考の及ばない差異を示唆する言葉である。ここでもあそこでもなく、「あいだ」と「どのように」に、聞こえないメッセージの意味がこめられる。沈黙するメッセージに耳を傾ける前に、ただ沈黙の存在を感知しただけで歓喜してしまう。しかしいつかこの歓喜を誰かに語りたくなるかもしれない。耳を傾けるとは、わたしにとって、聞くというだけでなく言葉にできるということも意味するだろう。聞こえない、言葉にできないものに適した言葉をみつけなければならない。「どのように」みつけるか、言葉にできるなら思考もできるというのならば。

14 思考を配慮する記憶

つい最近、カフカの『城』に触れる必要があり、いくつかの箇所を再読してみた。関連資料も、ほとんどが文学的解釈だが、読んでみた。『城』に未解決の謎があると仮定して、批評ならびに小説のテクストを参照しなければならない。しかし現在わたしは列車に乗っていて、ちょうど手元にこれらの資料がない。思考をめぐらせるのに不可欠な道具を家においてきてしまったのだ。そこで全面的に記憶に頼るしかない。記憶がわたしにとって唯一かつ最後のテクストであるかのように。とはいえ記憶を頼りにすると思考がうまくはたらかないことはない。それどころか、記憶を保っていたからこそ、二重の雪というフィギュールをとおして、まずなによりも先に考察すべき根本的な謎として、『城』における風景の問題がわたしになげかけられたことは認めざるをえない。その問題を考える際、思考は常に記憶の傍らにあるべきで、もはや切り離し難い思考を記憶は配慮しなければならない。記憶が配慮するのは、単なる知性による思考や、概念がただ並べた思考だけではないのだ。「わたし」全体についての思考であっても配慮する。なぜ「わたし」全体かというと、思考が『城』の風景の記憶を参照する一方で、わたしは、目の前にあらわれる景色のフィギュールを観察し、忘れないからだ。わたしはあそこにむかっていかねばならないのに、ここに停まっている。あそことここのあいだにある空白になにかがあらわれるまで、ずっとこのままである。混乱した感覚ではなく、考えぬいた言葉であるとみなせるなにか、聞こえないメッセージを遠まわしにでも言い表した言葉であるなにかが、わたしの歓喜のうちにあらわれるまで。……

15 雪国に「城」が静かにあらわれるとき

小説の書き出しはこうだ。夜おそく到着したばかりの測量士Kは、幹線道路と村をつなぐ木橋に立ち止まっている。辺りは霧、雪、闇である。Kは空のひらけている点に視線を注いでいる。そこに巨大な「城」が見分けられるはずだ。しかし空白、虚空しか見えない。「城」はその虚空にそびえている。真っ暗な闇に包まれて。虚空が、静まりかえったなかで「城」を支えている。数日後Kがようやく目にすることができると、城は完全に沈黙し、落ち着きをたたえている。神秘的で、見る者にとっては耐えられない。見られているのがわかっていても、のびのびと知らんふりしていられる人のようだからだ。見る者に返されない視線は、どこかあらぬ方にむけられている。「城」から明確な言葉や解読しうるサインは届かない。美しさのかけらもない（城は美しくなく、丘の上に建物が群がるだけで、カラスが飛び、窓に人気はない）。ただ「城」はあり、あらわれる。他人の目には、越えられない距離として映る。常にそこにあり、とても村に近く、遠い。村ではなく虚空が「城」を支え、「城」の姿が虚空に反射する。

村は「城」のふもとにこぢんまりと佇み、城の存在で支えられている。村中が「城」の領分であると自覚している。みなが「城」を話題にする。完全に沈黙しつつ、「城」はまねき、呼び寄せる。すぐさまKはあそこに行けるという思いにとりつかれる。その沈黙に呼びかけが響いており、遠くの不可解な約束の声が聞こえてくるかのように。

16 ……聞こえない救いのメッセージを発しながら……

はじめて「城」に上るのをあきらめなくてはならなくなったKは、「橋屋」に戻る。あきらめてふりかえったそのとき、上の方から鐘が鳴るのが聞こえてくる。その響きに驚愕する。彼ののぞみがかなうという未来の約束が響いていたからだ。鐘は彼のために鳴る。「城」から聞こえてくる。まさしく彼が「城」を離れようという瞬間に。……

その翌日か翌々日に村長が彼に語るところでは、「城」では通話がひっきりなしに混線するそうである。村から「城」に電話をかけると、部局間の通話の雑音が続けざまに聞こえてくる。Kはその雑音を聞いた。はるかかなたの、幼い歌声のようであった。Kはなんとしても担当部署と話そうと試みる。しかし歌が聞こえ、黙りこんでしまう。聞くことしかできない。声はずっと遠くにあるが、彼に届いてくる。彼にとっては、言葉をこえたところからふってくる恩寵のようだった。われわれにおいても言葉を喚起させる恩寵であり、言葉の恩寵なのだ。

17　……そのときわれわれは語りたくなる……

わたしはなにをいわんとしているのか。村がある。「城」の登場だ。小説では風景描写が短い。ものそのものがあり、あそこにあるだけである。常に存在する背景は、枠であって、語りの出来事が展開する場なのだ。読書中も背景を忘れることはない。わたしたちは想像のなかでいつも人物を風景におこうとするからだ。背景を忘れない。すでに冒頭から背景にある無言のメッセージを聞くからだ。いつかメッセージが聞こえるように、読書するのである。だから語りにおいて無言を説明するように、約束が明かされるよう求めるのである。

主体の眼前に風景のフィギュールがある（われわれ、読者であれ作者であれ……主体はここにいる、われわれにとっては、カフカだってここにいる……）。不可解な約束を提示する風景である。そのフィギュールを描写し、そこにこめられた約束を理解するのに、主体はなにがしかの方法を試みる。思索にふけってみたり、フィギュールがあらわれるのを描写してみたり。最も完全で抽象的で普遍的なフィギュールの意味を、自分の言語に探してみる。詩を書いてもいい。フィギュールがあらわれるのをこの上なく美しく歌ってみる。しかしわれわれの眼前にある選択肢は、物語ることである。これは、語りにおける事件や展開が起きる場所としてフィギュールを構築するということである。

物語る思考はなにも書く人だけのものではない。同時に読む人のものでもある。実際、読んだばかりのいきさつを記憶にしまい、あらためて思い出そうとするとき、読者はふたたび物語らねばならない。

再度、物語化しなければならない（自分なりに、避け難い歪曲とともになされる再物語化は、新たな物語をつくる）。自分にとっても他人にとっても共通の（決して等しいわけではない）いきさつを。

18　……というより語りへの傾倒が……

しかしながら語る思考よりも、語りへの傾倒について話さなければならないだろう。なによりもまず、ふりかかる問題の前で考え込んでしまって、主体は語りに答えの言葉（解決である必要はない）をもとめようとし、もとめがちになる。こうした傾倒には、かたむく、揺らぐということがある。揺らぐ思考、これかあれで迷う思考である。いくつもの可能な回答に揺れ動きつつ、最後には語りによる回答にかたむく（だからといってもう揺らがないわけではない）。しかし、よく考えてみると、そもそも語りは思考の具体ではない。語りには、すでにみたように、完全なる自己が関わる。身体、こころ、記憶といった全体である。思考が傾くだけでなく、自己全体が傾倒するのである。ゆえに傾きがあるということは、思考の存在、思考以上のものの存在がふまえられている。全体である自己は、全力で動きはじめ、語りでもって問題に答えさせる誘いを受け入れる。

前述したように、ありがたい誘いであり、恩寵である。語りへの傾倒は恩寵として、われわれが使える言葉を集めるよう誘う機会となる。言い換えれば、謎としての風景のフィギュールが問題となって、ある経緯をつまびらかにする。われわれは、風景がもつ救いのメッセージが理解できるよう、ひとつの答えとしてあのいきさつを以下に語らねばならないだろう。

19 ……不安なわれわれを導く……

実際、Kにまつわるいきさつとはどのようなものか、彼に関して何が語られるのか？ 問題を抱え、請け負うのはKである。小説のはじまりから終わりまで、「城」が発する謎を聞き、検討し、解き明かそうとひたすら努力する彼がいる。まさに解釈学者の冒険である。遭遇するあらゆる機会に、読み説くべき象形文字をとらえる。そこにこめられているのは「城」が彼に送る真実、彼のためになされる約束である。

ある風の強い不吉な晩に、Kは学校へと懸命にたどりついた。いきなり小使の仕事を任された学校である。測量士の仕事はまだ一切していない。二人の無意味な助手に煩わされ続けている。そこに使者がやってきて、上官であるクラムからの手紙を渡す。手紙にはおおよそ次のように書いてある。「貴殿がこれまでなした測量の仕事に満足している……助手もわたしからの称賛に値する……いつも貴殿を気にかけている……安心されたい……」これはいったいなにを意味するのか。凍結した小径に風がうなる。Kは考えずにはいられない。さらに返事をひねりだすか、別の謎にむかって前進していくか。使者にクラムへの新たな返事を託すことになったが、一向にあらわれないので、彼の家に行くも本人に会えずに、使者の妹から長い話を聞かされる。その話から使者がまったく信用できないとわかるのだが。……

そうしてKは次から次へと新たな事件に遭う。事件は事件として語られ、語られるものとなる。語られるものが、Kを語る主体とする。彼こそ、書き手と読み手の両者が、語る主体として自らを投影しうる鏡である。語られるものとの関わりにおいて主体は主体として確認される。まさにこの主体が、恐ろしい破滅にむかう運命にあるのだが。……

20 ……語りえないものへと

メッセージは最後の最後まで聞こえないまま、というよりも解釈不能のままであるよう定められている。つぶやき、かすかなひびきが聞こえるが、音が出ているとようやく気付く程度である。語る主体が、沈黙としてのみ描写し解釈できるほどの音が絶え間なく聞こえる。つぶやきが解釈され、意味あるものに翻訳されるならば、ただの沈黙でしかない。つまり虚ろなメッセージであり、内容はない。もしくは徐々に幻となる中身のみもつ。

たとえば「城」までの道は存在するのか。存在すると言えよう。Kはその道をたどりはじめる。しかし道は折れ曲がり、カーブを描く。常に「城」まで等距離を保ち、近づきもせず、遠ざかりもしない。……Kは脇道にそれる。しかし先に進めなくなり、足を雪に踏み込んでしまう。すると馭者のゲルステッカーに出会う。Kを助けるため橇に乗せようとする。雪がこんもり積もったその道こそ、「城」へと続く道であるとようやく判明した。しかし上まで連れていくよう馭者に頼むと、橇をしまい込んでしまう。選択肢はない。Kは逆方向につれていかれるのを受け入れる。「橋屋」へと。「城」は夜のとばりに消える。橇と馭者と雪だけが残る。……それら以外なにもなくなったこの景色に、Kが背をむけるとき、「城」から嬉々として軽やかに鐘の音が鳴り響いてくる。好ましい別れの挨拶、あるいは脅迫じみた曖味なしぐさのような音。……Kの心臓は、一瞬震え上がる。……雪、遠ざかる橇、か細い鐘の音。

一切が細部にいたるまで、このように描かれている。Kはすっかり景色のなかに溶け込み、その風景が存分に語られる。だが風景もなにかほかのものの中にある。沈黙が守られるなにか、ただほのめかすことしかできないなにか、いいえないなにか、語りえないなにかである。それは虚ろとはいえ重みのある存在であり、無であっても在る存在、静寂であっても聞こえてくる、心に鳴り響く静寂の存在である。

結局のところ、風景は、語られるとしても、語れないものを内に秘めている。その語りえないものに風景が広がっていく。風景は描写されつつも、同時に語りえないものとしてわれわれの前にたちあらわれてくる。それはそこにあるものそのままではない。なにか別のもの、無、いいえないものである。語りへの傾倒により、語る主体は、語れなさの限界へとむかう。そしてそこ、暗闇の前で、主人公は震えはじめる。……

21　無効となった解釈

真っ暗な国境にたどりついて、なおも主体は語り、理解しようとする。けれどもその都度、語りへの傾倒が彼をさしおいて、語りえないことを示し、一切の解釈を無効とする。主体は、語られるものによって生かされ、語られるものにおいて生きている。語りへの傾倒は、主体を凌駕し、虚ろな語りえないものによろめく。そうして主体を空白へと呼びよせる。しかしこの誘いは主体を震えさせる。

端的に言って、『城』に機能する語りへの傾倒は語りえないものを語る。そのために、ある解釈学者のエピソードが披露される。彼は、語りえない意味を、秘されていると同時に開示可能な意味へと翻訳しようとむなしく努力する。むなしい苦労、語られないものとの対峙は、意味の解釈学を無能とする。不可能というわけではなく、むしろかつてないほどやりやすくする。しかし同時にむなしいのだ。

『城』で実際に使われているのは、対立するものの合一の原則に根ざすナラティヴ論である。反対の意味をもち互いに打ち消しあう言葉を挙げると、一致をみて両立する。あるいは交互に有効であって、代替可能もしくは、次第に打ち消し合うようになる。それは予測不能なまま進行する。われわれはなんらかの手がかりを解釈しながら、ある意味を探し出す。と同時にその否定もみつける。ともに等しく信憑性がある。さらなる解釈は、どのようなものであっても有効かつ無効となる。迷惑なおふざけのようだが、それを前にして主体は気が遠くなる。

Kは、測量士として雇われたことを確認もしくは解消する証拠を次第に必要とするようになる。その証拠にひそむ真実の意味など理解できるはずはないのだが。上司とされるクラムがKに辞令が届くようにした。「……ご承知のように、貴殿は召しかかえられた……」しかし手紙は、村長の説明では、公文書ではなく、非公式筋の連絡というだけなので、なおもKは未採用なままである。では手紙にはなんの効力もないのか。むしろ逆で、クラムの私信は公文書よりずっと意味があることがある。ならばKへの特別な配慮の証として解釈すべきなのか。「おそらく」、しかし他の人に宛てられた古い手紙なのかもしれない。受け取り人は「貴殿」と記されているだけである。それでも直接Kに城の使者から手渡されたのだ。たしかに使者は公式な肩書きすらなく、すっかり信用できるわけではない。はじめて届いた手紙なのだ。……それでもクラムが使者に直接渡したのだ。……わかったものではない、もしかするとクラムに似た役人からなのかもしれない……こんな風に永遠に続く。……

代替可能で相反する解釈を通じて意味が無化される、これがKの状況であり、先々で出会う登場人物とKとの関係をあまねく特徴付けている。次第にKは、即座の不可解な変更によって、求められ拒まれ、尊重され手厳しく扱われる。

対立するもの同士の合一は、勝ち負けに依るわけではない。勝ち負けは、なおも不可能性の意味という意味の存在を前提としている。状況は、これ以上支えきれなくなると、許容可能に転じる。それからまた耐えられないものとなる。どんな動きもKにとっては勝利であり敗北なのだ。……

22　悲劇の場

主体は震える。Kが陥ったこの状況は、まずなによりも悲劇的である。『城』は酷い小説だ。意味の探求としての真実の無化は、完全に思考を迷わせるだけではない。Kのアイデンティティそのものを巻き込み、主体は苦悩に満ちた「おそらく」となる。

未完の小説『城』の書かれなかった結末はよく知られている。純粋なる真実の終わりなき探求の末、Kは衰弱死する。村の人々は死の床の彼のまわりに集まり、ちょうどそのとき「城」からメッセージが届く。住民として登録できないが、村で生活し、働くことは許可するという内容である。……しかしKは死にかけている。……この推論は、真否がそれほど決定的で重要なわけではない。実際、小説は冒頭ですでに完結している。「橋屋」に着いてまもなく、Kに二本の電話が「城」から矢継ぎ早にかかってくる。一本目は測量士としての採用を取り消すものであり、二本目は採用を認めるものである。ゆえにはじめからKは、主体としては死んでしまっていたのだ。しかしながら生かされていた。正確には、彼の主観性は生と死の中間、未分化なままひきのばされる中間地帯にある。この永遠に悲劇的な場からKは出て行けず、出て行こうともしない。Kが死んでしまったら、死の浄化と悲劇のカタルシスによって彼の主観性が確認されるだろう。しかしKは「城」から、よいとも悪いとも言えない曖昧なアイデンティティを与えられる。アイデンティティを安定させるため、善悪を明確にするため、主体は謎の解決に挑む。しかし解決できない。思考が解釈すると、主体のアイデンティティをさらに不確かにする。「解釈する、ゆえにわれあり。」解釈を無化にすれば、主体は解決なき悲劇に苦悩する。ゆえに語りへの傾倒から、まずはこの悲劇が描写される。風景は閉ざされた場所としてあらわれ、もはや自己を見失った人がふらふらと行ったり来たりするところとなる。語りの傾向とは、この苦しみの認識であり受容なのだ。

23　壊れない安らぎ

しかしながらKは諦めたり、絶望したりしないとわれわれは知っている。驚くべき力で屈辱や敗北に耐えている。初日から避けられなかった精神的苦痛から、どうやってか、Kは信念と謎の活力をひきだしたのだ。悲劇の風景を前にどんな力で立っていられるのだろう、こんなに弱い人間である彼が。実際には、悲劇を超越した、究極の悲劇において「城」のイメージがあらわれ消える。……「城」から発せられるフィギュールである、決して壊れない安らぎが生まれてくる。……

確かにKは「城」にたどり着けない。しかし村の「縉紳館」では、二度も立入禁止区域に潜り込めた。「城」の高官が村におりてきたときのために設定されているのだから、その区域もどこかすでに「城」である。はじめてKが入ったのは雪のつもる中庭で、橇がクラムの到着を待っていた。二度目は朝の書類が配られる廊下だった。どちらの場合も、測量士の身分に関してもはや決定的とも思える敗北を喫した。だが同時に、許される限界、語られるものの限界をこえなければ、遭遇しなかったものについてKは考える。絶対的な安らぎ、休息、幸福な勤勉といったものを想像する。……またしても、Kになにごとも語りかけない風景、場面なのである。それでもそうした無がKを包み込み、決して壊れない安らぎの感覚もしくはフィギュールとして具体化する。

Kを支える力は、いろいろと異論もあろうが、その安らぎの感覚、その幸福なる勤勉の欲求である。Kのアイデンティティは否定されても、彼は常に前進するようけしかけられる。決して壊れない安らぎのフィギュールはKを励まし、運命を委ねさせもした。主体は漂うアイデンティティをもったまま、それでもひとつの運命と前進する意味を得る。予期せぬもの、名付けえぬものへとむかって。運命とはまだ語られていないものであり、語りえないものである。風景の空白にある主体を支えている。その無に襲われても、ただ無の感覚があり、無をおぼろげに知覚し、聞くだけである。「城」の鐘は何の意味もないが、われわれのために鳴っている気がする。……

24　憐れみの風景

といっても風景がわれわれに授けた運命は憐れみ深く到来し、もはや不確かなわれわれの主観性を支えるかのようであるが、こう教えてくれる。風景は、意味内容が空白であっても、憐れみの風景となり、ゆえに意義がある。われわれと風景のあいだにおかれた運命の存在は、ただ静まりかえって虚しいようななにか、正確には、黙した言語、運命を指し示す言語が風景を支えるのを明らかにする。それが意味内容に欠ける言語であり、語りへの傾倒はそこに運命の意味を見つけ、語ろうと努めている。……ある運命が「悲劇的」であっても、であるからこそ、悲劇をこえたところにある。しかしどうやって意味があるのに意味内容のない言語が存在するのだろうか。

25　提示の言語

「城」から届いたメッセージを読み解くのに夢中になっているKに話を戻そう。もしKが、メッセージに手がかりが書かれているとみなしても、それはまったくの自由だ。手がかりは、あれやこれやと意味を解き明かしてくれるだろう。ただそうしたところで大した成果が上がるわけではない。対立するものの合一が理由だ。『城』は幾度となく解釈され、小説の意味は、無意識や恩寵や権力、文化の具体表現にあるとされる。……こうした解釈はそれらしく思えると同時に、決定的でない。すげ替え可能な解釈ばかりだ。……『城』は、あらゆる人が望む意味を取り入れる用意がある。しかしまさしくそのとめどない余裕が、解釈の作業を無意味に、終わりなきものにしているのだ。

それでは解釈をやめてしまえばよいのか。いやまさか、まったくそんなつもりはない。気力果てるまで、究極地点まで、その限界を示すまで続けていかねばならない。境界線ぎりぎりでふみとどまってはじめて、われわれは理解できる。どうして『城』の謎がいつもどこかに移動してしまうのかがわかる。「城」のメッセージを読み解くこともできる。すると、解釈するやいなや、メッセージはよそにあらわれる。かつてないほどに謎の詰まった「あそこ」に。

語りの言語はひとつであるのに、この絶対的な余裕といたらなさが共存しうるのか。実のところ、メッセージがある意味を隠していると考えるのならば、手がかりがあると解さねばならない。一般的に言えば、意味作用の連鎖でメッセージはできているのだ。われわれは自由に解釈できる。たとえば風景のフィギュールを、秘された意味の意味作用とみなしても構わない。しかし同時にこれらのフィギュールは、すでに触れたように、意味内容なき意味をもつのである。この意味を知らせず、言及もしない。ヒエログラフのようなもので隠匿している。むしろ逆に意味を示してくれている。

フィギュールは、空白からあらわれ、空白を示す。次から次へとフィギュールが空白に浮かび、沈黙しながら前進し、ひたすら見つめ、われわれの眼前にフィギュールがあらわれることを教えてくれる。われわれは心を奪われ、震え、そのフィギュールの呼び声を聞く。あたりの風景はすっかり意味に満たされていく。といってもわれわれが目にするのは、あらわれていることのみである。意味と意味作用のある「あそこ」においては、まさしくわれわれや「わたし」にあらわれるという行為そのものに意味がある。フィギュールの言語は黙しており、提示としてあらわれる。

言い換えるならば、解釈する主体のわたしにとって、フィギュールは意味作用であり、意味は、フィギュールと隠された意味との関係において見出される。しかし、静寂のうちに、異なる意味の存在を常に異なる場所に感じる「わたし」にとって、これらのフィギュール自体が、意味作用としてではなく提示者としてあらわれる。空白においてはお互いに提示し合うゆえ、この相互の提示に、意味が立ち上がり、「わたしの」運命の呼び声が届くのだ。……村の雪は「城」を示す。「城」はKの前にあらわれ、静寂のなか鐘の音が響くが、橇が雪の小径を進むにつれ、それも消えてしまう。黙した言語が生まれるのは、提示するものとしてフィギュールが集まって景色を作り、人間や主体に対する憐れみという運命の意味までも差し止められるときである。……

最後に、主観性は、「わたしio」と「わたしme」のあいだの上や下への揺れであることを確認しておこう。「わたしio」は、それそのものを指してしまう意味であるため、意味の探求は虚しいが、そこに「自己」のアイデンティティがあらわれる。「わたしme」は、常に変化するフィギュールと次第に同化する。そのフィギュールは、アイデンティティではなくある運命の意味を提示するのだ。……

26 「あの男を救わなくては……」

とはいえ黙しているのが提示の言語であって、語りえないものに支配されたどこかに仮定されるなら、どのようにして、どのような言葉で運命を語ればよいのか。語りへの傾向が、主体である「わたし」をこえて、その運命にむかっていく。Kのあの迫真の失神を思い出してみよう。作者が削ってしまった結末の数頁で、馭者ゲルステッカーはふたたびKに会い、おおよそ次のようなことを言う。「今朝あんたを見たとき、宿の食堂で眠りこんでいた、酒樽の上で眠ってしまっていた。測量士であるおまえ、学があるというのに、襤褸をまとって、心がゆさぶられるくらい動揺して、そのときはじめて母親がかつて口にした言葉を思い出した。〝……あの男を救わなくては……〟」。遠目の憐憫にあふれたこんなひとことに支えられて、Kの憔悴したフィギュールはゆっくりと立ち上がり、われわれにむかって進んでくる。……われわれの記憶の腕に倒れこむ。……どうして忘れられようか。

27　語りえないものの模倣としての物語

とはいえKの姿が忘れえぬものになるのは、それは失神を経て、『城』の風景にこめられている驚異の約束を明らかにし、提示するからである。同様にこの風景がKの姿をわれわれに示す。語りえないものが風景に反映するように語るには、語りそのものが意味を棄て去らねばならない。つまり終わりなき異変を語らねばならないので、語られていることのフィギュールに付された意味がいつまでも定まらずにいる。ある時点でKが「城」の謎の意味を発見し、めでたく正式に測量士になるのであれば、全体のいきさつがそっくり意味の領域内に納まり、語りの言葉はひたすら意味のつながりを構成してくれる。しかしそうはいかないことはわかっている。確かに意味はあるのだが、差し止められたままなのである。しかし語りは続く。無限に続くかもしれない。もはや意味ではないのだとしたら、どのような言葉によって続くのだろうか。

『城』を前にして、テクストではなく、記憶に留められているものに頼っていることに気付くのだが、記憶がまずはじめに差し出してくるのは、Kの未解決の謎という悲劇ではない。そうではなく、運命の憐れみに包まれたフィギュールそのものである。Kと村の住民の果てしない会話はそれほど記憶に残っていない。われわれの眼前に浮かぶKは、酒屋のカウンターに片肘をついていたり、食堂の屋根裏部屋にいてクラムからの手紙を釘で壁にとめていたりする。抑えきれない眠気に負けて、秘書ビュルゲルのベッドの足元に座っていたりする。ビュルゲルは「城」によるKの救いの可能性を語っている。

意味の空洞化や、意味作用の差し止めにおいて、語りそのものが提示に変化する。……語りへの傾倒は、自らの内に語りえないものをひきうけようとし、語りが世界の謎の解決策ではなく、もはや世界の構成物、そこにあるなにかでしかないようにする。語りは自らの現存在によって姿をあらわし、自らのフィギュールを提示し、そのままフィギュールは提示される。語りへの傾倒は「城」の風景と重なる。風景は語りに限定されてしまう。しかしこのことがわれわれに理解せしめるのは、沈黙の言語や、変えようのない差異は相変わらずなのに、口にしやすい語りの言葉と同化してしまうことである。語りへの傾倒が内に語りえないものをひきうけるというときに、あの特殊な語りの言葉が立ち上がるのだ。語りの言葉を通じて、またしても「城」の雪景色がこれ以上ないというくらい美しく感じられる。……

28　神々の国

なにが起こったというのか。わたしに何が起こりつつあるのか。まだブレンナー峠で、車両の中にじっとしている。窓に体を寄せて雪を見つめる。まったく音もなく線路やもみの木、夜闇にまぎれた山に降っている。ながめていると、記憶がよみがえってくる。ある冬の晩のイメージ、雪のつもった隘路のイメージ、ビールや煙草の香り、遠くの鐘の音……わたしはここブレンナー峠にいる。だがここ、わたしの側に『城』の記憶が宿っている。わたしはここにいて、記憶に付き添われて思考を働かせ、「城」をあそこからここまで運ぶことができた。……こう考えられるものの、同時に新たな感覚にも縛られている。その印象は真に迫っていて肉体的であり、感動的だ。ここで雪をながめ、寒さを感じているが、全てはここではないあそこにあるのではないかということだ。わたし自身、あそこにいる。ブレンナーはあそこにある。そのあそこというのは「城」のあるところ、「城」の景色のある広大な土地だ。その所領はどこか。おそらくボヘミア地方であろう。カフカが幾度となく城らしい城を見たところ。……では『城』の読書と記憶から、わたしはボヘミア地方の風景の存在を物理的に感じるのか。おそらくそうであろうが、あまり意味はない。実際、『城』ではボヘミアや「どこか」について語られない。むしろ風景は「どこでもないところ」に委ねられているようだ。ボヘミアだとしても、改変されたボヘミアでしかない。ボヘミアという「あそこ」である。いまここは、ブレンナーと同じあそこである。

今回の経験では、ここブレンナーとあそこの「城」に同時にいる気がしていた。いまや考えをあれこれ巡らした結果、ブレンナーと「城」とが同時にここととあそこにあるように思われる。……すべてがなんだか冗談のようだ。とってつけた結論と言われるだろう。だいたいどうやったらここにあるあそこを考えつくだろうか。さあわからない。また振り出しに戻ってきてしまった。……そこで、提示による解釈学でさえも、思考を記憶のそばに留まらせれば成立するのに、こことあそことの差異を思考できないと認めなければならない。「ここにはここがあって、よそはどこか別のところ、よそにある」、わたしが考えられるのはこれだけだ。とはいえ「よそはここにあり、ゆえにわたしがいるのはこことよそである」と感じている。この最後の「と」、「である」に、差異が存するのだ。提示の解釈学を経由してもなお思考が追いつかない差異である。提示によってできるのは、せいぜいわたしに再度あの虚空、無限の闇を示すことくらい。……ゆえに、提示の思考は、意味の表現の思考に加わり、さらに輝きを増して、よそのフィギュールを顕示せしめる、しかしいくらやっても、例のよそとここの差異、類似を照らすことはできない。一致とともに齟齬をみる対立するもの同士の二重写しを明らかにできない。

しかしそれでも「城」の景色がどこにおかれているかとの問いに戻ってみる。言い換えれば、「あそこ」の場所はどこか、「あそこ」に達するとはどこに達することなのか、という問題である。今回の経験のはじめからおわりまで、わたしが持ち続けるあの高揚感が増加する。……暗闇で雪はますます輝く。……この空白における輝きが、わたしを高揚させる。……差異が提示されるこの唯一の場で、……想像力と語りへの傾倒が、輝く空白にいきなり放り出される。新たな差異の予期せぬフィギュールが、なおもわたしに与えられる。ただ似ているだけで、比較でしかないのだ。……しかし比較検討してみるとすると、無窮の輝く水にすっかり浸ってしまってから浮かび上がってきたばかりだが、ようやく思考は非常に落ち着いた高揚という安らぎに沈んでいく。……さながら究極の比較のようで、その先に語りへの傾倒の余地はない。……

「あそこ」にわたしはいる、その存在をわたしはどこにいようと身近に感じる。「あそこ」はこの世界ではなく、神々の世界に属するかのようだ。……どこでもないところに、神々は棲まうのだろう。……「城」の風景は、この世を隔てる空白にかりそめに佇む。だがまさしくその空白に「あの世」、天上が浮かびあがるのである。……霧と雪でできた海を歩いて、Kはなにも無いなかを進んでいくと、その無の反対側にたどり着いた。そこに城があらわれる。なんと城から誰かが合図を送ってきた。雪の上をつたわるつぶやきのように。……それにさからえようか。神々の棲む国では音がきこえる。……完全な静寂のなか雪はブレンナーに舞い降り、一方でわたしは周囲に起こっている音を耳にする。……幸いなる静けさのなか、ついになぜこの神々の国に雪が降るのかわかることになる。……

29 「あたかも」の謎

語りへの傾倒によって知らされることは、単に下方に、日常のなんでもない行為の肉体性に開かれているだけではない。(雪を眺めたり寒さのなか待機したりする、なんでもない) 繰り返しの行為を上方へ、無限へとむけさせる。知らされるのは、偶然性であり、日々の生活である。それが知となる。知は、この世の時間の偶然を、あたかもあの世の時間かのような測り知れないものに比してしまう。……

それでも「あたかも」、「のような」、「いわば」と言うしかない。……では「実際」物事はどのようであるか。比較する対象が「あたかも」であらわされるなら、比較される対象はどう言われるべきか。

やっと列車がゆっくりと動き出す。ブレンナー峠はわたしの後方に消えていく。一方でわたしの思考は停まってしまう。まわりにはただ暗闇、空白、決して壊れない安らぎの思い出だけがある。……神々の国があらわれるのを見てしまっては、もはや考えるべきことはない。……二重の雪の謎の果てへとたどり着いたならば、その先はひたすら解決不可能なだけだ。……「あたかも」とは究極の類似、空白に残された比較対象のことなのである。もはや対象先はなく、比較されるもの、比較すべきものがないからだ。むしろ、完全なる謎であるゆえ、この世のあらゆる義務を免じられている。差異の空白としてあるのだ。あらゆる力が萎えてしまうなか、語りへの傾倒は、現前化する差異を明示されるフィギュールとみなす。あるいは、目に見える「あたかも」としてみなす。この究極の提示の上と下には、深淵に伸びる小さなバルコニーのように、ただ暗闇があり、終わりなき夜がある。……自らの運命を探して旅立つ男はここに停まらなくてはならない。そして運命に出会う。虚空に浮かび、上へ下へと、「あたかも」と無限の静寂のあいだで揺れる。……

30 書誌

すでに述べたように、ブレンナー峠では一冊も関連書籍を持ちあわせていなかった。それでも、『城』とは別の記憶ももちろんもっていた。まず、『城』の問題（何が真の「問題」なのかよくわからなかったが）を取り上げるため、直前に初読・再読した資料である。いずれの資料も、多少は頭にあった。思考の流れにのってくれたのである。時にあまりにも親密な随伴であったため、わたし自身が決定した流れがどれほどかうまく言えないし、随伴自体がどれだけ決定的で、さらにどの書が決定的であったのかもわからない。しかし大した問題ではない。これらの書とわたしはまとまって運命共同体をなしていた。「城」があるという見知らぬ土地を探しに出かけたが、いま旅は終わり、わたしはここに戻ってきた。一冊一冊挙げながら感謝をささげたい。

1　カフカ『城』テクスト

旧版（Medusa, Mondadori, Milano 1955）は、物語の結末を推測するマックス・ブロートの解説も含む。

二つの叢書（Oscar Mondadori, Milano 1982 と Medusa, Mondadori, Milano 1981）は、R. Fertonani による二論考を含む〔前田敬作訳『城　カフカ全集6』新潮社、一九八一年〕

2　カフカ『城』について

M. Blanchot, *Da Kafka a Kafka*, Feltrinelli, Milano 1983

F. Baioni, *Kafka. Romanzo e parabola*, Feltrinelli, Milano 1980

F. Baioni, “Kafka. Il Castello”, in AA.VV., *Il romanzo tedesco del ’900*, Einaudi, Torino 1973

M. Robert, *L’antico e il nuovo*, Rizzoli, Milano 1969〔ロベール、城山良彦ほか訳『古きものと新しきもの：ドン・キホーテからカフカへ』法政大学出版局、一九七三年〕

M. Robert, *Solo come Kafka*, Editori Riuniti, Roma 1982〔ロベール、東宏治訳『カフカのように孤独に』人文書院、一九八五年〕

R. Barilli, *Comicità di Kafka*, Bompiani, Milano 1982

3　自然の風景の現前について

R. M. Rilke, *Elegie duinesi*, Einaudi, Torino 1978〔リルケ、手塚富雄訳『ドゥイノの悲歌』岩波文庫、一九五七年〕

G. Trakl, *Le poesie*, Garzanti, Milano 1983〔トラークル、平井俊夫訳『トラークル詩集』筑摩書房、一九六七年〕

4　フィギュール、内的イメージ、謎の解釈について

G. Agamben, *Stanze. La parola e il fantasma nella cultura occidentale*, Einaudi, Torino 1977〔アガンベン、岡田温司訳『スタンツェ：西洋文化における言葉とイメージ』ありな書房、一九九八年〕

5　差異にむけられたまなざしについて

M. Heidegger, "Identità e differenza", *aut aut* 187–88, 1982〔ハイデッガー、大江精志郎訳『同一性と差異性　ハイデッガー選集10』理想社、一九六〇年〕

6　表現の思考の無言のメッセージを聴き取ることについて、広くは、思考、詩作、物語ることの相関関係について

M. Heidegger, *In cammino verso il linguaggio*, Mursia, Milano 1979〔ハイデッガー、亀山健吉・グロス訳『言葉への途上　ハイデッガー全集第12巻』創文社、一九九六年〕

M. Heidegger, *Saggi e discorsi*, Mursia, Milano 1980〔ハイデッガー、宇都宮芳明訳『ロゴス・モイラ・アレーテイア　ハイデッガー選集33』理想社、一九八三年〕

M. Heidegger, *Sentieri interrotti*, La Nuova Italia, Firenze 1968〔ハイデッガー、茅野良男・ブロッカルト訳

〔『杣径　ハイデッガー全集第5巻』創文社、一九九八年〕

7　悲劇的空間とアイデンティティの模索について

R. Barthes, "L'uomo raciniano", *Saggi critici*, Einaudi, Torino 1976〔バルト、渡辺守章訳『ラシーヌ論』みすず書房、二〇〇六年〕

8　思考それから主体が揺らぐことについて

G. Vattimo, *Al di là del soggetto*, Feltrinelli, Milano 1981

これらの本を読んでいなくても、別の道をたどり、なにか違ったことを『城』に発見しつつも、結局は同じところにたどり着いただろう。……特別な思い入れがあってこのリストを挙げたわけではない。偶然か必然でもってあの時期にわたしが読んだものを思い出したにすぎない。思考の揺れに従うには、あれこれ気にせず思い切った話ができなければならない。あるいは、「たまたまあのときわたしはこのように考えただけ」と言えるくらいでなければならない。

カフカのアイデンティティなき人間

フィリッポ・コスタ

1　否定神学の展望

概して文学作品は、理解や解釈、経験について、隠れた可能性を喚起し、読者に影響を及ぼす。作品が再び持ち出す伝統の範囲内で、読者は能力を発揮できる。彼の判断の指針、解釈の源として伝統は意識される。

基準となる伝統のひとつが神学であり、その問題系と存在意義ゆえに、ある種のテクストに関して特別な意味をもつ。まさしくこれが複雑で断片的な構造のカフカの文学にあてはまる。なにも神学的で宗教的な省察や比較検討に結びつきやすい作品にかぎらない。カフカの神学性は曖昧で間接的に示されるので、度重なる誤解や一面的な解釈を生んできた。神学的なカフカ批評でもっとも重みをもつのはマックス・ブロートである。ブロートの人生と業績は、カフカと切り離して考えることはできない。カフカ作品を出版した彼にとって最大の功績は、かぎりなく「未完」である草稿をまとめ、『城』として刊行したことにある。ブロートの「あとがき」にはこうある。

「城」とその奇態な書類、役人たちの得体の知れぬ階級組織《ヒエラルキー》、「城」の気まぐれと策謀、絶対的な尊敬や服従をもとめるその要求（しかも、この要求は、あくまで正当な要求とされている）――これらは、なにを意味しているのであろうか。（略）すなわち、Kが入場を許されず、不可解なことにろくすっぽ近づくことさえできないこの「城」とは、まさしく神学者たちが「恩寵」と呼んでいるところのもの、人間の運命（村）にたいする神の摂理、偶然や不可思議な決定（略）、すべての人びとの生活を支配するあの「不可欠なもの」なのである。[*1]

この意外な定義がひきおこした反応のなかから、ペーター・U・バイケンのものを思い出してみよう。バイケンは、「城の否定的側面、城が世界にもたらす抑圧や歪曲の重み」[*2]という説に異議を唱える。ブロートとその一派は文学の象徴性や構造を単純に宗教で説明するきらいがあるのだ。[*3]『城』をはじめカフカの小説は、「アレゴリー」でできているといわれる。ハインツ・ポリツァーは、このアレゴリー説を「あらゆるカフカ解釈にとって〈悪の根源〉[Ur-Uebel]」とみなし、カフカの詩を「一級の文学作品」[*4]として扱う。いわばブロート以降のカフカ批評は、文学か神学か、あるいは文学か哲学かといった二者択一にとらわれてしまった。そのため十分根拠のある力強い反論を展開しなければならない。カフカ自身の哲学的、宗教的、神学的、文学批評的アフォリズムを、その文学作品の主たる判断基準とみなす解釈に異議を唱えるのである。バイケンまでも、この件について、ブロートに対抗して、「アフォリズムを認めるポジティブなカフカと、小説や短編に悲観的なネガティブなカフカ」[*5]を区別すべきだと主張する。ブロートとその一派への反応は、反イデオロギー的な傾向があった。差異を選択肢ととらえがちであって、結局は神学的な解釈に妥当性を認めない。もちろんブロートは神学者でも哲学者でもなく、彼のドクトリンは単純に響くのだが、それでもなお現代の読者がさらに深く理解する妨げにはならない。先に引用した箇所に続くブロートの弁を振り返ってみてもよいだろう。

> Kは、城のふもとの村に定住しようとすることによって、神の恩寵との「結びつき」〔Verbindung〕をもとめる。彼は、「一定の生活圏のなかで」〔bestimmten Lebenkreis〕働く口を得ようとして戦い、職業の選択と結婚とによって内面的に身を固めようとする[*6]（括弧は引用者による）。

神の恩寵とは、神に受け容れられ、認められることにほかならない。神が人間と共にいるのは人間を受け容れるためである。この観点からすると、Kの行動は完全に「神学的」であって、アレゴリーではない。逆にアレゴリーだとしたら、比喩や暗示といった表現と、神学的な表現に言語上の違いがあるはずだからだ。いったいそのように直接的に「神について語ること」が可能なのだろうか。もしくは神学的な表現と命題が、「神の理」の言葉がもつ解釈のための援けとなっているのだろうか。本稿ではこの問題を取り上げない。おそらく二十世紀の神学が、直接的に「神について語ること」を必要としたのだろう。*7

カフカの著作を解釈するのに、神学やアレゴリーを使わないのは可能だろうか。もしそれが可能ならば、もはや作家カフカのテクストに神学的な概念や関心を見出すべきではないことがわかるだろう。文学的な事物であるテクストに応用される神学的な観点は、文学から固有の神学的な概念を拝借するつもりなのではない。ゆえにバイケンからさらに一歩先に進まねばならないのだ。彼はアレゴリー理論を越えるのに「モデル」を引き合いに出す。そして、カフカが「もうひとりのアブラハム」である自分を想像する一九二一年六月の手紙の一節に触れる。

犠牲の要求をすぐにも、給仕《ウェイター》のように進んで実行する用意があるのかもしれない、けれども犠牲はやはり実現させせないのではないか、というのは、彼は家を留守にできないからで、彼がいなくてはどうにもならず、家政が彼を必要としており、つぎつぎに指図せねばならぬことが出来する、家は出来上がってはいない、けれども家が出来上がらず、そうした後楯がなければ彼は留守にできるはずがない、そこのところは聖書もよく見てとっているのです、「彼はその家に遺名をなせり」とあるからで、アブラハムは本当はすでにもうなんでもふんだんに持っていた、もし家を持っていなかったとしたら、それ以外の一体どこで息子を養育したでしょう、どの梁に犠牲用の祭刀をかくしていたのでしょう?*8

まず留意すべきは、カフカは家という主題を設定し、「もうひとりの」アブラハムを求めている、ということである。これはカフカによる分析が、主題を脱中心化する典型である。当然ながら、こうした論理では「モデル」について語れない。しかしバイケンはこう述べる。

カフカは社会の積極性や理解力をもとに自分が信じる重要な象徴について考察し、詩人にとっては、世俗の潜勢的な関係と社会における従属が、神性との関わり方のモデルであったのを明らかにした。*9

つまり、このモデルはまだ実現していない。その際に前提とされるのが、神学や形而上学や哲学式の基本的な思想のほかに、モデルを物語化した「表現」である。そうして結局、否定性というカフカの詩的思考という本質を見逃してしまう（バイケンは伝統的な信仰に対する批判と読み替えてしまうのだが）。カフカのテクストは神学や宗教や形而上学をどのように包摂しているのか。その根源的な問いに答えるために、「喩話の逆説」という複合概念を持ち出してみよう。形式的には閉じられていて、究極の意味を目指す言説のことである。「喩話の逆説」では、語りが進むにつれ、意味のずれと反転と脱中心化、最後には差し止めにまで至る。喩話やアフォリズムの語る真実は暗示に留まり、断定的に語ることのできない次元に消えてしまう。たとえば次の例をみてみよう（分割は引用者による）。

A　われわれが本当に把握できるのは、秘密であり、暗黒であるにすぎません。
B　そのなかに神は在《いま》すのです。そしてそれもいいことだ。この暗黒の保護がなければ、私たちは神を超克するだろうからです。

C　それも人間の本性にふさわしいのかもしれません。子が父の権威を奪うのです。

D　だから神は暗黒のなかに身を潜めていなければなりません。

E　人間は神のもとにまで押し入ることがかなわぬとあれば、少なくとも神を取り巻く暗黒に攻撃をかけるのです。

F　彼は凍てついた暗夜に、火焔を投げ込みます。

G　しかし夜はゴムのように弾力がある。押せば退くのです。しかも夜は存在することをやめません。

H　移ろうものはただ人間精神の暗黒であり——それは水滴に映る光と影なのです。*10

いずれも逆説、あるいは常識に反した考えを表している。AからDまでは逆説を取り入れていて、次のように言い換えることもできる。人間の理解力が及ばない神は、認識の潜勢力にも負けない秘密・闇であり続ける。ここで逆説的なのは以下の点である。a秘密とはわれわれが理解できるものである。b神は暗黒であって、光ではない。c神の暗黒はわれわれを支える、われわれが神の下位にあって支えるように。d人間は神に対抗して戦う、それも神を知ろうとするためであり、神の潜勢力を無化するためである（神殺し）。e神は暗黒に留まり自己防衛する。f人間は、支えとなってくれている暗黒を破壊しようとする。……さらにこれらの思考を、聖典を扱う場合と同じく、ある神学的な分析をほどこし解説できる。しかしそうした解説は何の役にも立たず、むしろ知性のアウラを破壊しかねない。連続するアフォリズムの各々の断片のまわりに詩人が作り出してしまうアウラであるが。EからHまでのくだりは、不連続性をよりはっきりさせ、唐突なイメージでもって分析の展開を妨げる。最後の命題Hは、元々追求していた意味をかき消してしまう。この「意味のずれ」[Sinnverschiebung]では、意味が定められると同時に差し止められもする。また、アフォリズムの形式で神学的に語る際の「深遠なる意味」が模倣されもする。こうして真なき真実の感覚、理論による経験が生まれる。引き続き考察や証明が可能になるわけでもなく、物語形式による発展もない。「人間精神の暗黒」は、真実がそうふるまうように、「移ろう」[vergänglich]。神学は再び文学と化し、純粋思考はイメージに「解体」される。この後退運動は存在行為を理論なき理論性に差し止める。理論なき理論性にとって、言語は、存在が生成され消費される特別な場である。この「解体」の道具としての言葉は、主に「しかし」とか「おそらく」である。それに文構造における逆接記号であり、特に「かのように」を使う命題である。

カフカのアフォリズムは、様相《モーダル》構造が複雑なため、理論性がどう完結するか見極め難い。たとえばブロイの批判に対するカフカの感想を考察してみよう。ブロイによれば「ユダヤ人の悲劇の元凶はメシアを知り得なかったことにある」。「認める」[anerkennen]ではなく「知る」[erkennen]と表現してしまうことにすでに道徳的に解決できない逆説がある。なにをもってある種の「元凶」が、より直接的な責任のある他の通常の「元凶」よりも深遠と言えるのだろうか。このように神学は道徳を凌駕する。カフカはこう答える。

おそらく、彼らは事実メシアを認めなかったのです。しかし、その被造物が救世主《メシア》を認めぬままに「放っておく」[zulässt]ような神は、残忍ではありませんか。子供たちの考え方や話し方が間違っていればこそ父親が顔を出すはずのものです[*11]（括弧は引用者による）。

人間が神と知り合わないのは神自身の責任だ、とカフカが考えているとみなすのは誤りだろう。なによりも神はこの元凶＝罪を認めずに、仮に差し止めた棚上げ状態とし、いかに自分自身も苦しめられているか示そうとする。会話や思考ができなければ、赦免や情状酌量の対象とはならず、判決が「差し止められる」理由となる。罪がもつ神学的な意味は、「おそらくきっと」という道徳的意味に抑圧されてはいるが、道徳の優越や、道徳の代わりとしての神学を認めはしない（カフカはキエルケゴールの影響と受けたという説や、両者の思想が似通っているという説にもとづき、そう主張する批評家もいる）。ここに挙げた「喩話の逆説」は、いかなる理論とも関係ないが、意味を仮に差し止めて「真実の感覚」を生んでいる。

アフォリズムには「真実」のさまざまな面がはっきり存在する。真実が逆説的なのは、「暗示する」面（喩話、隠喩）と「暗示される」面を取り違えた場合に多い。この逆説を、「かのように」を使った命題の機能が補完する。こうした形式が意図するのは、テクストからの仮定による逃亡ではなく、むしろハルトムート・ビンダーが考えるように、「比較のための第三項」[tertium comparationis]と「比較対象物」を、原級の表現を構成するレベルに上げることである。

「かのように」を使った文章からわかるのは、条件節ではない直接的な命題とは逆に、「かのようにの命題」は第三者によって内容が明らかとされ、この事実が語り手によって尊重されるということだ。[*12]

解釈の対象となるテクストの一部として、すでに解釈は編み込まれている。ゆえにカフカのテクストは解釈学に開かれている。実際、解釈における体系的な脱線が中断されると、ちょうどテクストの核が解釈に対して開かれる。多くのアフォリズムがこうした意味論の構造を体現している。思考の閉塞を妨げるのが主たる目的である。確固たる真実として思考を閉ざしてしまわないように、どのようなときも、思考を再開し、発展させ、利用し、応用すべきなのだ。

あらためて神学をみてみると、「形式的」とも言えそうな新しいタイプの否定性を見出す。神学の発話では、意味論的な開放と脱線があり、「神学的」意図により思考は差し止められる。言い換えれば、神学とは別に「神学的なるもの」がある（グノーシス派にも神と神格がある）。

カフカの作品が神学を含むか否かとの問いには、逆説的に問いをひっくり返すことで答えられる。神学こそこの作品を含むのだ、と。その神学とは、確定されなければならないという意味において、否定的である。とはいえさまざまな意味で語られるのが否定神学である。われわれは非神学と反神学を区別している[*13]。反神学ではさらに分かれ、述語にかかる否定と、神学的命題の主語にかかる否定がある。前者を陽否陰述的神学と呼ぼう（アポファンシスの命題的神学に属する）。陽否陰述的神学の一般的な命題は以下のような形式をとる。

神はXでない。

これは、次の一般的な陽否陰述を応用した形である。

S（主語）はP（述語）でない。

最も単純化すると次のようになる。

Sは〜P（述語の否定）である。

通常Q＝Φ（〜P）である。その場合、陽否陰述は「還元可能」だが、注意すべきは、還元されるのは純粋概念ではなく述語機能であり、それも直接的ではないということだ。ある主語に対して一つ以上の述語で否定しても、他の肯定の述語で言い換えることは可能である。その肯定の述語は、否定の述語を排除するが、逆の還元は不可能である。また否定の述語と肯定の述語の均等・不均等性も考慮しなければならない。従来、否定神学で一般的なのは不均等性であるとされていた。神についての述語を否定しても、その対極（裏返し）のものを肯定することにはならず、優越する「超越的な」な秩序の肯定を意味したのである。秩序の肯定といっても、意味の連鎖に従って展開するのであり、ひとつの肯定的命題に固定されるわけではない。秩序の優越は「存在論的」であるはずだ。存在論的でないとすれば、否定神学においてとりわけ重要な、論理的もしくはメタ言語的である。実際に、否定神学は無神論への第一歩となっている。神の存在を否定するときに通常意図されるのは、現実を指し示す言説には「神」という代替不可能な言葉はないことを（偽）帰納的に肯定することであった。「神」という言葉をP_1からP_2、P_3、P_nといった述語により特定されるものとして考案してしまった以上は、神の存在を否定するにあたって、これらの述語に対応しているのは神の形式的なイデアを包含する現実ではないと否定するだけでよい。この無神論は、述語的論述による一種の否定神学である。たとえば、否定神学において「神は世界を創造した」という命題と対になるのは、「世界は作られたものではない」である。こうして神の述語を否定し、神の概念の内容を無化するのである。また、否定されるのはいくつかの述語に限定され、残った述語が新たに「歓迎される」意味を得る、といったこともありうる。

主語そのものに関わる述語は、こうした否定神学に還元できない。あるのは創造の現実、神の摂理の現実、絶対の現実、超越の現実などである。といってもこれらの「神性」を表す述語は、神を実際の主語としてもちえない。しかし逆説による文章では、「神なき神性」といったように、その限りではない。どの立場を選び、その状態を維持するのが可能かどうか、どのように可能かが問題なのだ。抽象に陥る危険を冒しつつも、たとえば「聖書的」陽否陰述の神学を命題に言い換えてみよう。

1. 神は父である
2. 神は裁き手である（そして罰する）
3. 神は支え手である（「神の国」の発想）
4. 神は人への愛である
5. 神は天地創造の事象である
6. 神は啓示の事象である

等々

さらに抽象的な表現を重ねると、やがて主体は不在・非在となり、あらゆる聖書神学的な命題によって存続するものとしてカフカの作品を「理解＝内包する」否定神学が仮定される。こうして得られた「父なる」神性は、もはや神の属性ではなく、神の属性を解体してしまうひとりの人間のものである。裁きの神性、すなわち「聖なる法廷」であって、もはや「裁き手の神」が実際もつ潜在力に支えられない。統制の神性、「聖なる官僚」であり、統制を行う神は存在しない。その上、「愛する神」なき聖なる愛があり、自立した聖なる必然性によって支配される万物の連鎖、実際に「欲する神」の支配もなく、神性の特徴や意義をもつ理由や目的に従って事象が生起し決定される。やがて啓示する者なき啓示があらわれる。……

この神学に措定的否定はない。神の属性なり実態なりを排除しない。命題において否定は生じない。命題のうち、どんな主語の意味作用においても、実際に否定されるのは述語のみである。神の不在は「仮定」されるのではなく、人間が自らの存在でもって証言しつつ、「実現」されるべきものである。各々に「否定」があるわけではないし、否定する主体がいるわけではない（悪魔信仰がそうだが）。否定のアトリビュートたる堕落とは、「何々である神」に付されるそれではなく、「何々でない神」に付されるそれである。神の不在といった埋めようのない空白である無に対して付されるような堕落なのだ。否定とは様相《モーダル》であって、価値論的定義によってあらわされる。

本稿の枠組みに従って、まったく一般的で概論的ではあるが、カフカのテクストを、先に論じた「聖書的」命題によって設定される存在否定論的状況にあてはめてみる。『父への手紙』、『審判』、『変身』、加えて父性が支配するテクスト一般は、命題1「神は父である」にとっての否定相関物とみなしうる。

『審判』は、独立した存在であるなら、命題2につながってくる。『城』は、同様にして「高存在」とみなされ、命題3に関係する。カフカのテクストのさまざまな登場人物や形式的状況は、その他の「聖書的」命題と存在否定論的に対応する。登場人物の無理解や「無邂逅」といった共通モチーフは命題4に関連している。命題4からは同様にして「女性と愛情」といったテーマも導き出せる。カフカの語り一般によくみられる、出来事の否定や、肯定的な生起の不可能性に、命題5の否定があてはまる。最後に、テクストが述べたりほのめかしたりする闇に、命題6の否定が感じられるだろう。重要な点だが、否定神学は、（陽否陰述的な）「下賤な」悪魔信仰でも無神論でもない。これらの対応関係に例外はない。図式の崩壊は、晩年のカフカに著しい。図式は解釈の援けであって、簡単な論で間に合わせているわけではない。

　神の失墜、堕落は、カフカにとって、神の潜勢力また固有性＝ペルソナ性が無化されることであり、神の「存在」の喪失である。とはいえ神学にとって決定的なのは、単に堕落する降下と、「である神」の恩寵である新約的「自己の無化」[κένωσις]の区別である。通常は同等とみなされるこれら二つの概念の境界線上にいるのがカフカである。神の結果的な非在は、「失墜」[Erniedrigung]から「自己の無化」への「移行」をすんなり許すものではない。この移行は「仲介者」の役割を必要とし、カフカにおいて「仲介者」は「神の失墜」[Erniedrigung Gottes]という運命を経験し、カフカの語り特有の失望の構造に組み込まれている。作中人物は、語りが進行するうちに、神が禁じられた「イメージ」へと堕ちていくのを経験する。人物の喪失は、冒涜のイメージの破壊、さらには「でない神」が具現する偶像の破壊を意味する。カフカの文学とは、難破して記憶の潜勢力すらない「神のようなもの」の経験を費やした存在なのである。読者の理解の可能性を消化し尽くすと、「神のようなもの」は跡形もなく消える。「卑下」に相当するのは慎みである。もし「卑下」が、「である神」の存在の代わりに、「でない神」の「退廃」[décadence]（ニーチェ）であるなら、慎みは人間の破壊、アイデンティティ＝主観の喪失となる。

カフカの神学的解釈に対して、カフカの詩や思想の「中心」に神がいるわけではないと反論する人がいても[*14]、言葉をそのまま受けとらずに、カフカについての批判的省察というより、むしろカフカ的語法の一例としてとるべきである。神は中心にいない、「でない神」が中心にいるのは、神の「退廃」が成立する禁じられたイメージによってである。カフカの世界に棲まうのは「哀れな悪魔」[faulige Dämonen]（マルティン・ブーバー）であり、これらは裁判官や城主といった神のイメージである。一般に「敵」の役割を負う登場人物からなる。彼らは、消えゆくペルソナ性の持ち主であり、くたびれた服や古着の衣装をまとう。しかし聖書による神のアトリビュートとしてなによりも先に、（いわゆる）「ペルソナであること」がある。主人公（K）の敵であるカフカの作中人物は、もともとは「神聖な」「ペルソナであること」が消えていく様を見せる現実がおかれる場もしくは中心である。「高存在」についても同じことが言える。巨大な高存在は潜勢力を拡大し、存在の根拠となる「ペルソナであること」を内に秘めておけない。

ゆえにカフカの作品を含む否定神学は、「でない神」が遍在するようにみえる。さらに存在の創造の瞬間における「主観たる神」が決定的かつ致命的に欠如しているようだ。「でない神」の責任において、人間は「正しき裁き」を受けることなく、存在を真なるものとするあの正当な理由も得られない。不幸、悪、「死の裁き」は、カフカの描く「野蛮」のように、「現世の存在」以前の起源につながる。さらには進展も事件もないプロセスの避け難いメカニズムがあり、自らの存在を受容したり正当化したりする実際上の潜勢力の欠けた固有の存在が最後には消えてしまう。……これらすべてが否定神学にはある。そこでは「である神」の開示が、「でない神」をあますところなく表現するさまざまな人物像の語りの表象によって逆映しされる。反転する語りの神学には、「神」という語彙の余地はなく、その語が実際に使われる際には、純粋に形而上的な原義を保てない。

アフォリズム文学は、この独特の否定に正しく対応する。この文学形式を、肯定的で楽観的なもの、また深い悲観や絶望、虚無主義として定式でとらえてはならない。幾人かの批評家は、「教条主義」を避けるあまり、教条的な虚無主義に陥った。たとえば、「求める者は見出さない、これに反して、求めようとしない者はたちまち見出されてしまう」*15というアフォリズムがある。あるいは、「彼が同時代人に言う是非と、実際に言うべきであった是非の違いは、生と死の違いに相当し、当人においても〈予感のように〉[ahnungsweise] しか感じ取れない」といったものがある。これらのアフォリズムは、G・ノイマンによれば、論理を乱し、非論理的な思考を生む。*16第一のアフォリズムは、字面では、いわば「歴史的」意味をもつ。求める者は見出すという思考にすでに慣れている読み手を想定している。カフカは逆説的に敷衍し、ごく平均的なアフォリズムをまずは拒否する。それから、正真正銘の「見出す」ことは、求める者ではなく、賢くも求めることをやめた人を「見出す」「誰か」(「神学的」受動)において起こりうる。どこに矛盾があるか。むしろ(「求める」と「見出す」という動詞に)方法論的な意味のずれがあるのだ。それに異例の反転もある。このアフォリズムにあるシンメトリーは偽りであり、解釈の関心をそらす。第二のアフォリズムは、形式が同じでもさらに複雑である。「彼」は、教え説く者である。彼の教えの主題は、婉曲ではなく「是」、「否」と言うことの明確な違いにある（ここでもまた明らかに聖書に言及している）。しかし、彼が主張すべき真の違いは、言葉によるものだけではなく、彼がようやく気付くほどのものでもある。それは生と死の違いとして示される。違いについての違いを言葉では歓迎するとは逆説的だ。こうした二局面においてカフカは謎としての意味を獲得する。しかし非論理性について語りすぎたようだ。アフォリズムの意図は、カフカによってはっきり示されている。

ぼくのすることは一人でなくちゃできないことなんだ。最後の事柄をはっきりつきとめること。[*17]

ここでの明瞭さが、そのままある思考の内容にみられるわけではない。むしろアフォリズムにおける思考の流れ、逆説がもつ運動性にみられる。研究者たちは、カフカのアフォリズムを、形而上学や神学、哲学の命題における真理に通じることのない、表現手段あるいは方便としてのみとらえている。H・G・ポットによれば、信仰にたどりつけなかったカフカは、聖なるものを否定したわけではないが、それに言及する可能性をもたなかった。[*18] しかし実際のところ、「信仰」は、「脱意味作用」がはたらく「口実」である。その作用は、ときにアフォリズムの文体、ときに物語の文体（さまざまな文体）において、カフカによって方法論的に成立する。作品内のカフカは、信仰や不信、ましてや「無関心」など語らなかった。そうした「無関心」もまた意味の変容の問題といった領域に関わってくるのだが。ゆえにヴェルナー・ホフマンが意図するようにはカフカに帰すことはできないのだ、「答えを求める衝動と、答えが出せない無能のあいだの緊張[*19]」を。

カフカの問いは、答えを保留し、問いにおける真実の意味を優先させる。それは「真実」の現象学であり、アフォリズムの構造や、物語のテクストにおいて明らかとなる現象学的な変化なのである。ホフマンは次のように主張する。

どんな信仰もカフカに、最後の事柄についての問題に答えを与えはしなかったので、「内面」［nach innen］の道しか彼には残らなかったのだ。[*20]

広く支持されるアフォリズムの定式とは次の通りである。ある命題がたてられ、展開され、曖昧のうちに、完遂されない「修正」がほのめかされて消滅する。この定式は『観察』の50番（右のホフマンからの引用で言及している）にあてはまり、次のように分割できる。

A　人間は、それ自体破壊不能ななにかへの一貫した「信頼」［Vertrauen］なしでは生きていけない。
B　破壊不能なものにしても信頼にしても、その人間にとって、一貫して秘されたままでありえる。
C　この「秘されたまま」であるのを表現しうるのが、たとえば個人的な神への帰依である。

わざわざ「信頼」や「破壊不能」［Unzerstörbares］といった語で、「信仰」［Glaube］や「絶対」［Absolutes］（あるいは「無条件」［Unbedingtes］など）といったありきたりな表現を言い換える。カフカは拡大解釈した同義語を援用し、手の届かないところで決定されていて使い勝手の悪いよくある言い回しを避けようとした。こうして意味のずれが生じはじめる。Bは、矛盾することなくAを修正し反転させる。通常、なにかを信頼する際、対象や、主体のもつ信頼が予め意識されているはずである。AとBを組にすると、文章の理解に亀裂が入り、意味の逆転についてさらなる説明が必要とされる。信頼が虚であるとか、破壊不能がまやかしであるとか言わずに、信頼に信を寄せるのを差し止め（可能態[können]だが）、思考はAに委ねられる。そこで思考は中断され自己完結する（もはや「内面」ではない）。しかしこの脱線も、副次的な脱線を被ってしまう。Bは次のような意味にもなったはずだ。人は自己を暗示にかけ、信頼を信じ、「破壊不能」を「無邪気にも」認めてしまえる。しかし実際にBが言うのは、人間が大切にするその信頼自体も、信頼の対象である破壊不能なものも、それでも彼にとって秘されたままとなりうる、ということだ。とはいえ、アフォリズムの謎を文献解釈風に解いてしまうと、「意味の暗示」や潜勢力が失われることもわかるだろう。Cは単独で逆説となっている。個人的な神を認め、その啓示を信じている。けれどもCが言うのは、個人的な神への帰依は破壊不能なものであり、破壊不能であること自体を信じる逆説的な秘密を表す（！）便法というのだ。そうした字義通りの解説は目的を見失う。Cを読むとき、もはやAやBを想起してはいけない。なぜならCに至る飛躍があるからだ。AとBとは違って、Cの「なぜ」は保留されており、ゆえにこのことは、アフォリズム全体が無制限に開かれているようにするのである。アフォリズムが展開するにつれ、加えて語るのではなく、徐々に減じて語るのである。出発点と矛盾せず、もしくは出発点を反定として否定してしまわずに消し去るのである。また別の場合には、こうした思考の消尽は、外部への脱線ではなく、内部での浸食のようなものによって生じている。たとえばこうである。

信仰とは、自己のなかの破壊しがたいものを解き放つこと、あるいはより正確に言えば、自己を解き放つこと、あるいはより正確に言えば、破壊しがたい状態であること、あるいはより正確に言えば、在ること、である。[*21]

主観は客観にたたみこまれ、たたみこまれた客観は主観そのものにおけるたたみこみを生む。このたたみこみによって、まずは同族への変化、それから純粋で虚ろな存在への変化が起きる。こうして当初の概念の脱構築が果たされる。

ちょうど模範的で特徴的なケースは、次の破壊不能なものの脱構築からなる。

至聖の場に入ろうとするとき、おまえはそのまえに靴をぬがねばならない。だが脱ぎ捨てなければならないのは、靴ばかりか、身につけたすべてである。旅装と荷物、そのしたの裸身、赤裸のしたに隠された一切、さらに核心［Kern］、核心の核心、さらに残余、さらに残滓、さらに不滅の非のほてりまでも拭消するのだ。ようやくここにいたって、火自体があらわとなる。ここで至聖なるものがこれを吸いとり、火もまたよろこんで吸いとられる。そして両者とも、抗いがたくこの交歓にひたるのである。[*22]

ここで「変化する」のは「入る者」、すなわち人間の現存在を表すものである。最後の文は入口を暗示している。「入る」とは至聖と火の抗い難い交歓を意味するが、この交歓にもはや「入る者」はいない。意味の逸脱、構文の「破格」が生じたのだ。個人のアイデンティティは跡形もなく消え去る。それは外部から脱構築されて、殻の変化が現存在そのものに及ぶのがいつになるかはわからない。「自己」のいられる居場所はなく、ひっきりなしに移動させられる。「裸身」ではなく、それはある内側、最終的には外側の炎でしかない内側を隠すからだ。「裸身」までの冒頭のくだりもしくは変化ののち、言葉はもはや通常の直接の意味をもたず、ただ暗示的かつ神話的な本来とは異なる意味を帯びる。すでに「裸身をぬぐ」というのが意味をなさない。冒頭の意味深長な表現からはじまって、その表現を掘り進め、「内奥」に達する。その「内奥」は裏返しの他者であり、永遠の炎の絶対的な芯である。ゆえに破壊不能なのはアイデンティティのパラドクスということになる。

破壊しがたいものは一つである。個々の人間がそうであり、しかも同時に、それがすべての人間に共通している。*23

破壊不能なのは、普遍における個人の脱構築である。一般に、神学の「陽」は、「陰」に翻訳されるためにある。といっても「陰」そのものの翻訳ではない。次のアフォリズムがそうであるように。

われわれは、楽園に生きるように創造され（まず第一の逆説、追放の神学素に対する）（矛盾した回転を目指す）（逆説的な反転）、そして楽園は、われわれに仕えるように定められていた。われわれの定めは変更されることとなったが、それにともなって楽園の定めのほうも変更されたとは、言われていない。*24

ここでは変化が、人間と楽国の違い、つまり違いをなす二つの語に生じる。われわれの目的が変化したのは、方針の変化を客観化したからであり、テクストに起きる意味の逸脱を客観化したからである。楽国のテーマは破壊を暗に含む。

楽園で破壊されたといわれているものが、もともとすぐ壊れるようなものであったのなら、それは決定的な結果を招きなどしなかったはずだ。しかし、絶対に壊れるはずのないものが破壊されたのだとすると、われわれは誤った信仰に生きていることになる。*25

ここで破壊されるのは、表明されたことの意味である。楽国で破壊されるべきなにかがはっきりとあるわけではない。しかし失われるよう定められている楽国は、あらゆる破壊の根幹を示していた。存在において、そして存在を語る言葉において、経験される現実となるものを示していた。

カフカのアフォリズムは「あらゆる価値の価値転換」〔Umwertung aller Werte〕をおこす。とはいえ文学としての経験の枠内に収まり、決してテクストを、外部でおこりうる変化のため、道徳的・精神的世界においてあるような変化に従属させるわけではない。……

2　アイデンティティとテクスト

カフカのアフォリズムの思考における反転はよく知られているが、大抵の場合、抜け道が求められた。そこで神学倫理の伝統的主題に彼の思想をあてはめていた。ヴェルナー・ホフマンはこう言う。

自我の「消耗」［Aufzehrung］や「喪失」［Abbau］といった言葉が伝えるのは、この世を放棄し、この世に背を向けるのは意志の所業ではないということだ。（中略）むしろ忍耐強い労苦によってなのである。（中略）われわれの罪とは、おおよそ惨めな偽りの歩みであって、更生の効かないドラマチックな堕落ではない。[*26]

ここからホフマンは「強い意志が認められればよいという人間の希望」に帰着する。この解釈は実証的ではないが、根拠をカフカの語りにおけるアイデンティティの問題に求めなければならない。作家がアフォリズムによって表明していることは、われわれが、彼の散文を理解する援けとはならない。というよりも「類似物」、もしくは共鳴関係にある対照項となろう。その関係において二つの「ジャンル」は同じ地平に立つ。

アイデンティティの概念は、われわれにとって、カフカ研究全般の核である。アイデンティティに固有の場は言語である。存在を自身と等価としてしまうのは、実は、存在について語ることの、なにがしかの始原の特徴を示すのに相当する（単に存在論的で無意味な「アイデンティティの原則」は、アリストテレスにも見出せない）。そもそも問題はこう定められよう。なにかを語るのはいかにして可能となるか、語ることが叙述的であり、叙述がAを、AではないBに帰属させるのだとしたら。「物質的な」同語反復はありうるのか。主語と同じ意味にとれる語を述語に含む命題は、アリストテレスの論理に照らせば、いびつである。正しい叙述はどれも「異種」を語っており、非相同（ヘテロロジー）である。非相同にもとづく命題の構造から考えれば、同語反復とは、「究極の命題」、もしくはメタ言語的な命題とでも説明できる。アリストテレスからカントまで、そしてカント以降、正しい命題は、根本的にいわば「非相同」でなければならない。異種を語るとは、語る行為が固有であるゆえ、新種のアイデンティティを構成することなのである（まとまりのある単体としての命題）。であるなら、語るとは累進的で蓄積的である。

命題の意味上の副次元を構成するテクストは高次の存在となる。実は命題の真の意味は、テクストにおいて命題が占める位置次第であり、または先立つ命題によって多様かつ複雑に決定される（間接的ではあるが、さらに未来の潜在的な命題によっても決定される）。テクストの進行に従い、命題は他の命題に「付け加えられる」。ゆえにテクストは本質的に累進的なのであり、「後進」は特殊な内容の場合に限られ、形式上は累進の原則に従う（ここで決定的なのが、カントが過去における時間の再構成について語っていることである）。われわれの論理は基本的に累進的である。この上に形而上は成り立つのである。

これに応じて、本質的なアイデンティティとしての現存在は、綜合的な時間の累進のうちに現実態となるか構成されるかする。いかなる生命活動も、人格がもつアイデンティティの「考慮」が必要である。それゆえアイデンティティの概念を持ち出し、多様であってどこか拮抗する哲学的観念を融合させられるし、それだけでなく現実のさまざまな分野である、存在、自然、世界、精神、歴史、個人、社会などといった観念まで融合してしまえる。経験の概念は、この形而上学の複合的な意味合いをおそらく最もうまく取り込めてしまえるだろう。ゆえにヘーゲルにおける経験概念についてのハイデガー評は啓発的なのだ。*27 アイデンティティの概念を広く形而上学的にとってみると、なによりも先に関係してくるのがヘーゲルの弁証法である。この弁証法は、存在、実在、現存在と豊かに揃う「綜合」の可能性を高め、最大限に利用する。

とりわけ二十世紀に培われた人間概念は、強化されたアイデンティティ観の影響下にある。欠如、不確定、弱さ、「意図的な服従」を認識するほどに、そして共同存在の文脈内の存在である人間を他と向き合って存在するよう導く「第二の天性」を認識するほどに、文化人類学的な理念としての「完全」(マリタンからゲーレンまで)としてあらわれる綜合的なアイデンティティが一層映えるのである。そこではアイデンティティの観念や投企は、(投企に内在する、同様の現実化の論理に従って)一般に芸術を指す享受の経験のうちに実現されないとしたら仮定で終わる。その経験において文学の「形而上的」機能が認識されるのである。主体のアイデンティティは、作者、登場人物、読者のあいだで響き合い、是非が問われる。

一方でアイデンティティの形而上学に替わる見方はあるのだろうか。

形而上への反抗は、アイデンティティによる支配への抗議であり、人間に重くのしかかるアイデンテイティの運命に立ちむかう戦いである。いまやこの戦いの理由をみつけ、解釈し、反芻しなければならないはずだ。「知識」の総覧に尽きてしまわないような新たな経験を期待しながら。ガーダマーはこの経験の可能性を唱え、解釈の主体から対象への運動として真実の意味を開かれたものとした。解釈主体による対象への能動的な同化、あるいはその活用ではなく。*28 いわゆる「アイデンティティなき真理」を追究する文学経験のうち、ムージルのそれは特筆されるべきである。消去の技法でもって、人間のアイデンティティを、述部から、さらに「特性」からも消してしまう。アイデンティティと関わりをもたないもうひとつの可能性は開かれ、漠然と残される。つまり特性や非特性をつくる主体もしくは「客観自然基層《イポケイメノン》」〔ὑποχείμενον〕というアイデンティティをもつ人間の可能性である。カフカの作品はまさしく語りによってこの可能性を広げていく。

アイデンティティの形而上学が終焉するとき、カフカの作品があらわれる。この終焉にとっての永続する到達点、進歩の原則概念は、カフカにとっては「そうなったもの」であり、ひたすら後退するだけかもしれない歩みの出発点である。存在はもとより無限であり、その完全性は達成され、出来上がって閉じられている。歴史は以前に完結し、もはや期待される出来事はなく、この世はすでに存在で充ち満ちており、人々は隅々まで人間らしく、「あまりに人間的」〔allzu menschlich〕である。それに個人はいまやアイデンティティであり、自己完結している。いずれにしてもアイデンティティなど作ってはならず、そもそも可能ではない。逆接は「思考」の統一を妨げ、語りは「語れなさ」を暴露し、単なるひとつの理論的支柱に属性や関連性を凝縮させられず、また空虚な図式は具体的内容で埋められはしないと明らかになる。

このことは登場人物の「年齢」にも通じる。彼らは幼いと同時に老いている。幼児のように過去がなく、老人のように未来がない。さらに「現在」すらないのだ。人生のよろこびをなす青春にふさわしいものなのだが。だから創造を伴う経験がなく、ただ発見や認識の一瞬の輝きだけがある。知見と認識の光のもとに対象を吸収する確認行為があるのみなのだ。描写は創造ではなく消去する。対象との距離、「他者」との距離を設定する。そしてその距離を、親しげに近寄り抹消する。その近さは、本当の接近や一般的な方向付けを許さない。語りの現在化とはそのまま現象化することであり、ゆえに主体が自らをふりかえって考察できない。豊富に経験を積めず成長できないのなら、人間はアイデンティティを持つとは言えない。カフカにおける人間は「アイデンティティなき人間」である。といってもこの表現を、あらゆる他己にむけた際限のない開かれという楽観的な意味でとらえてはならない。それは実際の他己、個人的な他己、歴史上の他己、神聖な他己といったすべての場合に共通する。ではどうとらえるべきかというと、作られた完全性、存在論的に飽和状態とのニュートラルな意味においてであって、その状態になるといかなる補足も刷新も許されない。あとから得られたアイデンティティでは成長も決断もできないので、つまりはアイデンティティを「持つ」ことがないので、人はそれを失うことすらできない。彼は死ねないのだ。カフカの作中人物の死は事件ではない。破滅でも不意の終焉でもない。生成過程がいきなり断ち切られているわけでもない。ただはじまりにおける非アイデンティティを明らかにしているのである。というのも、人物の登場と共にすでに非アイデンティティは決定されているからだ。文学的経験から言うと、登場人物は、語りの舞台から身をひきながら去ることで読者の記憶量を増やしたり重くしたりする潜在能力がない。カフカの作る人物に対してノスタルジーは湧かない。カフカにおける人物像、状況、運命は示されず、読者がどのような一体化も経験できるようにしてある。語られる（と同時に語っている）登場人物に次から次へと「なる」のが可能なようにしてあるのだ。一方で乖離はまったくない。Kや、他の登場人物にしても、いわゆる考察するのによい距離から映し出されはしない。（時にネガティブな）「感情移入」［Einfühlung］の対象としてよいわけでもない。わたしはこれらの登場人物のひとりになるわけにはいかない。ずっと前からその人であるからだ。もし語りが「可能態の自我」を現前化する場合、無意識からそれを描くわけでも、「秘された自我」を明るみに出すわけではない。その場合、道徳的な実践となるだろう。つまり「意識」［Bewusstsein］の光にさらされるものは「良心」［Gewissen］によって裁かれ、隠蔽だけで有罪となる。「秘された自我」の構造上の実態を構成する根源的な罪がありうることは、カフカの思考や詩からかすかに認められる。Kの罪は「分析的」であって、原罪は存在しない。言葉を通じて良心に問うたり、咎めたり、清めたりできる根源的な悪などない。そうした言葉は「である神」だけがもっている。

それでもなおカフカにおける「普遍」を語れるだろうか。エンリッヒの解釈が斥けられた今、「形式」の可能性が探れる。先に言っておくが、意義深い「類型」というものではない。人間の「善良な本質」（フォイエルバッハ）もしくは「理想」（カント）として取り上げられるようなものではないのだ。人間性が、真正な個性の代替でしかない特殊や例外に優越したりはしない。といってもいつものもはや色あせた人間性を言っているわけでもない。ましてや「特質」が崩壊する場となったブルジョワの共通意識を指すわけでもない。アイデンティティなき人間とは、生を形成する「存在行為」が重ねられるうちに「自己同一性」が消耗してしまった者を言う。行為が重なるときに特徴的なのは、「人間」という巨像や全体像を作り上げはしない投企や投影の並列である。投げ出された投企であるという「アイデンティティ＝本質」には、カフカ的人間であってもなじめないだろう。なぜなら「投げ出された存在」と投企の回路では、アイデンティティを形成する自己省察が「ひそかに」再構築されるためだ。個人は、「非アイデンティティ」の力学において、特殊も特質も共に保持する。というのも存在者だけが、アイデンティティの真なる喪失の場であるはずだからだ。ゆえにアイデンティティなき人間が行者のようにはならない。

普遍の上に「否定」を根付かせねばならない。完全に自立した代替不可能な「否定」として。否定は「文学」や言語と同意である。言語が肯定や創造に達するだろうか。すでに同定された意味は限られ不揃いであるというのに。一般にどうしたら「発話する」のが可能なのだろうか。アイデンティティなき人間には、打ち明けたり伝達したりするのに価する内なる蓄えがない。彼の言葉は使い古されすり減っている。ゆえに表明すべき新たな事実などない。類推による漸減的な言語しかない。構成要素が自由に反響しあうだけの言語である。アイデンティティなき人間は類似＝寓意である。

> 多くの人びとが不満を述べているように、賢者の言葉は、いつでも寓意［Gleichnisse］、つまりたとえ話にきまっていて、日常生活では役だてようがない。（中略）これらすべての寓意は、じつは、理解できないものは理解できないのだということを言おうとしているだけなのかもしれない。それなら、わたしたちもとっくに知っていたことである。（中略）「きみたちは、なぜいやがるのだね。寓意にしたがえばいいじゃないか。そうすれば、きみたち自身が寓意になり、それとともにすでに日

常の労苦から解放されているだろう」（中略）「賭けてもいいが、それもひとつの寓意だね」（中略）「だけど、残念ながら、寓意のなかでの勝ちにすぎないよ」*29

論旨を覆してしまう逆説的な結論は省いておこう。この思考において注目しておきたいのは、詩のディスクールが類似＝寓意によってできており、詩を志向する者の様態もしくは「真理」をひきよせてしまうことだ。類似＝寓意からは逃れられない。類似性について考察したとしても無理である。どんなメタ言語であっても、類似＝寓意である詩を獲得するのに犠牲となったアイデンティティを贖うことはできない。

それではいったいどうやって現存在を類似態において非同一としておけるのだろうか。どうやってモナドロジー、唯我論、孤立といった偽りのアイデンティティに陥らないようにできるのか。現存在が保証された世界が崩壊する、獣や読んだものといったしつこいテーマに隠れ、時間や空間、原因と実体に従う脱構築においてあらわれるアイデンティティである現実の手前に描かれる世界……原始夢への退行、こうしたものはわれわれには共存在の分析に支えられればじめて理解できる。その分析によれば、自我の現実は、「他者」[das Andere]との関係性を満たすか否か次第である。この関係性は、さまざまな存在論にもみられる。その存在論とは、常に他己を示す定式からなる。

a　（ものにおける）「現実の」他己

b　（主体である他者における）個人的な他己

c （神における）絶対的な他己

これら三定式のどれもが幾重もの様相を呈し、他の定式とさまざまに相関関係をもちうる。「自我そのもの」は「唯一者」であり、「唯一者である他者」と元々言われていたものと同じである。もし他者が絶対者であり「何々でない神」であるなら、自我（「唯一者である他者」の「唯一者」）は本質的に「非同一」である。ゆえにアイデンティティの危機とは、言うなれば、カフカのテクストにおいて展開され孕まれるのだが、「主観である神」の非現実の裏側をなす。神の支えなしでは主体は投企性の虚無に陥ってしまい、現実の内と外における「破壊」に、表現力を費やしてしまう。自我それ自体は隠喩である。ヴァルター・ベンヤミンは、カフカの創作における「泥の世界」と「霊的」境地について語った。「忘却こそが『審判』の真の主人公である」と。忘却は消去ではない。意図的な健忘症でもない。過去の超克でもない。そうではなくて現存在の非アイデンティティ、「非記憶」に触れる出来事の解体である。行為が身振りにあらわれるのなら、身振りもまた非アイデンティティ次第なのだ。ベンヤミンがこう言い表すように。

人間の身振りから彼は伝来の支えをはずし、そうしてこれを終わりない熟考の対象とするのである。*30

身振りは登場人物の存在を消し、言葉にとってかわる。そうして意味が固定化せず、行為と出来事が一致しないようにする。身振りは行為を「吸収し」、行為者を非内在化する。

身振りについての申し合わせは、登場人物間に起きる言語による本質的な誤解の対極にある。真理の発見はありえないとカフカについてよく言われるが、ちょうど構造的な誤解を指している。誤解によって、対話にあらわれるアイデンティティの企ては幻滅させられる。誤解に共存している仲介から、まさしく個人の「罪」が生まれる。誤解は、語りの表層では不正としてあらわれるが、「他者」(「英雄」もまた異邦人)の前での「唯一者」の通常の存在様態となる異質性ゆえである。それゆえに社会的格差は、種の違いとして、決定的な重要性を帯びる。ここでおしなべて論じてしまうならば、社会的格差は、構造的あるいは下部構造的な要因にもとづくものではない。むしろ上部構造の最も高いところに依拠し、人と人のあいだにある言葉遣い、すれ違いや誤解、あらゆる類の乖離によってのみ成立している。

次第に増大する誤解は、登場人物間の直接的な衝突を回避する。文字通り、行動を劇化させない。そこから生まれる不和は、反弁証法的な状況であるが、登場人物を枠内に閉じこめる。枠によって、主体(主人公、作者、読者)のアイデンティティがありえなくなってしまう。誤解の後に残るのは、しばしば主人公である人物の道理であり、それは咎められ、認められもしない。ましてや人物に深みを与えもせず(窮地を経て己のアイデンティティを形成していくといった古典的な英雄像とは違う)、むしろ存在理由を徐々に弱めてしまう。

アイデンティティなき人間は、人生と作品の関係をすべて再編させる。自伝を新たな意味でとらえなおさせる。カフカの文学作品はどれもある意味で自伝である。そもそも、明らかに自伝的であるような著述が文学なのである。カフカは自らを語ろうとしない、記憶の悦楽に浸ったりしない。むしろ正義を常に欲するも決して得られない辛さを知る。審判が問答無用で迫ってきて、裁かれるべき行為に先んじる苦しみを味わう。とはいえ正義と審判はエ、ク、リ、チ、ュ、ー、ルによって差し止められる。エクリチュールは、最後に正義を果たす法的解決を阻む。
　エクリチュールは、作者が望んだアイデンティティを帯びる。カフカはついには書くことをこう定義する。

　悪魔崇拝の報酬であることは、夜、あの明確なこどもの直観的教授法によって、僕にはっきりとわかったことなのだ。こうして暗いもろもろの力のところへ降りていく、生まれながら結びついている亡霊を解き放す、怪しげな抱擁、陽の光りのなかで書いている上の方ではさっぱり理解されない万事が下の方ではおのずと進行するのかもしれない。おそらくはまたそれとはちがって、僕は書くことを知っている。不安のために僕が眠れないときの夜、僕は知っているのだ、それとはちがって書くことを。[*31]

　とはいえ夜は、無でも難破の海でもない。というよりも「エクリチュール」としての唯一の真正なる覚醒の時なのである。しかし夜にはなにも起こらない。夜は夢の世界であって、夢を見る人が覚醒時に得た「素材」になにも付け加えられない（経験論に従うならば）。まさにそれゆえ夜に、エクリチュールの世界をこえてゆく「意味」が生成されるのであり、それは日中の現実に影響力をもたない。エクリチュールは、先立つ現実の解釈ではない。さらにカフカはこのようにも言う。

夜のなかに沈んでいる。ときおり頭をうなだれて、考えごとに沈むように、夜のなかにすっかり身を沈めている。まわりでは、人びとが眠っている。人間が家のなかで、がっしりしたベッドのなかで、（略）らちもないお芝居、無邪気な自己欺瞞である。ほんとうは、かつてそうであったように、またいつかはそうなるであろうように、荒涼たる砂漠に集まったにすぎないのである。野外の幕舎、数かぎりもない人間たち、軍団のような大勢の人びとが、むかし立っていた場所に、つめたい空の下のつめたい大地のうえに身を投げだし、額を腕に押しつけ、顔を地面に向けて、安らかに眠っている。[*32]

詩人が浸るのは個人的な夜でも、逃避の夢でもない。人類に最も寄り添う瞬間だ。その夜間の状況において、「反存在」（すでにいたところに投げ出されている）、「反出来事」（上方と下方の冷気）、「反他者」（数え切れないほどの他者）、「反生」（うずくまる人間の不動の姿勢）……詩人の夜に、もはやコミュニケーションを求めることもない全人類の存在が差し止められている。コミュニケーションはむしろ日中の喧噪、商い、歴史に属す。

ゆえにカフカの人間は「内的人間」でもなく、隠者でもない。彼の孤独は否定によって定義されるからである。他者を排除せず、包含もせず、干渉もしない。アイデンティティなき人間は「特異」でも「普遍」でもない。自己否定も肯定もなく、罪ある人でもなければ無垢でもない。ポジティブにとらえるならば、他者のアイデンティティを取り入れながら可能なアイデンティティを示している。といっても真の「他者」がいるわけではない。どんな他者も、いわば他とは異なるのであり、自己の可能性の投影であり、自らの失われたアイデンティティであろう。こうした一切は「エクリチュールの夜」にしか起こりえない。それに、前で触れたが、「非アイデンティティ」は消去ではなく、神秘の夜でも、外部の人物との同化でもない。語りは「他者」の「他己性」を語り尽くし、「唯一者」である本人に益をもたらさない。やがて真の死を不可能とする根本的な非時間化が起こる。カフカは語る。

> 死の不安に対する理由はおおきく二つの群《グループ》にわけられる。まず彼は死ぬという恐るべき不安を懐く、なぜなら彼はまだ生きてはいなかったからだ。（略）しかしこうした夜の結びの言葉がいつもそれ以上にでてしまうのはなぜなのだろう。——僕は生きることもできよう、いま僕は生きていない。次に、死の不安にたいする理由は、——おそらくそれは事実また一つの理由にすぎないだろう、（略）「僕が演じたものは、現実に起こるだろう。僕は書くことによって自分を買い戻したことはなかった……」という思慮にあるのだ[*33]。

大切なことだが、エッセイの調子が虚無的でない（といっても反虚無でもない）と気付かねばならない。死の恐怖は純粋な「恐怖」であり、存在を決定的に喪失することである。詩人は生きたことがなく、夜においやられ、生の時間に飛び込めずにいる。ゆえに死の恐怖は生に内在するのではなく、書くことに属するのだ。究極の可能性として起こるはずのことを伝えるのではなく、これまで起こってきたことを繰り返して言う。というよりも何かが起こるのは不可能と繰り返すにすぎない。死の恐怖は、もうひとつの「ありえない」可能性を意識することである。書くことの不可能性、生きることの可能性といったものである。よって書くことは死者の世界にはない。死の恐怖は、書くことを死ぬことから引き離す。「死ねないこと」と「死の恐怖」にはさまれて個人は失われたアイデンティティとなる。死が可能であるのは、まずなにより死の主体となる本質的なアイデンティティとしての「何か」がある場合である。さらには相関的な他者として「つながる先」がある場合、ひとつの世界があるならば、死は可能である。夜の世界で死ぬのは無理である。カフカはこうも言う。

> 意のままにやってきて、口ごもる僕には気をかけず、僕の性を破壊する暗い暴力がすむ暗闇のうえの、どんな脆弱な土台――それとも存在しない土台なのか――のうえで僕は生きているのだろうか、またもやこんなことが意識されたのだ。[*34]

はたして生が存在しはじめるのは、破壊されるときにおいてなのだろうか。つまり人間は生を喪失するときに、アイデンティティをもつのだろうか。そして、誰が受け容れるのか、そもそも受け容れる誰かがいるのかもわからずにアイデンティティを付与してしまうのだろうか。一方で、エクリチュールの夜にいるのはまた別の「アイデンティティ」ではないのか。詩人は、生のアイデンティティを拒否し、というのも彼には閉ざされているからなのだが、おそらくエクリヴァンとしてのわたしというモナドに自己を投影するのではないだろうか。自らのアイデンティティを文体、すなわちエクリチュールの「作家性」に認めながら。カフカはこの代理アイデンティティを拒否する。つまり書くという世界の存在は、アイデンティティを定める所属先とならない。詩の塔に受け容れられることを意味しないのだ。言い換えれば、書き手は「書き手としての実質」をもたない。書き手の存在ははかなく、反存在であって、闇の底に霧消する。まさしく存在は二つとなく、死の恐怖も二つとない。ただあるのはエクリチュールの日中の実際のアイデンティティであり、そこにはアイデンティティという感覚はなく、あるのはエクリチュールの「擬」アイデンティティである。書き手は机にしがみつく、漂流者が木材に掴まるように、沈んでいく定めと知りながらも。

文筆家の生活というものは実際には机に依存しているものであるからだ。文筆家は、もし妄想からのがれようとするなら、本来けっして机から離れることは許されないのだ。彼は噛みついていなければならぬのだ……[*35]

3　固有のアイデンティティと父親

人はアイデンティティを他者との関係において確認し、他者に期待する。カフカにとって、特別な他者なのが父親である。しかしその他者は父の「崩壊」において成立し、息子の崩壊と共に崩れ去る。カフカは『父への手紙』を通して、エクリチュールと現実のはざまに位置するアイデンティティの問題を提起する。この手紙はコミュニケーション媒体ではなく、父と息子の関係をあらためることなく、カフカが経験したあらゆる現実、すなわち「生活世界」[Lebenswelt] 全体をひとつのエクリチュールに変質させる。形式的には閉じている言語で書かれたものには息子の「生活」が表象され、その生活における息子の内面が、エクリチュールの夜の原資となる。

カフカは『父への手紙』で、父親のアイデンティティと対照させて自らのアイデンティティを確認する。二つの存在のレベルが対立し、協調し、ついにはコミュニケーションを失う（収斂型、拡散型、対照法型のいずれであっても）。息子は、父親をもはや耳が聞こえない状態にする。手紙は、父殺しの「夜の」シミュレーションなのである。可能態の父親が、すべて息子がむける言葉に表現されている。ゆえに父親が返答する余地はない。父への息子の愛情として、カフカは手紙を送らないままにした。この手紙の外部に父親が存在するわけがない。といっても手紙の内部にさえ存在していなかった。自らの存在がもつ文学面に益するように、フランツは道徳的観点の超克を試みる。違いが父親に帰されても、彼が「悪い」わけではない。違いは息子の本性に必然的に備わっている。息子は次のように認めなければならなくなる。


たとえあなたの影響をまったくうけないで成長したとしても、あなたの心にかなう人間にはなれなかった、ということもおおいにありうることです。[*36]

違いは、息子の「もうひとつの」血筋に予め定められていた。母方は、力（父親の血統にあらわされる）と、包容力や感受性とによる普遍の二元論によって定義される。また、「より密やかに、より内気にはたらく母方の鋭敏さ」と定められている。

二つの血筋をもとにアイデンティティをつくる試みは、二元論によって予め決定されていた。息子を構成する際に、曖昧さとなる二元論である。結果としてこれほど調和のとれたものはない。合成とも、固有のアイデンティティの崩壊とも言える。

父上はただ、息子のぼくにたいして、働きかけざるをえなかったように働きかけただけです。しかし、ぼくがこの働きかけに屈した。[*37]

昼の存在のレベルで父親への依存に移行するのは、単に自身の主観を父のそれに置き換えるだけで済んだ。でなければ結婚するしかない(「父としての機能」によって父を所有すること)。カフカは正直にこう打ち明ける。

結婚をし、家庭を築き、やがて生まれてくる子供たちをすべて迎えいれ、この不安定な世界のなかで護り、さらにはすこしだけ導いてやること――ぼくの確信するところでは、これこそひとりの人間にとって無上の成功です。[*38]

カフカはこのアイデンティティの誘惑に惑わされない。生来の他者として自己を仮定し「自己となる」、主役の立場を敵役のそれと交換してみる、それから種に応じたアイデンティティを獲得する。これらが意味するのは、エクリチュールから、自己が「自己としてある」ことの距離、差異、方法論上の移動といった元来備わった可能性を取り去ることであった。結婚とは父親像の簒奪であったことだろう。

「父のようになること」であり、「神のようになること」と等しい原罪を繰り返している。夜のエクリチュールのアイデンティティは簒奪を免れている。

「正義」の意義は、息子のなかに生き続ける。父親に対する絶え間ない糾弾において正義が重んじられている。カフカの「決意」の核は、結婚の可能性によって出来上がっている。カフカは自身の「非アイデンティティ」に、結婚によって自己同一化が及ばないようにしている。

ところが僕の場合には、本質的な障碍、残念ながら個々のそれとは無関係な障碍が、立ちはだかっていたのでした。すなわち、ぼくがあきらかに精神的結婚不能者だということです。（略）決定的な傷は別のところから生じていたのです。すなわち、不安、虚弱、自己軽蔑などによる漠然とした抑圧がそれです。[*39]

結婚を拒むかたわら、カフカは不安と虚弱を弁護する。「たたかいとしての人生」における活力として。結婚の可能性、「父のようになること」、あるいは夜と昼といった両面の時間が和すると、もはや自明となった特性が自己同一化を生むことになるだろう。その特性において、存在の可能性、可能性としての存在が深まる。カフカは非決定のために決心し、「非選択」の自覚ある責任を背負う。

父上にたいして独特な不幸な間柄にあるぼくが自立するためには、できうれば父上と全然無関係なことを、何かやらねばなりません。結婚は最大の行為であり、このうえない名誉にみちた自立性を与えてくれますが、しかし同時に、父上と最も密接に関係してくるのです。この行為によって脱出しようとすることは、したがってなにがしかの妄想を含み、そしておよそいかなる試みも、妄想をともなえばまずまちがいなく罰せられます。*40

狂気は罰である。よって結婚は最大の罪、原罪のようにみえる。結婚は存在の二元構造や、唯一者と他者の共同存在性を破壊する。いわば女性は他己性としての潜勢力をもたないので、女性との関係は真正でありえない。そもそも男は、エロスにおいては自分としか関係をもたないからである。エロチズムは自己愛のエロチシズムである。婚姻は「偽り」の行為である。息子の独立した個性を実現しようとするのに、父親のモデルを参考とするからだ。

だからといって、自らの弱さや依存を容認し利用するかのような反転した自己同一化があるわけではない。この自虐的で陰鬱な転落を免れるために、貧しさの詭弁（上位「価値」としての「反所有」や「反存在」といったまやかし、「貧しくあること」の質と豊かさ、「祝福」としての貧しさ）に屈しないために、カフカは糾弾者の地位にしがみつかねばならない。存在の必然的な喪失、虚、非アイデンティティにおける第一の原因と責任を父親におしつけて。

ぼくの罪咎の意識は、その発生因から言うとぼく自身ではなくあなたに由来したものであり、実際のところこの特殊性につらぬかれ（る）。*41 ぼくをしばしば支配するこの無価値なものという感情は（もちろんこれは別の観点からすると、気高い、実りゆたかな感情でもあります）、その後いろんなかたちで、いずれにせよあなたの影響から発生したのです。[*42]

父親の影響は、息子の主観の内奥において作用する。ひとつの行為に存するのではない父親の罪は、継続的に、根源的な息子の存在行為を左右する。父親は、息子を「生む」のをやめはしない。父親の罪から息子は放免されず、虚の感覚と同一の自身の「特殊性」に閉じこめられる。

身体的不能は、息子の主観性の地平にあらわれうる「他者」を悉く無にしつつ、息子を無化する父親の独占欲と一致する。フランツが誰かに興味を示し、自主性ある精神生活に近づくと、父親は新たな関心の対象となった息子の友人に対して「罵倒、中傷、誹謗を浴びせ」介入した。フランツは責める。

あなたは彼を識りもしないのに、もう今は忘れてしまいましたが、とにかくひどい見幕で、彼を害虫に譬え、ぼくの気に入った連中にたいしてよくそうしたように、自動的に、犬と蚤の諺をもちだされました。[*43]

不快な生き物が意味するのは、主観性の後退、退化であり、「他者」として転落するどん底である肉体への回帰である。肉体性とは獣性、自己と向き合えず「己」に執着する他者が取り去ることのできない残余である。人間は動物に退化、真の「他者」がいないために自分のアイデンティティを喪失して、「鞭打つ者」と化す父親の前で息子が震えているといういつもの状況を作り出す。

ようやく息子の「罪」が明らかとなる。息子は父親のアイデンティティを簒奪するが、父親にしてみれば死に至る退化に冒されており、独自のアイデンティティをもちえなかった。息子の勝利は、父親を真似て防御を図ったことにある。父親が試みる自己正当化は、息子の手紙で無に帰せられる。息子が父親に求めるのは不可能なこと、自分と同じ力を創り続けるほどの力である。父親はその要求の重みに耐えきれず、否応なく後退へとおいやられる。父は、失われた神、神の冒涜的な諷刺のようだ。息子の罪は、父親に神を描いたことにある。息子はこの咎を甘んじて受けなければならない。勝者は実は敗者である。勝者の助けに入る神はいないからだ。

4　展望

神の不在はテクストの後退性と一体である。神が存在して預言者が生まれるように、不在は終わりなき夜のエクリチュールに影をおとし、予告や知らせを伝えさせない。テクストは過ぎ去った人生や経験であり、自己完結した「意味」となる。依り従うべき実体をもたずに、いかなる超越からも切り離されて、エクリチュールは、それそのものが具現するさまざまな形式における存在を「消費する」しかないのだ。

「未来予持」が無効となったテクストは、解釈学的側面を帯びる。テクストに内在する非連結性や、典型的な不連続性に根差す側面である。こうした反同一的かつ脱構築の力に呼応して、行為を受ける主体が繰り返し幻想にむかって反応し、テクストのそれらしき進行の原動力となる。たとえばヨーゼフKが、告発もなしで逮捕させた法廷に対して「理由」を求める態度には幻想があり、『審判』を構成するいくつかの「周期」を生む原動力となっている。頻出する換喩は、理解しようとする意志を、方法論的に避けている。計画された脱意味は、主人公の欺瞞を「意味」することとなる。

ゆえにカフカは喩話の性質をもち、特定の喩話を使用する。喩話の本質は、それが意味しようとするものにあるのではなく、「喩話の意義」を得ること、喩話の裏にひそむエクリチュールの「権威」を感じさせることにある。直接的な意味作用は挫折しても、喩話は幻影であると明らかになる。秘された意味を暴く解釈はありえない、「秘された意味」などないから。読者の関心は、含みや、副次的意味、アナロジーへと逸れていき……直接的な理解がつまずく障害によって失われる。

カフカの世界は、描写されている現在を越えられない、消えゆく存在が棲まう。言語の力は、語りの前面にあらわれる人物像と状況に集中し、果てる。現在言われていることは、その後に言われるであろうことを踏まえるわけでも、その前に言われたことから導かれるわけでもない。言語は記憶から切り離されており、人物は来歴をもたない。語りに統一性を与えるのは、「語られること」の連続性ではなく、文体や構造や呼応関係や比喩などである。「大型の存在」は描写によってとらえられず、ゆえに超越性といった誤った印象を与えてしまう。実のところ、それらの「質量」に適当な実相、「存在」といったものをもたない。「城」という「大型の存在」の無関心は、それに対する人々の無関心と取り違えられる危険性がある。しかしこのことは疑わしいままで、答えはない。「これがそのことの原因なのか、それとも結果なのかはわからない」[man wußte nicht, war es Ursache oder Folge][*44]。神の孤立、自らへの無関心が、人間の弱い視線、移ろう視線の結果なのかわからないだろう。もしくは人間の根源的な弱さが神の知の硬化の結果であるのかわからないだろう。「城」の顕現の際に、中味のない二人のあいだの微妙なバランスが明らかとなる。存在がもつ否定性は、小説を織りなす空白、闇、冷気、出口なき通路に反映している。

対象が存在論的に欠乏するのと同じく、自己に照射される絶対的主観性（アドルノが言うように、その主観性は「主体なし」[*45]）は難破し漂流する。自我は、「本性」において展開するはずの潜勢力である「反自我」を取りこめない。むしろ自我は、生み出す力すらなく在り続ける、由来なき「反（自我）」によって規定され消去されもする。主体が放棄へとむかい、闘いも諦めなければならないならば（正当な敵が不在なため争いは不可能である）、ものの客体性の剰余に自らを委ねるようになる。物的客観性は、他者であろうとする潜勢力をもたない。主体は実体なき「無のもの」において自己を再確認し消滅する。自らの物的内面において主体は崩壊する。そうして主体は絶対的な異質性に到達しようとして、卑しく放たれる肉体性である獣性に陥ってしまう。

内と外の、主観と客観もしくは物的といった回路は、読み解こうとする者に開かれている。教条主義的な押し付けや誤読までもひきおこすテクストに読者は惹かれ、作者は犠牲になるしかない。『城』について述べたことは『審判』にも当てはまる。審判は以前からあり、出来事に対する存在の閉鎖性ははじめから定められていた。小説を通じて繰り返される挿話は、告げられずにいる裁きが確定するよう導く役割を帯びている。『審判』における時間は、ヨーゼフの逮捕によって止まってしまう。逮捕から生じる感覚の歪みが小説を満たしていき、逮捕された者は、時間や空間や偶然性や他者との関わりから、特殊な隔離状態に置かれる。逮捕者の「いまとここ」は、時間と空間を否定する。逮捕の「不条理」は偶然性を否定する。こうした否定が物語を生む。逮捕されたわたしは、カントの批判書における「思考するわたし」を最大限に翻案したものとしてあらわれる。「思考するわたし」は次のようにある。

内容のまったく空虚な表象にほかならない……それは一つの概念であると言われることはけっしてできず、すべての概念に伴うたんなる意識でしかない……超越論的主観＝X[*46]

このわたしは、自分自身であるような潜勢力をもたず、

或る現存在についての知覚を含むであろうかぎりにおいて（略）ではなく、[*47]

わたしがわたしを思考することは、

私が、客観として、私だけでみずから存立する存在者、あるいは実体であるということを意味しはしない。[*48]それゆえ私が私自身を認識するのは、私が思考するものとしての私を意識することによってではなく、[*49]

「空白」が自我をこう認識させる。

思考する自我は、おのれ自身を直観する自我とは区別され、[*50]

とはいえ違いが自我にとって問題なのではない。起こりうることすべてが、「思考するわたし」のなかにすでに在るのであって、「思考するわたし」のもとでも、「思考するわたし」のためでも生起しない。自我は、純粋でむきだしの「先験的な自由」にさらされており、逆説的に自由である囚人と同じである。強制された内在するアイデンティティがないからだ。逮捕者であっても牢屋には入らない。カフカの描く人物は、次のように、「囚人である」潜勢力をもたない。

> ほんとうは自由であった。どんなことにも参加することができたし、外で起こることは、なにひとつ見のがさなかった。なんなら牢獄を出ていくことすらできたであろう。格子の桟は一メートル間隔で立っていたのだ。彼は囚われてすらいなかったのである。[*51]

逆説的な自由は「誰か」の観念に浮かぶ。その「誰か」の存在は、人間の人間への「配慮」の無能さにのまれてしまう。ゆえに「裁き手かつ赦し手として放免する神」の不在は、判事なき審判の「潜勢力」であり、神が存在するならば、現実にある偶然性を根絶やしにするはずだ。

昆虫に退化するしかない人間は、自己における「他己」であり、「語りの主体」自身のアイデンティティを消し去る。自己は、獣の姿をした前アイデンティティへと落ちていく。同様に、『変身』の主人公の意識は、誰もが嫌う虫にのみ認められる。さらに同じく幼子も、「その子を受け容れてあげなかった」人たちによって、その人たちを受け容れる可能性が差し止められる。

しかし、他者を弁護も救いもしないが、判断なき認識はする二次的な受け容れの場であるのが、物語そのもの、もしくは言語や「ロゴス」なのではないのか。そうした場で『城』が展開し、主人公の運命が、もはや「主人公」という閉塞状態から解放された他者のものとなった物語の理解や語りに優先されるのかもしれない。

＊1 Franz Kafka, *Das Scholoss*, Roman, S. Fischer, Frankfurt, s.d., p. 484〔前田敬作訳『城　カフカ全集6』新潮社、一九八一年、三九八頁〕.

＊2 Peter U. Beicken, *Franz Kafka* etc., Athenaion, Frankfurt 1974, p. 178.

＊3 H. Binder (ed.), *Kafka-Handbuch*, *Kröner*, Stuttgart 1979, vol. II, p. 800.

＊4 Heinz Politzer, *Franz Kafka, der Künstler*, Frankfurt a.M. 1965, pp. 274, 279.

＊5 P. U. Beicken, *op. cit.*, pp. 177–178.

＊6 F. Kafka, *Das Scholoss* cit., p. 484〔前掲『城　カフカ全集6』、三九八頁〕.

＊7 Vedi Filippo Costa, *Tra mito e filosofia*, D'Anna, Firenze 1978.

＊8 F. Kafka, *Brief 1902–1924*, S. Fischer, Frankfurt, s.d., p. 333〔吉田仙太郎訳『手紙 1902–1924　カフカ全集9』新潮社、一九八一年、三六五頁〕.

＊9 P. U. Beicken, *op. cit.*, p. 181.

＊10 Gustav Janouch, *Gespräche mit Kafka*, Frankfurt a.M. 1968, p. 95〔グスタフ・ヤノーホ著、吉田仙太郎訳『カフカとの対話』ちくま学芸文庫、一九九四年、一一二頁〕.

＊11 G. Janouch, *op. cit.*, p. 160〔同前、二〇六頁〕.

＊12 Hartmut Binder, *Kafka in neuer Sicht* etc., Metzler, Stuttgart 1967, p. 197.

＊13 *Ibidem.*

＊14 P. U. Beicken, *op. cit.*, p. 183.

＊15 F. Kafka, *Hochzeitsvorbereitungen auf dem Lande* etc., S. Fischer, Frankfurt, s.d., p. 94〔飛鷹節訳「八つ折り版ノート・八冊」、『田舎の婚礼準備／父への手紙　カフカ全集3』新潮社、一九八一年、七二頁〕.

＊16 *Kafka-Handbuch* cit., pp. 481–482.

＊17 Max Brod, *Kafka*, Mondadori, Milano 1978, p. 147〔マックス・ブロート著、辻瑆・林部圭一・坂本明美訳『フランツ・カフカ』みすず書房、一九七二年、一八八頁〕.

＊18 *Kafka-Handbuch* cit., p. 478.

＊19 *Op. cit.*, p. 479.

＊20 *Op. cit.*, p. 483.

＊21 F. Kafka, *Hochzeitsvorbereitungen* cit., p. 89.〔前掲「八つ折り版ノート・八冊」、六八頁〕

＊22 *Op. cit.*, pp. 104–105〔同前、七九頁〕.

＊23 *Op. cit.*, p. 47〔同前、七三頁〕.

＊24 *Op. cit.*, p. 49〔同前、七七頁〕.

＊25 *Op. cit.*, p. 47〔同前、七四頁〕.

＊26 *Kafka-Handbuch* cit., p. 488.

＊27 Martin Heidegger, *Holzwege*, Vittorio Klostermann, Frankfurt am Main 1972〔マルティン・ハイデガー著、茅野良男・ブロッカルト訳『杣径　ハイデッガー全集第5巻』創文社、一九八八年〕.

＊28 Hans Gadamer, *Wahrheit und Methode*, Moor, Tübingen 1965^{2}, pp. 250-351〔ハンス・ガダマー著、轡田収・巻田悦訳、『真理と方法1・2』法政大学出版局、一九八六―二〇〇八年〕.

＊29 F. Kafka, *Beschreibung eines Kampfes*, S. Fischer, Frankfurt, s.d., p. 96〔前田敬作訳「寓意について」、『ある戦いの記録／シナの長城　カフカ全集2』新潮社、一九八一年、七八頁〕.

＊30 Walter Benjamin, *Angelus novus*, Einaudi, Torino 1962, p. 282〔ヴァルター・ベンヤミン著、浅井健二郎編訳「フランツ・カフカ」、『ベンヤミン・コレクション2　エッセイの思想』ちくま学芸文庫、一九九六年、一二九頁〕.

＊31 Klaus Wagenbach, *Kafka*, Mondadori, Milano 1981, p. 83〔クラウス・ヴァーゲンバハ著、塚越敏訳『フランツ・カフカ』理想社、一九六七年、九八頁〕.

＊32 *Op. cit.*, p. 83〔前田敬作訳「夜」、『ある戦いの記録／シナの長城　カフカ全集2』新潮社、一九八一年、九五頁〕.

＊33 *Op. cit.*, p. 83〔前掲ヴァーゲンバハ著『フランツ・カフカ』、九八頁〕.

＊34 *Op. cit.*, p. 82〔同前、九七頁〕.

＊35 *Op. cit.*, p. 84〔同前、九九頁〕.

＊36 F. Kafka, *Confessioni e diari*, *Mondadori*, Mondadori, Milano 1981^{3}, p. 640〔飛鷹節訳「父への手紙」、『田舎の婚礼準備／父への手紙　カフカ全集3』新潮社、一九八一年、一二四頁〕.

＊37 *Op. cit.*, p. 642〔同前、一二六頁〕.

＊38 *Op. cit.*, p. 678〔同前、一五九頁〕.

＊39 *Op. cit.*, p. 683〔同前、一六四頁〕.

＊40 *Op. cit.*, p. 683〔同前、一六五頁〕.

＊41 *Op. cit.*, p. 685〔同前、一六六頁〕.

＊42 *Op. cit.*, p. 643〔同前、一二七頁〕.

＊43 *Op. cit.*, p. 646〔同前、一三〇頁〕.

＊44 F. Kafka, *Das Scholoss* cit., p. 134〔前掲『城　カフカ全集6』、一一二頁〕.

＊45 Theodor W. Adorno, *Ges. Schrift.*, vol. 10, p. 276.

＊46 Imanuel Kant, *Kritik der reinen Vernunft*, A 345–346〔イマニュエル・カント著、原佑訳『純粋理性批判』平凡社ライブラリー、二〇〇五年、中、七五頁〕.

＊47 I. Kant, *op. cit.*, A 347〔同前、中、七七頁〕.

＊48 I. Kant, *op. cit.*, B 407〔同前、中、八二頁〕.
＊49 I. Kant, *op. cit.*, B 406〔同前、中、八〇頁〕.
＊50 I. Kant, *op. cit.*, B 155〔同前、上、三〇一頁〕.
＊51 F. Kafka, *Beschreibung eines Kampfes* cit., pp. 291–292〔「〈彼〉」、前掲『ある戦いの記録／シナの長城　カフカ全集 2』、二三二頁〕.

社会の基盤および計画の欠如

フランコ・クレスピ

1

ハイデガーにおける形而上学の終焉は、きわめて厳密に解すれば、形而上学と存在の歴史の結節点を意味するであろう（G. Vattimo, 1981）。この解釈では、形而上学の終焉は存在の歴史の終焉でもある。よってハイデガーの探求の真の意味に照らせば、存在の力強い帰還や、さらには、ひき続き存在を創造する機能の回復を待つ姿勢など考えられない（ハイデガーのテクストの宗教的もしくは神学的な解釈によれば）。ましてや「〝存在論的ではない〟人類の創成」を待つわけでもない。そうした人類は「ひたすら組織に関心を寄せ、さまざまな領域の組織化や計画化の技術にのみ熱中する」（G. Vattimo, 1981, p. 45）。

このヴァッティモの主張は、実際には、形而上学における存在の「強さ」の観念を再び繰り返してしまう。「組織や、その関係領域に、過去の思想が形而上学的な存在に認めていたのと同じ絶対的な権威を賦与してしまうからである」(同前)。

このような状況が定められていくのは、ある絶対的な超克が期待され、絶対的な力が存在にあるからでもない。主体は、もはや「中心基盤」とはみなされず、いかなる中心にも居場所がない。その結果、カント的理性の超越論的制約をうける純粋な枠組み(経験の先験的可能性という条件を規定すること)では、いかなる計画も立てられない。超越論的次元に関する問題はどれも、「生と死のあいだに横たわる歴史的かつ有限の被投性」(語の実際上の意味における可能性の条件を規定すること)との緊密なつながりにおいて扱われるべきである(G. Vattimo, 1981, p. 47)。

ハイデガーの探求がもつ意味について考察した結論は、よく知られているのでここではあまり触れずにおくが、批判的で計画的な社会学の理論にもっと直接関わる問題と対照させてもよいだろう。

第一に、存在に今後起こりうることの見通しがまったくないのと同時に、矛盾を決定的に超克する楽観的な見通しは目下危機に瀕している。このように楽観的であったからこそ、二〇世紀前半に中心的な社会学の壮大な概念(実証主義的あるいはマルクス主義的な枠組み)は隆盛を極めたのだが。

第二に、組織化と計画性の術にむけられる「経験主義的」姿勢の形而上性への非難は、新実証主義的なモデルを通じて現在もなお広範に見られる、ニュートラルである社会のテクノロジーの立場に直接打撃を与える。

第三に、超越論的制約の本質についての疑いは、解釈学(アーペル、ハーバーマス)の領域に留まりつつ実質上はカントの伝統に従う理論と同様の、難点を示している。
最後に、文化人類学的に揺るぎない基盤（ヒューマニズム、絶対合理主義といったもの）を欠いては、社会理論は、批判機能を危うくし、存在者に抵抗するための拠りどころとなる理想を失ってしまう。
第一の点が、社会学において優勢な見方からは至極当然とされている一方で、その他の三点は、まだなすべきことの多い別の領域に属す。

実際、基盤の危機と存在論の終焉によって、社会動態に応じた社会学上の理論の姿勢だけが問題となるのではない。社会性を支えうる理論、つまり行動を予見するための条件までも失われる。この条件は、象徴的で規範となる瞬間を不動とすることで、これまでずっと守られてきた（F. Crespi, 1982）。
知に限界があるという認識は、たしかに思考の強い経験と対立する。こうした経験には真実と絶対的基盤がそなわり、権力と規範の正当性を根底から大きく揺るがす。

ここで生じる問題は、重層的で複雑である以上に、多元的である。ゆえに選択肢はひとつしかない。問題の核を明らかにして見解を深め、探求の進展に役立てるのである。

これから検討する点は、あまりに図式的で不完全ではあるが、以下のようにまとめられる。

（a）文化的現象としての基盤を欠く経験は、一般的にどんな特徴をもつか
（b）認識社会学に照らして、どのような社会または歴史経験において新たな認識が生じうるのか
（c）このような経験において、社会学の理論はどのような批判機能をもちうるのか
（d）社会の予測のために強い基盤を欲するのとは相容れない前述の立場は、基盤の終焉をみなの経験としうるのか、もしくは弱い立場をエリートの思考、もうひとつの啓蒙主義としてしまうのだろうか。

2

基盤の欠如の否定し難い特徴を認識するならば、社会的現実を変容させる総合的な計画は諦めなければならない。その理由は、錯綜する現実はどんな計画性でもとらえきれないから、というだけではない。知の限界を認識すると、実際の経験において、理論的パラダイムを極度に単純化する暴力がはたらくからである。ゆえにこの経験においては、行動したり介入したりするのではなく、関心を寄せる姿勢が特徴的だ。具体的に示すのでも「構築する」のでもなく、むしろ提示する姿勢である。限界を認識するだけではなく、包括的計画への誘惑や、パラダイムに加えられる暴力を拒否せねばならない。そう言いうるのは、たとえばカントの思想が、知性の根本的な限界をはじめに分析したにしても、基盤の欠如という現代の経験にまったくそぐわないからである。その他、論理的新実証主義やプラグマティズムといったさまざまな思想も、ひとしく理性の限界を認識していたとしても、現代の経験にあてはまりはしない。

限界の経験の弱い様態に至るにはニーチェをまたねばならない。意外に思うかもしれないが、ある意味で彼はその創始者である。しかしとりわけハイデガーにおいて、思想が絶対的な関心と傾倒となり、さらにウィトゲンシュタインによって、もはや思想は総合化するてらいを一切棄てるよう示される（『論理哲学論考』によって限定的ながらも決定的な、真に強い論理思考回路を構築する究極の試みから、言語ゲームと生活様式が複数あると最後に認識するまでの過程で）。いささか強引な物言いだが、ウィトゲンシュタインが「人生で重要なことについてはまさしく黙さなければならない」(P. Engelmann, 1967)

とかたく信じ、また表現しえないことは「決して失われてはならない」と難なく書いてしまえるのであれば、ここではじめて思想の限界や語りうるものの限界の経験が完全に認められるのである。

その経験には影はなく、ましてや唯美的な自己完結したパトスに屈することもない。語りうるものの限界として語りえぬものを厳格に認識し、語りうるものと語りえぬものの緊張を保つのである。緊張の頂点は、「正しき」態度であるところの沈黙に見出せる。黙するといっても、語りえぬものの叙情性ゆえではない。叙情性とは、思想に対置させられる生のあらわれである、まさしく表現しえないことをとらえようとする、不毛な試みのことである。というのも生気論は、いつでも存在についての言及を不適切に繰り返すだけなのだから。思考や言葉の対象とはならないものを象徴を使ってイメージ化し、恣意的にゆるぎないものとしようとするだけだ。先ほどの厳格な経験は一種独特であり、感情や慰めを鑑みず、語りえぬものの安易な神秘主義にも興味を示さない。

語りうるものすべての根本的な限界の経験に発する超越が、ある特定の媒介と必ず結びつくものならば、この思想における意識は、ヘーゲル的な絶対者が「同時に閉じる」ようにはならない。絶対者とは、「内に閉じる」と同時に「外に閉じる」はずで、象徴的な媒介の内と外にある。そう知りつつ「内包する」ことで絶対者は状況を解決したりはしない。確かに、絶対者は超越へと開かれており、確定性にしがみつきもしないし、不確定性に身を委ねたりもしない。しかし、この「同時に閉じる」のをやめれば、思想は懐疑主義に陥らず、開かれたままでいられる。それに支えきれない状況が長引いてもふみとどまるよう絶対者に「自信」を与えられる。思想は、存在の状況と、その矛盾の決定的な超克の欠如との非協同性を認める。ゆえに歴史にはいかなるテロス（終わり、完成）もない。むしろ歴史は反復する経験としてあらわれ、その都度新たな象徴的媒介によって、さまざまなレベルの自覚や同様の非協同性を伴う。思想の根本的な限界や存在の非協同性を認識する際に、絶対化がないならば、思想の弱いコノテーションが生まれ、思想は、様々な論理や歴史観における自己礼賛に異を唱える。

とはいえこうした思想の「絶望」は大袈裟なものではない。というのも安心感をもたらす確定性にすでに別れを告げているからだ。絶対化したイデオロギーのみが確定性を提供しうる。欠如のパトスは、この場合、絶対への信仰の一側面にすぎない。絶対化の論理を廃すれば、希望と絶望という二者択一からも解放される。むしろまやかしでない新たな希望が生まれる。希望の否定へとつながる衝動ではなく、非協同に与する希望が生まれなければならない。非協同とは、まさに「外に在ること」に内在している。また、「死の本能」（非協同の超克の標榜）ではなく、「生の本能」（非協同の受忍）によっていよいよ衝き動かされることに内在するのも非協同である。つまりは非協同を積極的に受忍するのであって、「外に在ること」の矛盾から浮かび上がる葛藤（それもまた別の「一元化」だろう）を放棄しているのではない。むしろそうした矛盾に巻き込むのであって、それは矛盾を隠蔽せずに運用するためである。運用という語を、そのままの意味で理解していただきたい。運用とは、つまりある状況を一時的に支える、不安定な仮の形態、結局は持続不可能な形態である。（F. Crespi, 1982）。

3

それではこう問うてみたい。どのような社会において、あるいはどのような歴史的経験において、そのような経験が生じるのかと。いささか紋切型ではあるが、ひとつの答えを出すのに、よく知られた一連の現象に言及する必要があろう。現在の先進社会の物質的・構造的条件の向上と、科学技術時代を象徴する文化的要素についてである。

前者では、一見矛盾するが、人間の物質的条件の相対的な強化の結果として、基盤の終焉が考えられる。人間存在は、経済と技術が発展したおかげで、生存の条件や、必要の支配から段階的に解放される。

実際この終焉に至るには、根本的な文化の相対化を経なければならない。多様な文化形態、自然と文化の差異、因習に左右される媒介といったものを認識する必要がある。社会生活の条件が種の保存の必要最低条件に直結している場合、状況に応じて予め定められた行動をしなければならない。状況とは、人間と環境、異なる社会集団どうしの、困難で危険な関係におおよそ依拠しており、個人の領域に自由裁量の余地はそれほど残されてはいない。そのため文化的媒介は絶対的であり、自然状態、あるいは神聖なしがらみとなる。歴史と因習によって隠蔽されたこの性質を認識できるのは、ニーチェが教えるように、権力者のみである。

必要の支配から自由になると、地域のしがらみが緩くなり、異なる社会同士の交流が広く可能となる。こうして文化形態の相対化が容易となる。社会的な機能と役割の分化が進み、個々の特性が強調されて、社会の価値と規律の自由裁量の余地が広がる。

思想は、もはや模範的な意味生成の機能ではなく、むしろ技術や科学についての変形・調整機能を帯び、思いがけない潜在能力と偏向に気付く。たとえば科学的な方法論が認識に応用されると、認識の本質的限界が明らかになる。

一方で、思想の限界と欠点について高まる認識と社会の構造的条件との関わりについて考察してみるなら、その認識の前提となる特殊な歴史的経験を分析することになる。すると、思想そのものが生む絶対性が持つ破壊的な性格を意識した結果、先の認識に達すると分かる。

あまりに有名なこの経験の流れのなかで、ヘーゲルは啓蒙主義と恐怖の接点を発見し、ニーチェは真理と支配が一体であると告発し、最近の分析はマルクス原理主義と強制収容所のつながりを見出す。とりわけマックス・ウェーバーからアドルノにいたる人々は、科学技術の道理を批判した上で、限界を知らずに至上命令として効率化に励み、迷わず世界の変容に手を貸した、破壊的な思想を明らかにした。

神学、形而上学、理性主義、科学の暴力が、われわれの歩んできた歴史にともなっている。それは歴史のドグマと、存在基盤と「客観的」指標という強い思想の表出としての歴史である。思想はこの暴力によって脅かされ、現実に対して主張しようとせず、むしろ慎重に現実と解釈学的関係を結ぼうとする。この関係は、効率的理性によって一義的に還元できない、複雑な相互性をとらえようとする関心から生まれる。ゆえに、その思想は、結果について熟慮しながらも、試みと失敗を重ねながら進行し、確信を不実として、了解を妄想としてみなす傾向がある（J. Lacan, 1955, p. 67）。

合理《ラチオ》にひそむ、もしくは合理と支配《ドメイン》との関係に備わる破壊的な力への批判がみられないのは、支配構造がひどく脆弱なためである。というよりは、支配構造が客観化の限界に達し、その構造を認めていたイデオロギーが危機に陥っているためである（J. F. Lyotard, 1979）。

よって支配は、むきだしの野蛮な姿をあらわす。聖性を帯びて自己正当化するわけでもなく、支配に比して無力である思想から非難を受けるだろう。

4

合理批判に照らしても、社会理論の批判的機能に関する諸問題に照らしても特殊な、基盤の終焉という経験の性格を理解するには、また別の違った経験と比較してみるのもよいだろう。それは合理批判を広めると共に、社会理論の批評機能を回復させた人物の経験である。おそらく他のいかなる現代思想家よりも、彼アドルノは、代々伝わる矛盾を克服するというありえない理想に基づく啓蒙主義的理性やユートピア主義が持つ、避け難く破壊的な性質について常に警鐘を鳴らしてきた。アドルノはまた、従来の社会規範を根本的に変革する努力を決して怠たらなかった。理性そのものに信を置かず、未知の可能性に対して開かれていない理性批判をひとつひとつ告発したのである。

理性の力に関するあらゆる根本的な議論を、アドルノはおそらく信用しなかったであろう。非理性主義に懐疑的と映るアドルノの不信に、啓蒙主義への批判と思想の限界についての現在の経験との接点があるのを見落としてはならない。確かに現在の経験は、アドルノではなく、みなが知るように彼が強い拒否感を示していたハイデガーの言説に発しているにせよ。二者の立場の本質的でもある理論上の違いは、見ようによっては存続し続けるのだから、否定はしない。むしろ、違いを分析して、基盤の終焉の経験が現在帯びる意味、伝統的な理性主義と社会性の問題に照らして特殊である意味をとらえなければならない。

もちろんそうした比較について本稿で掘り下げることはせず（本当はそうすべきなのだが）、軽く触れるだけである。第一のアプローチでは、アドルノの立場は間メディアとして意味付けられる。古典的な啓蒙主義、観念論、実証主義の強い立場と、ハイデガーのニヒリズムの弱い立場との橋渡しをする間メディアである。そのアドルノの立場は、形而上学や存在論、ウィトゲンシュタインの経験の終わりを告げる。語りうるものの限界と、「外在」の不協同性についての認識にこだわる立場の限界を強調する。真実の肯定的性質と同一性の絶対化を一切拒否すれば、間違いなくアドルノはウィトゲンシュタインの経験に近づくであろう。否定弁証法に一貫する拒否によって、有限である象徴的媒介が否応なく帯びる矮小性を認識する。媒介は、思想の進化に欠かせないが、常に退行につながる。思想そのものにとって障碍となる隠蔽という形式をとりがちなのだ。

実際、アドルノの否定弁証法ですら、盲点である客観的関連付けを免れていない。他の思想形態にとっても共通する事象ではあるが。つまるところ、否定弁証法は自らに刃むかい、単独で総合的な形態とならずにはいられないのである（T. W. Adorno, 1970, pagg. 366–367）。

常に思想はこのように挫折する。だからといって後退するわけではないし、「実現された反理性のうちで愚かさが勝利を祝う」（*ibid*, pag. 365, 三島憲一訳、四九九頁）わけでもない。思想の可能性は開かれたままでなければならない（*ibid*, pagg. 45, 249, 344）。他者との約束に開かれていなければならない、たとえ守られないものであっても（*ibid*, pag. 365）。希望に対して開かれていなければならない、たとえ生まれず、生まれるはずがないものであっても（*ibid*, pag. 363）。

思想と事物が一致せず、現実が思想を越えていくことは、アドルノによれば、有限である思想が外部に対して常に緊張を保つために、常に必要である。思想が有限で矮小であるからといって、断定性の排除や、存在との即自的な一致を連想してはいけない。ルカキスの物象化の概念ではそうだったのだが。ゆえに同一性批判は、絶対化や総合化のあらゆる形態を包含する。即時性の概念そのものに含まれる形態（*ibid*, pagg. 36, 154, 176）、もしくは絶対者の概念に含まれる形態である（*ibid*, pagg. 45, 248, 317）。

アドルノの立場と、思想の限界を強調する立場とが最も似ているのは、まさしくこの（理想主義のような）同一性と（さまざまな非理性主義のような）非同一性を絶対化しない点である。非同一性が同一性に対抗して選ばれると、非同一性まで同一性となってしまう。実際、いずれの立場でも受けとめられてしまうのが、象徴的媒介なしには思想が成り立たず、媒介を外から指し示すものがないため、媒介自体の機能と不可避的に結びつく矛盾、まさしく有限であるがゆえに媒介が抱える矛盾である。逆にアドルノが現代の理論と区別されるのは、彼の理性批判が理性そのものについて狭義の発展をみたからかもしれない。

『啓蒙の弁証法』で彼はこう主張する。「われわれは、社会における自由が、啓蒙的思想と不可分のものであることを、いささかも疑うものではない。――この点ではわれわれは、結論先取《ペティティオ・プリンキピイ》の誤謬を犯していることになる――」（p. 5, 徳永恂訳、xii頁）。この主張は晩年の著書『否定弁証法』でも一貫している。ハイデガーを批判しつつこう述べる。「哲学はカントの時代と同様に今日も、理性による理性の批判を必要としているのであって、理性の解体や廃棄をもとめているわけではない」（p. 76, 木田元訳、一〇六頁）。よっていかなる思想も、思想である以上、思弁理性を否定できないにしても、啓蒙主義的でもカント的でもない理性が求められないというわけではない。

理性に幻滅し、「啓蒙主義の終わりなき自壊」が明らかになるまさにそのときに、理性の論証形式に忠実であるというのは、おそらくアドルノによる哲学的・倫理的な究極の社会参加のひとつである。しかし新たな可能性に消極的でもある。違いにむけて開かれ続けていなければならず、解釈学の精神、まさしくハイデガーや解釈学が試みた、別の哲学の語法から遠ざかってはならないというのに。

反転してはいるが弁証法の図式を保持しているため、アドルノは強い思考の伝統を継承しているように見える。絶対超克を経た均衡によって解消される弁証法を拒絶しつつも、「調停の望み」を棄てない。たとえその希望が、どうにも定義できないものにむけられてはいても、なによりも「いまここに現存しているという仮象」に対する思想の抵抗となる。「主題の客観的な尊厳から逃れること」の兆しである(T. W. Adorno, 1970, p. 18, 木田元訳、二五頁)。この言説が、カントの言う超越論的制約との関係を示し、冒頭でヴァッティモを引きつつ触れた、実際上の意味における可能性の規定への接近を難しくしている。経験的社会学研究とアドルノの関係もまた両義的であったが。

よってポジティブな非在郷《ユートピア》が否定されても、アドルノにおいては、有限でなく可能態への開かれというユートピア的な緊張関係は排除されない。開かれに救いが期待できるものの、その救いは現実か非現実かという問題は放っておかれる。それよりも、緊張をそのまま保ち続ける方が重要である。しかしアドルノにおいても、このように無制限にむかう思想は、実際に制限から解放されず、やはり歪曲せざるをえない。ちょうど救済について触れている『ミニマ・モラリア』(T. W. Adorno, 1954, p. 235) の終段に、両義的なアドルノがはっきりとうかがえる。ここでアドルノは、「メシアが出現した暁にはこの世はみすぼらしいぶざまな姿をさらけ出すことになるだろうが、似たような位相においてこの世が転位され、異化されて、隠れていた割れ目や裂け目が露呈されるような遠近法を作り出」すことが、認識にとっての課題であると述べる(三光長治訳、三九一―三九二頁)。絶望的状況にある哲学を是認するのに、万物を「救済の立場から」考察する、つまり現存在の否定から生まれる解放を前向きに期待すると述べたのち、アドルノは救済の絶対的な肯定は「全くの不可能事」でもあると主張とする。というのも「たとえほんの僅かにもせよ」、絶対的に外側にあって、超越的である視点を前提としているためである。よって思想は、この可能性と不可能性のあいだで揺れる。これに比べれば救済が現実か非現実かといった問題は副次的である。そうするとアドルノのユートピア的傾向にともなう特殊な意味は、存在の(不可逆的な)終焉の認識と本質的に矛盾しないように思われる。対立するとすれば、約束にポジティブに開かれていなければならない必要性ゆえであろう。

そこで、われわれが扱っている問題に、なぜアドルノがかくも固執するのかを理解することが重要であろう。彼は合理性の機能と約束への開かれにこだわる。これは、アドルノにとって、社会秩序の問題と、支配に抗する戦いの問題が大切であったことと直接つながっている。

5

「アウシュヴィッツが繰り返されないように、似たようなことが二度と起きないように配慮しなければならない」(T. W. Adorno, 1970, pag. 330, 三島憲一訳、四四四頁)とはアドルノの定言命法である。これは向き合わないわけにはいかない使命の重さを示している。ここで明らかとなる問題について、二つの観点から検討できる。まず、屈することなく、暗黙であっても抑圧的構造の共犯にはならない思想の必要性という観点である。その思想は支配や暴力の理屈を批判し続ける。次に、いかなる絶対化にも陥らず、社会の共通認識や連帯の基盤を整備する可能性という観点である。

批判的機能についての前者は、理論上は特に問題はないようだ。というのも基盤の欠如の経験は、その性質から言って構造的に、あらゆる絶対的な断定と対立するからだ。この経験は、存在論の根本的な批判や、真実の概念や最終的な超克というユートピア批判をまさしく利用しながら、どのような正当化の可能性にも支配の手が及ばないようにする。特殊な方法によって思想は、最終的な超克を、イデオロギーによる命令や暴力に縁のない次元におく。そうして客観的に支配構造を解体する要素としてしまう。しかし、語りうるものと語りえぬものの緊張に忠実な場合しか、この可能性はない。その他の場合は、美的なだけの無責任や安易な非理性主義といった形式にたやすく陥ってしまう。それはアドルノが支配の実在や理論への屈従として危惧していたものとまったく同じである。

まだ見ぬ画一的な絶対化、すなわち形而上学化に陥る危険性は常にあるが、警戒を怠らなければ、思想に根本的な限界を認める姿勢は揺るがない。

こうしてアドルノの主張する理性への召喚、救済の約束への召喚が正当であると認められる。彼は、啓蒙主義的あるいは弁証法的な合理性の類型に忠実であるよう呼びかけているのではない。基盤の欠如という特徴のある思想には屈従の危険がひそむと、注意しているのだ。こうした思想は、きわどい緊張関係を保たなければ屈従に陥ってしまうというのだ。

アドルノの立場は、先述の第二の観点の多様な意味合いを考察すると、よく理解できるだろう。相対主義による明らかに因習的な原則に則り、社会規範をうちたてる可能性の観点である。「現実」（意味）

を構成する意味生成システムとして文化をみなし、さらには文化制度までも客観化する象徴の媒介は有限であることを鑑みれば、文化の社会的機能はどこかしら絶対化する歪曲をひきおこすと認めざるをえない。実は有限そのものが絶対化であって、あるものを選択し他のものを排除することによって成り立っている。文化は意識の反映であるため、その機能は、生の意味と行動原理に対して確かな秩序を保証することにある。そうした状況において、意識は、即時性の断絶であり、存在論的動揺である。動揺があり、動揺の意義や規則性が発生してしまう場合、集団のレベルで弱い文化秩序は考えられない。というのは弱さは、社会規範を成り立たせるアイデンティティや帰属を作る可能性を犠牲にするからだ。

自己保存や平和的共存にとっての必要条件を達成するための社会性の構築にむけて、あらゆる行動は予知可能でなければならないが、それには確実で有無を言わさぬ規則、つまり絶対化された規則が欠かせない。規則にひびが入ろうものなら、社会規範が揺らいでしまう。ゆえに文化は、自然で、「神学」や「理性」、「科学的法則」といった不変の基盤の上に成り立つものとして、常に聖性を帯びる傾向がある。文化は歴史や因習の産物ではなくなり、本能による行為のメカニズムに匹敵するくらいの、個と集団の行為が反映する無意識的動作を確立する。当然ながら文化は媒介であるから、完全に絶対化されるわけではない。よって常に社会のダイナミズムによって、多くの予知不可能性や動揺が表出する。とはいえある程度の絶対化がなければ社会は成り立たない。

あらゆる規則を相対化してしまうような規則は、規則の体系には入らない。規則の下にいない場合は、規則に絶対的な基盤が欠けていると意識できるが、規則に縛られている場合は、それは無理である。この社会では規則の下にいないわけにはいかず、死活問題となる。ここに思想の限界の経験と、社会秩序の経験のあいだに横たわる深い矛盾がみえてくる。前者は、律義にも、有限である媒介による歪曲の可能性を示す。後者は、絶対化された規則によってのみ成り立っている。そこで、社会理論のレベルでは、象徴的な媒介の限界と共に、その絶対化も必要と認めねばならない。そうはせずとも、語りえぬものの緊張、有限と無限の緊張が認識できれば、この矛盾が明らかとなる。

そもそも動的な社会にしても、差異が絶え間なく変容し、不安定な均衡を保っているだけなのである。よく言われるように、決定システムとして社会はある程度絶対化しなければならないというのが事実であるなら、社会は生きた経験の場であるべきで、媒介の過度な絶対化は避けなくてはいけない。つまり媒介が硬直しないよう、変容に順応させなければならない。

ゆえに矛盾は理論的秩序ではなく実践的秩序にある。この実践的秩序において、象徴的な媒介の限界を知る経験が、伝統的な強い思想や、社会の現状よりも、大きな影響力を持つ。

実際、逆説的ではあるが、その影響力が皮肉にも実践的に行使されると、支配の理屈の面で最強となる。どんな時代でも、権力者は、有限と無限のあいだの振れ幅を利用した。どんな社会秩序もこの振れ幅に収まる (F. Crespi, 1982, pp. 128 et seqq.)。権力者は、全員に対して行動規則を絶対とし、自らには規則の相対性を意識し続ける。ここに彼らの権力の根幹がある。ゆえに理論ではなく実践の弱さが、ひとつの選択の上にある。知識の限界を隠蔽しないという選択と、その限界を知っても技巧に走らないという選択、というよりもむしろ因習的な象徴的秩序についてみなに自覚をうながす選択である。しかしここで、動的な社会との関わりにおいて困難が生じる。なにより、歴史の持つ効率性に照らせば、根本にある因習性は強い拒絶に遭ってしまうだろう。実際、因習は、存在が不安定となる懸念を生む。しかしここでの困難とは、客観的にみて実践不可能である弱い方法に存している。というのも、因習的な象徴的秩序について自覚を限界まで高めてしまうと、先に述べたのと同じ理由で、あらゆる社会秩序の終焉がひきおこされてしまうからだ。

そこで唯一の可能性は、過度の絶対化と、社会秩序を保つのに必要な予測可能性との対立の中間地点にあるようだ。しかし残念ながらわれわれは、エリート主義的な立場に導かれてしまう（いくら権力の理屈を拒絶するエリートや、自己完結しないエリート、社会の現実と疎遠ではなく、コミュニケーションへと開かれているエリートであっても）。そして最後には、集団的解放の可能性が絶えてしまう。

存在論の終焉、あらゆる思想の絶対的基盤の終焉は、語りうることの本質的限界の経験として、不安定な存在を受け容れる。終焉は、幸運な場合は個人のレベルで経験されるが、少なくとも社会組織のレベルでは集団経験とはならない。というのは、社会が「成熟」したとみなされたとしても、幼児や若者の問題が常に残り、彼らにとって確実性のないものは破滅的だからだ。であるならば、知識のある人とない人、自覚ある統治者と無自覚な被統治者、相対化できる人と絶対化を必要とする人の区別がない社会は発展できない。にもかかわらず、基盤の終焉を経験し、啓蒙主義へと戻ってみる。

そこで社会秩序の本質を考察すると、権力の排除と、絶対的な解放の可能性に打撃を与えることとなり、救済の約束についてのアドルノの問題を、さらに明確に検討する必要に迫られる。救済を、有限と無限の振れ幅に認められる終わりなき緊張として、媒介の必然性と限界を明らかにする緊張としてとらえ直さなければならない。ポストモダンの時代を襲った危機は、考えようによってはこうした経験にプラスになるが、新たな絶対化（神秘信仰、政治的狂信、テクノロジーと消費のフェティシズム、唯美的な逃避など）へと後退する強い流れのせいで脅威ともなった。だが相反する両者はもちろん結びついてもいる。絶対的な基盤の欠如について意識すればするほど、こうした意識が必ず生んでしまう不安定性への懸念は増すからだ。

有限性の形態を絶対化したり、媒介の必然性を無視して社会生活に過剰な動揺をひきおこしたりするのを防ぐ唯一の方法は、集団の求めに対して倫理的責任を負うことだろう。しかし非常にデリケートで不安定なバランスが求められる。反動的な群衆心理学者たち（グラムシも含めるべきだろう）のように、大衆は常に感情や信条に動かされるとみなすならば、強い啓蒙主義に沿って大衆を利用しようとしか思考できない。だが、民主主義の実態に社会の可能性をみるならば、われわれは弱い啓蒙主義に身を委ねることになろう。こうした社会では、絶対化は共生の原則となる規範に限られ、多元的な活動が可能である。しかしその場合も、支配の危険を完全に免れるのは無理だということを忘れてはならない。でなければ基盤の欠如を経験すると、存在は持続できないのが当り前だと考えてしまうのだ。

参考図書

Adorno, T.W. (1954), *Minima moralia*, Einaudi, Torino〔三光長治訳『ミニマ・モラリア』法政大学出版局、一九七九年〕.

——— (1966), *Dialettica dell'Illuminismo* (con M. Horkheimer), Einaudi, Torino〔マックス・ホルクハイマーとの共著、徳永恂訳『啓蒙の弁証法』岩波書店、一九九〇年〕.

——— (1970), *Dialettica negativa*, Einaudi, Torino〔木田元ほか訳『否定弁証法』作品社、一九九六年〕.

Crespi, F. (1982), *Mediazione simbolica e società*, F. Angeli, Milano.

Engelmann, P.（1967）, *Letters from Ludwig Wittgenstein with a Memoir*, Blackwell, Oxford〔岡田柾弘訳注『ルードヴィッヒ・ウィトゲンシュタインからの書簡集：「追想の記」と共に』一九九三年、二〇一一年〕.

Lacan, J.（1955）, *Le séminaire*, livre III–Les psychoses, du Seuil, Paris 1981〔小出浩之ほか訳『精神病』上下、岩波書店、一九八七年〕.

Lyotard, J. F.（1979）, *La condition postmoderne*, Ed. de Minuit, Paris〔小林康夫訳『ポストモダンの条件』水声社、一九八九年〕.

Vattimo, G.（1981）, *Al di là del soggetto*, Feltrinelli, Milano.

訳者あとがき

本書は、イタリアで一九八三年に刊行されたジャンニ・ヴァッティモとピエル・アルド・ロヴァッティの共編になる批評論集『弱い思考』*Il pensiero debole*, a cura di Gianni Vattimo e Pier Aldo Rovatti (Milano, Giangiacomo Feltrinelli editore, 1983) の全訳である。

翻訳の作業は、「まえおき」とヴァッティモならびにロヴァッティの論考を上村忠男、ウンベルト・エーコ、ジャンニ・カルキア、アレッサンドロ・ダル・ラーゴの論考を山田忠彰、マウリツィオ・フェッラーリス、レオナルド・アモローゾ、ディエーゴ・マルコーニの論考を金山準、ジャンピエロ・コモッリ、フィリッポ・コスタ、フランコ・クレスピの論考を土肥秀行が分担して進めた。

論集『弱い思考』は、出版と同時にイタリア思想界で大きな反響を呼んできた。その間の事情については、さしあたり、岡田温司さんの『イタリア現代思想への招待』(講談社、二〇〇八年)を見られたい。また、とくに論集のまとめ役を務めたヴァッティモの思想については、同じく法政大学出版局からこのたび上村の手になる日本語訳の出たジャンニ・ヴァッティモ著『哲学者の使命と責任』(原著は二〇〇〇年刊）に寄せられたフランカ・ダゴスティーニの解説「弁証法、差異、解釈学、ニヒリズム——弱い思考の強い根拠」を参看願えると幸いである。

ここではこの論集を読むにあたって最低限留意すべきであるとおもわれる要点のみをかいつまんで述べておくとして、論集には全体で一一本の論考が収録されているが、それぞれの著者の出自もさまざまであれば、理論的方針もまちまちであって、一見したところでは、それらをひとまとめにしてあるなんらかの学派の名のもとに統合することは容易ではないようである。

ただ、ヴァッティモとロヴァッティの共同執筆になる「まえおき」には、同書に収録されている論考は《理性の危機にかんするイタリアの論者たちのさまざまな言説も、フランスのポスト構造主義の多くのヴァージョンも（ドゥルーズのリゾームからフーコーのミクロ物理学にいたるまで）、なおもあまりにも形而上学へのノスタルジーに囚われており、とりわけハイデガーとニーチェがわたしたちの文化に告知してきた存在の忘却あるいは「神の死」の経験をほんとうに徹底させることをしていないという考え方を共有している》とある。

そして、「弱い思考」というタイトルにはこういった最近の思想動向のはらむ問題点についての批判的見解のすべてが込められているとして、つぎの四点が列挙されている。

（一）形而上学的明証性（したがって根拠のもつ強制力）と、主体の内と外において作動している支配とのあいだには結びつきがあるという、ニーチェの、そしておそらくはマルクスの発見を、真剣に受けとめなければならないということ。

（二）だからといって、この発見をただちに——仮面を剝ぎ取り、脱神話化することをつうじて——

解放の哲学へと語形変化させるのではなく、現象と言説手続きと「象徴形式」とを存在の可能的な経験の場とみて、これらのものからなる世界に、新しい、より友好的なまなざしを向けること。

（三）しかしまた、その真意は「シミュラークルを称揚すること」（ドゥルーズ）にあるのではなく、（ハイデガーの使っている「リヒトゥング［Lichtung＝森の中の樹木が伐採されて太陽の光の射し込む場所］」という語のありうる意味のひとつに従うなら）おぼろげな光のなかで形姿が徐々に明らかになってくるような思考をめざすことにあること。

（四）解釈学がハイデガーから採用した存在と言語の同一化を、形而上学が科学主義的で技術主義的な成果をあげるなかで置き忘れてしまった、根源的な真実の存在を再発見するための方法としてではなく、痕跡や記憶としての存在、あるいは使い古され弱体化してしまった存在に新たに出会うための方途として理解すること。

ヴァッティモらのいう「弱い思考」の戦略がどのようなものであったのかは、この「まえおき」の短い言葉からも容易に察知されるのではないだろうか。

なによりも注目されるのは、「弱い思考」についてはフランスで一九六八年の「五月革命」以後に擡頭したポスト構造主義のイタリア版であると受けとめる向きがあるが、こうした受けとめ方を右に紹介した「まえおき」はきっぱりと拒否していることである。

また、同じく右の文中、《理性の危機にかんするイタリアの論者たちのさまざまな言説》とあるのは、一九七九年に刊行されたアルド・ガルガーニ編のアンソロジー『理性の危機』に寄稿している論者たちの言説のことであるが、この『理性の危機』への寄稿者たちの言説についても、ニーチェのいう「神の死」の経験、あるいはハイデガーのいう「存在忘却」の経験を徹底させることをしていないとして、忌憚なく批判の俎上に載せられている。このようにニヒリズムの徹底化の必要性がことのほか力説されているのも「弱い思考」の特記すべき注目点であろう。

ちなみに、アントニオ・ネグリは、一九九八年に編まれた彼のスピノザ論集『スピノザ』に付したあとがき「そして結語に代えて——スピノザとポストモダン派」のなかで、つぎのように回顧している。自分が獄中で『野生のアノマリー』（一九八一年）を執筆するさいに参照したドゥルーズやマトゥロンの「新しい存在論的スピノザ解釈」は、その後《ポストモダン時代のもろもろの新たな弱い現象学的考察》に《ひとつの肯定の哲学》を対置しようとするにあたっても、きわめて有益で重要なものであった、と。

ここでネグリが《ポストモダン時代のもろもろの新たな弱い現象学的考察》というとき、具体的に念頭におかれているのは、たぶん、『弱い思考』に代表されるような思想傾向のことであろう。しかし、これまでも機会あるたびに指摘してきたように、問題＝罠はむしろ、ネグリのほうの「強さ」、あるいは徹底して肯定的であろうとする姿勢のうちにこそ潜んでいるのではないかとおもわれる。ネグリらが実践しようとしている「転覆の政治」が内部にアイロニカルな懐疑の契機を欠如させた「マルチチュード」の直接無媒介なたえざる自己構成のいとなみとして了解されるとき、そこから出現する新しいデモクラティックな共和国がそれ自体ひとつの自己抑圧的な全体主義社会でないという保証はどこにもないのである。

最後ながら、本書の出版を企画するとともに編集の作業も担当してくださった法政大学出版局の奥田のぞみさんに感謝する。

二〇一二年六月

訳者を代表して　上村忠男

フィリッポ・コスタ（Filippo Costa, 1924–）
元パレルモ大学教授．哲学．
主要著作：『厳密な学としての哲学：フッサール考』*La filosofia come scienza rigorosa: saggio su Husserl*（1961），『イエスと道徳』*Gesù e la morale*（1979），『哲学的言表の構造と起源』*Struttura e genesi dell'enunciato filosofico*（1996），『時間と言語活動』*Tempo e linguaggio*（2001）

フランコ・クレスピ（Franco Crespi, 1930–）
元ペルージア大学教授．社会学．
主要著作：『社会学の道』*Le vie della sociologia*（1985），『社会行動と権力』*Azione sociale e potere*（1989），『存在することを学ぶ』*Imparare ad esistere*（1994），『認識と社会』*Conoscenza e società*（2007）

理』*Kant e la verità dell'apparenza*（2006）

アレッサンドロ・ダル・ラーゴ（Alessandro Dal Lago, 1947–）
パヴィーア大学卒．ジェノヴァ大学教授．社会学，哲学．
主要著作：『逸脱の生産』*La produzione della devianza*（1981），『壊れた秩序：マックス・ヴェーバーと合理主義の限界』*L'ordine infranto. Max Weber e i limiti del razionalismo*（1983），『方法を超えて：解釈と社会科学』*Oltre il metodo. Interpretazione e scienze sociali*（1989），『近代的なるものの葛藤：ゲオルク・ジンメルの思想』*Il conflitto della modernità. Il pensiero di Georg Simmel*（1994），『非人：グローバル社会における移入民たちの排除』*Non-persone. L'esclusione dei migrant in una società globale*（2004），『思想のビジネス』*Il business del pensiero*（2007）

マウリツィオ・フェッラーリス（Maurizio Ferraris, 1956–）
トリーノ大学でジャンニ・ヴァッティモの指導をうける．マチェラータ，トリエステ，ハイデルベルクなどで教鞭をとり，1995年からトリーノ大学教授．また，1998年より2004年までパリ国際哲学コレージュの教員をつとめた．解釈学，美学，存在論．
主要著作：『差異：構造主義以後のフランス哲学』*Differenze. La filosofia francese dopo lo strutturalismo*（1981），『テクスト論的転回：デリダ，リオタール，「エール学派」における脱構築主義』*La svolta testuale. Il decostruzionismo in Derrida, Lyotard, gli "Yale Critics"*（1984），『解釈学の歴史』*Storia dell'ermeneutica*（1988），『哲学と生ける精神』*La filosofia e lo spirito vivente*（1991），『秘密への嗜好』*Il gusto del segreto*, con Jacques Derrida（1997），『今どこにいる？　携帯電話の存在論』*Dove sei? Ontologia del telefonino*（2005）

レオナルド・アモローゾ（Leonardo Amoroso, 1952–）
ピサ大学とピサ高等師範学校で学ぶ．パドヴァ大学教授をへて，2001年よりピサ大学教授．哲学，美学．
主要著作：『問題としての美学』*L'estetica come problema*（1988），『開かれ＝空き地：ハイデッガーを読む』*Lichtung. Leggere Heidegger*（1993），『ヴィーコ『新しい学』読解』*Lettura della «Scienza nuova» di Vico*（2000），『理性と美学：美学の誕生と近代哲学』*Ratio & aesthetica. La nascita dell'estetica e la filosofia moderna*（2002），『聖書の美学のために』*Per un'estetica della Bibbia*（2009）

ディエーゴ・マルコーニ（Diego Marconi, 1947–）
トリーノ大学卒．トリーノ大学教授．言語哲学，分析哲学．
主要著作：『ウィトゲンシュタインの遺産』*L'eredità di Wittgenstein*（1987），『哲学と認知科学』*Filosofia e scienza cognitive*（2003），『真理のために：相対主義と哲学』*Per la verità. Relativismo e la filosofia*（2007）

ジャンピエロ・コモッリ（Giampiero Comolli, 1950–）
作家．
主要著作：小説『賢い森』*La foresta intelligente*（1981），『アダムの頂』*Il Picco di Adamo*（1999），評論『〈絶対〉の巡礼者たち』*I pellegrini dell'Assoluto*（2002）

著者紹介

ジャンニ・ヴァッティモ（Gianni Vattimo, 1936–）
トリーノ大学卒．トリーノ大学教授．哲学，美学．
主要著作：『主体と仮面』*Il soggetto e la maschera*（1974），『差異の冒険』*Le avventure della differenza*（1980），『主体の彼方』*Al di là del soggetto*（1981），『近代の終焉』*La fine della modernità*（1985），『透明な社会』*La società trasparente*（1989），『解釈を超えて』*Oltre l'interpretazione*（1994），『信じていると信じること』*Credere di credere*（1996），『哲学者の使命と責任』*Vocazione e responsabilità del filosofo*, a cura di F. D'Agostini（2000），『解釈学的コミュニズム：ハイデガーからマルクスへ』*Hermaneutic Communism: from Heidegger to Marx*, con Santiago Zabala（2011）

ピエル・アルド・ロヴァッティ（Pier Aldo Rovatti, 1942–）
ミラーノ大学卒．同大学でエンツォ・パーチの助手を勤めたのち，1976年からトリエステ大学で現代哲学史の講義を担当．また，同じ1976年，パーチの死去にともなって，パーチが1951年に創設した哲学誌『アウト・アウト』の編集長を引き継ぎ，現在にいたる．
主要著作：『マルクスにおける批判と科学性』*Critica e scientificità in Marx*（1973），『羞恥心礼讃』*Elogio del pudore*, con Alessandro Dal Lago（1991），『沈黙の練習』*L'esercizio del silenzio*（1992），『賭け事のために』*Per gioco*, con Alessandro Dal Lago（1993），『隔たりに住まう』*Abitare la distanza*（1994），『穴の空いた大鍋』*Il paiolo bucato*（1998），『耳を傾けながら眺める：哲学と隠喩』*Guardare ascoltando: filosofia e metafora*（2003），『哲学は治療をなしうるか』*La filosofia può curare?*（2006）

ウンベルト・エーコ（Umberto Eco, 1932–）
トリーノ大学卒．ボローニャ大学教授．記号論，言語哲学．
主要著作：『開かれた作品』*Opera aperta*（1962），『不在の構造』*La struttura assente*（1968），『一般記号論』*Trattato di semiotica generale*（1975），『物語における読者』*Lector in fabula*（1979），『記号論と言語哲学』*Semiotica e filosofia del linguaggio*（1984），『ヨーロッパ文化における完全言語の探求』*La ricerca della lingua perfetta nella cultura europea*（1993），『カントとカモノハシ』*Kant e l'ornitorinco*（1997），『系統樹から迷宮へ：記号と解釈にかんする歴史的研究』*Dall'albero al labirinto: studi storici sul segno e l'interpretazione*（2007）
また，『薔薇の名前』*Il nome della rosa*（1980）以来，小説家としても活躍しており，最近も『プラハの墓』*Il cimitero di Praga*（2010）を世に問うている．

ジャンニ・カルキア（Gianni Carchia, 1947–2000）
トリーノ大学卒．ヴィテルボ大学，ローマ大学で教鞭をとる．哲学，美学．
主要著作：『崇高の修辞学』*Retorica del sublime*（1990），『芸術と美：絵画の美学にかんする試論』*Arte e bellezza. Saggio sull'estetica della pittura*（1995），『思考への愛』*L'amore del pensiero*（2000），『名前とイメージ：ヴァルター・ベンヤミン論』*Nome e immagine. Saggio su Walter Benjamin*（2000），『イメージと真実：古典的伝統にかんする研究』*Immagine e verità. Studi sulla tradizione classica*（2003），『カントと現象の真

《叢書・ウニベルシタス　977》
弱い思考

2012年 8 月15日　　初版第 1 刷発行

ジャンニ・ヴァッティモ
ピエル・アルド・ロヴァッティ　編
上村忠男／山田忠彦／金山 準／土肥秀行 訳

発行所　財団法人 法政大学出版局
〒102-0073 東京都千代田区九段北3-2-7
電話03(5214)5540／振替00160-6-95814
製版，印刷：平文社　製本：ベル製本

Printed in Japan

ISBN978-4-588-00977-8

訳者紹介

上村忠男（うえむら　ただお）
1941年生まれ．東京外国語大学名誉教授．専攻は学問論・思想史．主な著書に，『ヴィーコの懐疑』（みすず書房，1988年），『バロック人ヴィーコ』（同，1998年），『歴史家と母たち―カルロ・ギンズブルグ論』（未來社，1994年），『歴史的理性の批判のために』（岩波書店，2002年），『グラムシ　獄舎の思想』（青土社，2005年），『韓国の若い友への手紙』（岩波書店，2006年），『無調のアンサンブル』（未來社，2007年），『現代イタリアの思想をよむ』（平凡社，2009年），『ヴィーコ』（中央公論新社，2009年），『知の棘』（岩波書店，2010年），訳書に，ヴィーコ，クローチェ，グラムシ，ギンズブルグ，アガンベン，スピヴァクのものなど多数ある．

山田忠彰（やまだ　ただあき）
1951年生まれ．1983年，東京大学大学院人文科学研究科博士課程修了．現在，日本女子大学人間社会学部教授．専攻は倫理学・美学．主な著訳書に，『ヘーゲル論―理性と他性』（批評社，1986年），『スタイルの詩学――倫理学と美学の交叉』（共編，ナカニシヤ出版，2000年），ヘーゲル『法の哲学（上・下）』（共訳，岩波書店，2000-2001年），クローチェ／パレイゾン『エステティカ―イタリアの美学　クローチェ&パレイゾン』（編訳，ナカニシヤ出版，2005年），『デザインのオントロギー―倫理学と美学の交響』（共編，ナカニシヤ出版，2007年），『エスト―エティカ――〈デザイン・ワールド〉と〈存在の美学〉』（ナカニシヤ出版，2009年）などがある．

金山　準（かねやま　じゅん）
1977年生まれ．2011年，東京大学大学院総合文化研究科国際社会科学専攻博士課程修了．博士（学術）．現在，北海道大学大学院メディア・コミュニケーション研究院准教授．専攻は社会思想史．主な著訳書に，「ジョルジュ・ソレルの思想とソレル主義の展開」（東京大学大学院総合文化研究科博士論文，未公刊，2011年），「A. グラムシにおける規律と「ヘゲモニー」」（『国際広報メディア・観光学ジャーナル』第9号，2011年），「神と「正義」―プルードンの場合」，宇野・伊達・高山（編）『社会統合と宗教的なもの　十九世紀フランスの経験』（白水社，2011年）などがある．

土肥秀行（どい　ひでゆき）
1973年生まれ．2006年，ボローニャ大学にてPh. D.（イタリア文学）取得．現在，静岡文化芸術大学国際文化学科准教授．専門はイタリア現代詩．主な著訳書にウンベルト・エーコ『カントとカモノハシ』（共訳，岩波書店，2003年），『イタリアのオペラと歌曲を知る12章』（共著，東京堂，2009年），Giappone e Italia: le arti del dialogo（共著，I Libri di Emil, 2010），L' esperienza friulana di Pasolini（Cesati, 2011）などがある．